Jacques François (dir.)

Lcs linguistes allemands du XIXème siècle et leurs interlocuteurs étrangers

Les linguistes allemands du XIXème siècle et leurs interlocuteurs étrangers

Dirigé par Jacques François

Éditions de la Société de Linguistique de Paris

© Editions de la Société de Linguistique de Paris,
EPHE 4ème section, 45-47 rue des Ecoles, 75005-Paris
www.slp-paris.com
Imprimé par BOD, Allemagne
ISBN 978-2-9570894-0-6
Dépot légal : janvier 2020

Introduction

Les linguistes allemands du XIXe siècle et leurs interlocuteurs étrangers

Le XIXe siècle a été sans conteste l'époque où les savants allemands, et plus largement germanophones, ont tenu, d'une main ferme et éclairée, l'agenda des recherches en philologie et en linguistique historico-comparative et générale[1]. De nombreux jeunes chercheurs scandinaves (K. Verner, O. Jespersen, H. Pedersen), français (G. Paris, M. Bréal), américain (W. Whitney), suisse (F. de Saussure), polonais (J. Baudouin de Courtenay), russe (N. Troubetzkoy, M. Kruszewski) etc. ont trouvé dans des universités allemandes, notamment à Berlin, Leipzig et Bonn, des maîtres (F. Bopp, F. Diez, A. Schleicher, K. Brugmann parmi les plus célèbres) qui ont orienté leurs recherches pour le reste de leur vie académique et dont ils ont été la caisse de résonnance dans leur pays d'origine.

Cependant le flux des découvertes linguistiques n'a pas coulé seulement de l'Allemagne vers l'étranger, il y a eu des confluences fécondes. L'un des exemples les plus connus est celui de la *Deutsche Grammatik* de Jakob Grimm : dans sa première édition en 1819, Grimm n'avait pas encore pris connaissance de l'essai de grammaire

[1] Cf. Morpurgo-Davis A. (1998), History of linguistics, vol. IV : Nineteenth-Century Linguistics. Pearson Education et François J. (2017*), Le siècle d'or de la linguistique en Allemagne – de Humboldt à Meyer-Lübke*. Limoges : Lambert-Lucas.

comparée de Rasmus Rask (1818, en danois)[2] qui contenait les germes de la « loi de Grimm » sur les mutations consonantiques entre un fonds indo-européen encore à identifier et les langues germaniques. Grimm l'intègre dans la seconde édition de 1822 et assure ainsi sa célébrité au XXe siècle, bien que les linguistes scandinaves, notamment Holger Pedersen, réclament la mention de Rask au côté de Grimm dans ce qui s'est rapidement apparenté à un « prix Nobel de la grammaire comparée ».

À l'autre bout du siècle, Ferdinand de Saussure développe et édite à Leipzig en 1879 son célèbre *Mémoire* destiné à révolutionner la phonologie historique des langues indo-européennes avec sa doctrine des laryngales, sans être toutefois adoubé sur cette voie par Karl Brugmann, qui l'avait accueilli dans le cénacle des néo-grammairiens. Parfois la linguistique bénéficie d'un échange d'idées fécond entre l'Allemagne et l'étranger, par exemple quand William Whitney vient rédiger sa *Sanskrit Grammar* (1879) à Leipzig auprès de son ami August Leskien, l'un des théoriciens majeurs du mouvement néo-grammairien, ou encore quand Hugo Schuchardt, développe à Graz sa vision de la dialectologie, de la géolinguistique et de la créolistique en germe au fil d'un abondant échange de correspondance avec son *alter ego* milanais, Graziadio Ascoli.

Le présent recueil rassemble l'essentiel des contributions à la session sous la responsabilité de la Société de Linguistique de Paris le samedi 27 janvier 2018 dans le cadre du congrès annuel de la Société d'Histoire et d'Épistémologie des Sciences du Langage, tenu à l'ENS Paris et dédié aux échanges entre philologues et linguistes allemands et étrangers dans une période plus vaste, du XVIe au XXe siècle. Les huit contributions qui le composent sont ordonnées selon la nationalité des linguistes étrangers en cause.

Les trois premières concernent l'Allemagne et la France. Dans « Le génie de la langue et le *Geist der Sprache* – Relations entre la

---

[2] Rask R. (1818), *Undersögelse om det gamle Nordiske eller Islandske Sprogs Oprindelse* [Recherches sur l'origine de l'ancienne langue nordique ou islandaise], København

France et l'Allemagne dans l'évolution d'une notion normative vers un concept philosophique » **Gerda HAßLER** montre que les termes *génie de la langue* et *Geist der Sprache*, souvent considérés comme équivalents, ont cependant une origine différente et qu'ils désignent en fait des concepts différents qui ont joué un rôle important dans la transmission de concepts linguistiques entre l'Allemagne et la France. À la même époque, la confusion terminologique initiale a imposé un affinement des concepts. Dans cette contribution, l'auteure vise à formuler le problème du caractère spécifique des langues dans les deux traditions allemande et française.

Les deux articles suivants portent précisément sur la place de Michel Bréal dans le transfert en France du savoir linguistique allemand. **Gabriel BERGOUNIOUX** s'intéresse particulièrement aux « INTRODUCTIONS de M. Bréal à la traduction de la *Grammaire* de F. Bopp ». De 1866 à 1872 paraît la traduction française de la deuxième édition de la *Grammaire comparée* de F. Bopp. M. Bréal, qui a été chargé de sa réalisation par le Ministère de l'Instruction Publique, fait précéder chacun des quatre volumes d'une INTRODUCTION détaillée. Si la première est avant tout destinée à présenter au lecteur une nouvelle façon de faire de la linguistique (la création de l'EPHE intervient en 1868), les trois suivantes constituent plutôt un résumé des volumes. Après un rappel des conditions de réception du comparatisme en France dans la deuxième moitié du XIXe siècle, l'auteur montre comment Bréal a inscrit son travail dans le projet de création d'une école parisienne de linguistique historique apte à rivaliser – pacifiquement – avec l'Allemagne. Dans ses commentaires, Bréal est conduit à relever les difficultés que soulèvent les propositions de Bopp, notamment dans l'analyse phonétique des données. L'exemple de la discussion entre Bopp et Grimm (sur la relation entre vocalisme et morphologie) et les considérations que développe Bréal à ce sujet permettent d'illustrer ce point.

De son côté, **Arthur JOYEUX** entreprend, dans « Ce que la linguistique doit à Michel Bréal : un passeur critique » de synthétiser la vaste littérature consacrée aux relations que Michel Bréal a entretenues avec la linguistique allemande. Son objectif est d'exposer l'itinéraire d'un linguiste qui, des bancs de l'université allemande au secrétariat de la Société de Linguistique de Paris, a été l'une des principales chevilles ouvrières de la linguistique historique. L'auteur retrace les initiatives institutionnelles de Bréal, puis les différentes étapes de sa critique du modèle historico-comparatif qu'il a lui-même transplanté en France en réaction à l'éclectisme des travaux philologiques français et à la domination de l'approche idéologique du langage. Ce faisant, il s'agit de montrer comment Bréal a réussi à opérer la synthèse des deux modèles antagoniques pour créer les conditions de l'épanouissement d'une linguistique générale.

Les deux contributions suivantes concernent l'Allemagne et les États-Unis. Dans « William D. Whitney, observateur critique de la linguistique allemande de son temps », **Jacques FRANÇOIS** présente William Whitney, qui avait suivi les cours de Franz Bopp à Berlin, comme le principal introducteur de la grammaire comparative, mais aussi de la linguistique générale, aux Etats-Unis avec son enseignement à l'Université de Yale, ses deux livres principaux, *Language and the study of language* (1867) et *The life and growth of language* (1875), ainsi que sa grammaire du sanskrit (1879). Whitney a été un commentateur critique des linguistes allemands de son temps, blâmant August Schleicher pour sa linguistique naturaliste, Heymann Steinthal pour sa vision d'une linguistique d'inspiration psychologique et Max Müller pour son dilettantisme sur les questions théoriques. Ami du slaviste August Leskien, il allait finalement trouver dans le mouvement néogrammairien une théorie aux fondements robustes, sans se laisser ligoter par le principe de lois phonétiques sans exception.

L'article de **Wolfgang SCHULZE**, « Les voies de la caucasiologie : un aller-retour entre l'Allemagne et l'Amérique » a un propos plus vaste quant au nombre des chercheurs impliqués et à l'espace de temps en cause. L'Allemagne est volontiers présentée comme le berceau de la caucasiologie et donc de traditions de recherches qui portent sur les langues du Caucase, quelle que soit la perspective adoptée. Effectivement la plupart des chercheurs notoires entre 1770 et 1970 parlaient l'allemand ou étaient d'origine allemande. De ce fait on s'attend à ce que ces traditions de recherche aient étendu leur périmètre vers d'autres régions. Dans cette contribution, l'auteur se demande jusqu'à quel point il y a eu effectivement un cheminement de la caucasiologie de l'Allemagne vers l'Amérique du nord et dans quelle mesure on peut observer des effets en retour sur les traditions caucasiologiques en Allemagne. Dans les deux premières sections, il parcourt brièvement l'histoire de la recherche sur la « caucasiologie allemande », avant de vérifier finalement dans quelle mesure les évolutions en Amérique du nord se sont réalisées de manière autonome ou sous l'influence des traditions allemandes.

Les linguistes de Suisse romande se sont également confrontés aux thèses développées en Allemagne et **Anne-Marguerite FRYBA-REBER** centre sa contribution « Linguistique et psychologie : Wundt au cœur d'un débat entre Sechehaye et Saussure » sur un épisode emblématique de cette confrontation à la suite de la publication en 1900 du premier volume sur le langage de la somme de Wilhelm Wundt consacrée à la « psychologie des peuples ». Connu aujourd'hui comme coéditeur (avec Charles Bally et Albert Riedlinger) du *Cours de linguistique générale* (1916) posthume de Saussure et auteur de la Collation *Sechehaye* récemment publiée, le nom d'Albert Sechehaye a été si étroitement associé à celui de Saussure que l'historiographie de la linguistique interprète encore son œuvre sous la lentille des théories reconstruites de Saussure. Comment cette confusion a-t-elle pu se produire ? Comme pour le moment il n'y a pas de réponse globale à cette question impliquant différents niveaux (personnel, théorique, historique), A.M. Fryba-Reber entend se concentrer dans cet article sur une problématique traitée par les deux. Sur la base de la "psychologie expérimentale" de Wilhelm Wundt, dont les laboratoires se sont étendus dans toute l'Europe à partir de la fin du XIXe siècle, l'auteure nous explique les facteurs de convergence et de divergence entre les deux linguistes à propos de la délimitation entre la linguistique et la psychologie. Après avoir rappelé brièvement l'importance de l'université de Leipzig, aussi bien en psychologie qu'en linguistique, elle présente la réception de Wundt par Sechehaye dans *Programme et méthodes de la linguistique théorique* (1908) et commente ensuite les réflexions de Saussure sur ce livre que Sechehaye lui dédiait. Ce dialogue polyphonique (Sechehaye à propos de Wundt d'un côté et Saussure à propos de

Sechehaye de l'autre), permet finalement de clarifier les positions respectives des deux linguistes sur la délimitation entre linguistique et psychologie.

Enfin les deux derniers articles abordent, le premier la place de l'Allemagne dans la circulation internationale des idées linguistiques et le second les thèses de deux africanistes allemands sur les familles de langue dans un pays dominé par le culture anglophone, l'Afrique du sud. Dans « La grammaticalisation et la circulation internationale des idées linguistiques, **James McELVENNY** rappelle que la recherche sur la grammaticalisation a une généalogie établie, qui enregistre la naissance du terme dans son sens plus ou moins actuel avec Antoine Meillet, mais reconnaît une lignée intellectuelle s'étendant au moins jusqu'au siècle des Lumières. Parmi les prédécesseurs immédiats de Meillet, Georg von der Gabelentz occupe une place importante dans cette généalogie pour avoir proposé un récit de l'émergence des formes grammaticales qui anticipe sur Meillet dans ses principales caractéristiques. Dans cet article, J. McElvenny examine le mouvement des idées entre Gabelentz, Meillet et le contexte international plus large dans lequel elles se développaient. L'accent est mis sur l'émergence de la conception en spirale de l'histoire linguistique et sur les forces opposées qui animent cette spirale en appauvrissant et en renouvelant les formes linguistiques. Outre la connexion largement connue de ces idées à la théorie de l'agglutination dans ses différentes versions, l'auteur examine brièvement la contribution à l'étude des langues des approches « idéalistes » d'orientation esthétique qui étaient courantes à l'époque.

Quant à **Floris SOLLEVELD**, il fait valoir qu'au XIXe siècle, de nombreuses langues non eurasiennes – en particulier les langues africaines – ont été soumises pour la première fois à des études détaillées. La plupart des documents linguistiques ont été rassemblés par des missionnaires, et certains par des explorateurs et des administrateurs coloniaux britanniques. Mais l'étude comparative de ces langues et l'introduction de taxonomies et de classifications linguistiques représentaient une autre étape, qui exigeait une formation et une expertise spécifiques. En se concentrant sur les travaux de Sigismund Koelle et Wilhelm Bleek, cet article analyse la relation complexe entre les « études de terrain » et l'expertise dans la manière dont les langues africaines ont été intégrées dans la « science du langage » émergente.

Il va de soi que de nombreux autres exemples de transferts, d'échanges, de partenariats et de confrontations auraient pu être explorés, mais l'intérêt majeur des huit contributions à ce recueil nous paraît résider dans l'image diversifiée qui se dégage de chacun des cas de figure évoqués. Les savants allemands menaient certainement la danse, mais nombre de leurs confrères étrangers ne se sont pas contentés de les applaudir et de suivre leurs pas, et c'est en se frottant aux thèses élaborées outre-Rhin qu'ils ont pu s'affirmer au début du siècle suivant.

La renommée de la linguistique allemande a décliné dans la première moitié du XXe siècle, en dehors de la sémantique lexicale, et cette même discipline a profondément pâti de l'épisode nazi avec l'émergence de la *Völkische Sprachinhaltsforschung* (la recherche sur le contenu *völkisch*, c'est-à-dire racial, des langues, défendue notamment par Leo Weisgerber, Wolfgang Porzig et Jost Trier)[3], tandis que florissaient l'école de Genève, la glossématique au Danemark, aux États-Unis la linguistique anthropologique d'Edward Sapir et le distributionalisme de Leonard Bloomfield, le cercle de Prague et la phonologique fonctionnaliste de Troubetzkoy, et qu'Antoine Meillet et des disciples, notamment Joseph Vendryes, Jean Fourquet et Émile Benveniste, maintenaient le flambeau de la linguistique historico-comparative des différentes branches de la famille indo-européennes.

Et par une pirouette étonnante de l'histoire des sciences, ce sont des linguistes d'Allemagne de l'est (RDA) qui ont ouvert la voie dans les années 1960 en Europe à des théories façonnées aux USA, la syntaxe générative, puis la sémantique formelle, avec les travaux de Manfred Bierwisch, Monika Doherty, Wolfgang Motsch, Ewald

---

[3] Cf. Clemens Knobloch (2004), „Die deutsche Sprachwissenschaft im Nationalsozialismus“. *Kritische Ausgabe* 2 : 42-47, p.45.

Lang ou Renate Steinitz publiés dans la collection *Studia Grammatica* de l'Akademie Verlag à Berlin-est.

Jacques FRANÇOIS
Université de Caen-Normandie
EA 4255 CRISCO
jfrancois@interlingua.fr

Le *Génie de la langue* et le *Geist der Sprache*

Relations entre la France et l'Allemagne dans l'évolution d'une notion normative vers un concept philosophique

Abstract

The terms *génie de la langue* and *Geist der Sprache* ('genius of the language') are often considered to be equivalent. But their origin is different and they in fact designate different concepts which played an important role in the transfer of linguistic concepts between Germany and France. At the same time, the confusion of the terms was important for the development of the concepts. In this contribution, the formulation of the problem of the specific character of languages will be studied in the German and the French traditions.

1. La naissance du terme et du concept *génie d'une langue*

Les dénominations *génie de la langue* et *Geist der Sprache* sont souvent considérées comme traductions équivalentes l'une de l'autre. Mais, en effet, leur origine est différente et elles désignent des notions différentes qui ont souvent joué un rôle important dans le transfert de concepts linguistiques de l'Allemagne en France et vice versa. En même temps, la confusion des dénominations a joué un rôle important dans le développement des concepts. Il y a deux principes qui ont guidé notre recherche sur le problème de la relation du *génie de la langue* et du *Geist der Sprache* :

Premièrement, le principe onomasiologique qui cherche à donner une réponse à la question de savoir quelles sont les dénominations sous lesquelles apparaît un certain concept (Haßler 2005). Cela a pour conséquence qu'on doit prendre en compte toutes les formulations sous lesquelles apparaît le concept des particularités et de la spécificité d'une langue.

Deuxièmement, le principe de contextualisation qui nous rappelle que ni un terme ni un concept ne peuvent franchir les frontières entre deux pays ou entre deux traditions discursives sans être modifiés.

Sans être désigné par un terme établi, on trouve des réflexions sur les particularités de chaque langue dans les discussions linguistiques avant l'âge classique.[4] Le concept des traits caractéristiques d'une langue était courant au XVIème siècle (Stankiewicz 1981). Nous ne mentionnerons que deux exemples traités plus en détail par Toon Van Hal (2013a et 2013b). L'érudit suisse Theodor Bibliander (1505-1564) utilise le génie de la langue comme explication de la mauvaise description de la langue hébraïque :

> Alicubi tamen Hieronymus voluntatem et eruditionem eorum [les manuscrits de l'auteur] tuetur, et causam interpretationis malae in librariorum incuriam, aut Hebraicae linguae genium transfert. (Bibliander 1542, p. 15)[5]

Il se réfère à Jérôme (347-420) qui avait écrit que dans le texte grec beaucoup de mots hébreux étaient simplement translittérés parce que la pauvreté du grec et du latin posait des problèmes à la traduction :

> Multaque sunt nomina quae ita leguntur in Graeco, ut in Hebraico posita sunt, propter interpretandi difficultatem, et ad comparationem linguae Hebraeae, tam Graeci quam Latini sermonis pauperiem' (Commentarii in Isaiam, lib. 11, cit. selon Van Hal 2013, p. 85)[6]

---

[4] Sur l'histoire du concept du génie de la langue avant le XVIIème siècle cf. Denecker, Partoens, Swiggers, Van Hal (2012), Gambarota (2011), Haßler (2011), Hüllen (2001), Joseph (2012).

[5] Dans certains endroits, cependant, Jérôme garde la volonté et l'érudition des manuscrits de l'auteur et il impute la mauvaise interprétation à la négligence des bibliothécaires ou au génie de la langue hébraïque.

[6] Et il y a de nombreux noms des choses qui sont écrits en grec, comme ils sont exprimés en hébreu, en raison de la difficulté de les traduire, et en comparaison avec l'hébreu, le grec et le latin sont marqué par la pauvreté.

Un siècle plus tard, mais d'une manière semblable, le juriste allemand Johann Jacob Wissenbach (1607-1665) avait lié directement sa remarque sur le génie de la langue à Augustin (354-430).

> Suus cuique linguae est genius, de quo Augustinus libro de vera relig. c. 50. Habet, inquit, omnis lingua sua quaedam propria genera locutionem, quae cum in aliam linguam transferuntur, videntur absurda. (Wissenbachius 1654, p. 147)[7].

Les érudits humanistes utilisaient les textes des Pères de l'Église assez librement pour soutenir leurs propres pensées. Augustin n'avait pas utilisé le mot *genius*, mais il avait dit que la manière de s'exprimer de l'Écriture sainte doit être adaptée aux spécificités de chaque langue individuelle parce que chaque langue a ses propres locutions qui deviendraient absurdes si on les transposait simplement dans une autre langue :

> Ipsa locutio diuinarum scripturarum secundum cuius linguae proprietates accipienda sit — habet enim omnis lingua sua quaedam propria genera locutionum, quae cum in aliam linguam transferuntur, uidentur absurda. (Augustinus Hipponensis, De uera religione, cap. 50 ; Library of Latin Texts www.brepolis.net, cit., selon Van Hal 2013a, p. 86)[8]

La première partie de la citation d'Augustin, omise par Wissenbach, contient un mot fréquent dans des textes d'auteurs du Christianisme primitif sur les langues : *proprietas*. Mais le mot *genius* n'était pas complètement absent dans ce discours. *Magnus Felix Ennodius* (473/474-521) constate dans une de ses lettres que grâce au génie des langues (*linguarum genio*) les mérites sont assignés aux pays et que la manière de laquelle on peut faire l'éloge de quelque chose dépend de la capacité à parler :

---

[7] La langue a son génie propre, sur lequel Augustin écrit dans le livre sur la vrai religion ch. 50 : chaque langue a certaines tournures particulières, qui, quand elles sont transférées dans une autre langue, semblent absurdes.

[8] Cette expression des écritures saintes doit être acceptée selon les propriétés de leur langue - car chaque langue a certaines tournures particulières, qui, quand elles sont transférées dans une autre langue, semblent absurdes.

> Linguarum genio terris merita tribuuntur et qualiter quis loqui potuerit, taliter rem de qua fuerit locutus, adtollit (Magnus Felix Ennodius, lettres I,6, cité selon Van Hal 2013a, p. 87)[9]

Comme nous l'avons vu dans les exemples de Bibliander et de Wissenbach, les particularités des langues, sur lesquelles on trouve des passages dans les textes de l'Antiquité tardive, étaient conceptualisées par les auteurs du XVIème et XVIIème siècle sous le terme latin de *genius*. À cette conceptualisation contribua aussi la définition des critères d'une évaluation positive dans l'apologie des langues vernaculaires : la clarté, l'énergie, l'abondance et l'harmonie (*perspicuitas, energeia, abundantia, harmonia*), présentes dans la discussion sur le style dès l'Antiquité, étaient transposé dans la comparaison des langues vernaculaires et dans leur défense. Cette notion du génie d'une langue qui n'avait pas encore de dénomination dans une langue vernaculaire, s'exprimait en latin et elle n'était ni française ni allemande, mais européenne. Elle apparaît avec la prise de conscience des différences entre les langues et avec la mise en valeurs de leurs particularités respectives.

2. La fixation du terme *génie de la langue* et son intégration dans le discours normatif

Avant de discuter l'apparition du terme *génie de la langue* et son intégration dans le discours normatif français, je considérerai la situation en Allemagne. Est-ce qu'il y a des indices permettant d'affirmer que la notion du génie de la langue était déjà présente dans le discours sur la langue allemande ? Dans une thèse doctorale, soutenue dans une faculté de théologie catholique en Bavière, la prétention selon laquelle seulement Martin Luther (1483-1546) aurait connu le génie de la langue allemande est mise en question, mais de nouveau en latin : « Solus Lutherus verum genium Linguae Germanicae cognoverit, omnes alii ignorarint, o vanissimam superbiam » (Vischerus and Forerus 1626, pp. 33–34)[10].

[9] Les mérites sont assignés au génie des langues et aux pays, et la manière dont on peut faire l'éloge de quelque chose dépend de la capacité à parler.

[10] Luther seul connaissait le véritable génie de la langue germanique [allemande], tous les autres l'ignoraient, par un orgueil sans fondement.

Amable de Bourzey (1606-1672) est généralement cité comme auteur de la première pièce justificative du concept 'génie de la langue', mais il ne l'avait pas créé ex nihilo et n'avait pas non plus introduit de dénomination définitive. En tant que spécialiste du grec et des langues orientales, Bourzey avait probablement emprunté ce concept à un auteur de l'Antiquité tardive. Il l'utilisait en 1635 dans le troisième discours après la fondation de l'Académie française intitulé postérieurement *Discours sur le dessein de l'Académie et sur le différent génie des langues* (Dryhurst 1971, MS 31797 de BNF, cf. Christmann 1976). Dans ce texte, il souligne l'idée que la particularité de chaque langue est influencée par le climat, le gouvernement et les mœurs du pays où elle est parlée. Il formule l'idée de cette particularité d'une manière prédicative : « Chaque langue a son air et son genie particulier » (Bourzeys 1635 = Dryhurst 1971, p. 233).

À l'époque, le discours sur le génie de la langue s'inscrit dans la Querelle des Anciens et des Modernes et il favorisa la valorisation du français. Ainsi Bourzey n'a pas inventé le concept 'génie de la langue', mais il lui a donné une nouvelle signification à l'époque d'un nationalisme émergeant (Van Hal 2013a, p. 92).

Un terme peut s'introduire à volonté, mais il ne se fixe que par le consentement de son usage. C'était bien le cas du terme *génie d'une (de la / des) langue(s)* qui est utilisé, à partir du XVIIème siècle, pour la particularité globale de la langue française ainsi que pour des traits spécifiques frappants.

Le but normatif poursuivi par Vaugelas insistait sur l'usage de la langue et écartait les auteurs des réflexions sur les relations entre le caractère de la langue et la pensée de ses locuteurs. Comme il dit dans ces *Remarques sur la langue françoise*, il « [...] n'est pas pardonnable à qui que ce soit, de vouloir en matière de langues vivantes, s'opiniastrer pour la Raison contre l'Vsage » (Vaugelas 1647, p. 303).

Le génie de la langue devenait par la suite une structure imaginaire de la description linguistique (Siouffi 2010). Beaucoup de grammairiens poursuivirent un but normatif en utilisant le terme *génie de la langue*, comme le montre le titre de certains ouvrages, par exemple *Le génie de la langue française* de Jean d'Aisy (1685).

Dans la dédicace de l'ouvrage d'Aisy, on trouve le génie de la langue réifié quand il dit « il faut posseder le Genie de nostre Langue ». Il veut classer les remarques de Vaugelas, de Bouhours et de Ménage, qui les avaient écrites sans observer aucun ordre, selon les « neuf parties de l'Oraison » (Jean d'Aisy 1685, Avertissement [3]). Au lieu d'ajouter ses propres Remarques,

> [...] il a jugé à propos de ne point mêler parmy ces Oracles, des choses qui n'auraient pas la même autorité. Il s'est contenté de donner un Abrégé de la Grammaire Francoyse, qui sert de fondement aux Remarques, & qui estoit necessaire pour le bien entendre. (Jean d'Aisy 1685, Avertissement [pp. 6-7])

Le terme *génie de la langue* désigne chez d'Aisy l'essentiel des règles de grammaire et seulement d'une manière implicite l'ensemble des tendances spécifiques et distinctives caractérisant la langue française.

Quatre ans avant cet ouvrage d'Aisy, parut un livre bilingue et didactique de Jean Menudier dont le titre montre la difficulté de rendre le sens du mot *génie* dans ce contexte en allemand :

> Menudier, Jean (1681) : *Die Natur der Französischen Sprach / Das ist : Ihre Eigenschaften, Zierlichkeit und Curiositäten / deren ein guter Theil ist noch niemals heraus gegeben worden. Nebst einer deutlichen Erläuterung der vornehmsten und einem vollständigen Register derer Wörter so allhier nicht nach dem Alphabeth sind gesetzt worden. / Le Génie de la langue françoise, c'est à dire : ses propriétés, ses élégances et ses curiosités, dont plusieurs n'ont point encore été mises en lumière, avec une claire explication.* Jena : J. Bielke.

Le mot allemand *Natur* rend bien la signification 'les traits caractéristiques essentiels', mais il n'apporte pas les connotations de la discussion linguistique de l'époque.

Il y avait deux termes en concurrence avec *génie* qui ne pouvaient cependant pas s'imposer. Le terme *idiome* se spécialisait plutôt dans la désignation des faits particuliers dans les langues, tandis que *génie de la langue* désignait l'ensemble linguistique qui peut approuver ou rejeter certaines formes. Les facultés créatrices et les avantages de la langue française étaient mis en valeur par le terme *talent*, utilisé dans ce texte par Dominique Bouhours (1628-1702) :

> Il y a d'autres langues qui representent naïvement tout ce qui se passe dans l'esprit ; Et entre celles qui ont ce *talent*, il me semble que la langue Françoise tient le premier rang, sans en excepter la Grecque & la Latine. Il

n'y a qu'elle à mon gré qui sçache bien peindre d'après nature, & qui exprime les choses precisement comme elles sont. (Bouhours 1671, p. 50)

En France, le concept du 'génie de la langue' et le terme respectif s'étaient vite imposées. À part l'usage irréfléchi du terme, on trouve aussi des définitions du concept, comme celle de Bernard Lamy (1640-1715). Dans cette définition, Lamy associe le génie d'une langue avec certaines qualités de ceux qui la parlent et il postule la netteté et la naïveté comme qualités du français. Il est important que toute la langue ait son génie et il ne suffit pas de choisir des mots français :

> Pour apprendre parfaitement l'usage d'une langue, il en faut étudier le genie, & remarquer les idiomes, ou manieres de parler qui lui sont particulieres. Le Genie d'une langue consiste en de certaines qualitez que ceux qui la parlent affectent, de donner à leur stile. Le Genie de nôtre langue est la netteté & la naïveté. Les François recherchent ces qualitez dans le stile, & sont fort differens en cela des Orientaux qui n'ont de l'estime que pour des expressions mysterieuses, & qui donnent beaucoup à penser. Les idiomes distinguent les langues unes des autres aussi bien que les mots. Ce n'est pas assez pour parler François de n'emploier que des termes François; car si on tourne ces termes, & qu'on les dispose, comme feroit un Alleman ceux de sa langue; c'est parler Alleman en François. (Lamy [1675] 1688, p. 75)

Au début du XVIIIème siècle, la connaissance du génie de la langue est associée aux devoirs du locuteur et des déficits dans ce domaine sont stigmatisés :

> [...] et le mauvais succès de l'imitateur vient moins d'avoir mal suivi son modéle, que de n'avoir pas connu le *génie de la langue* françoise. (Frantext, Q756. La Motte, Antoine Houdar de, *Discours sur la poésie*, 1707, p. 51)

> Le traducteur y abandonne même le tour et le *génie de sa langue*, pour suivre servilement celle de son original. (Frantext, Q353. La Motte, Antoine Houdar de, *Discours sur Homère*, 1714, p. 111)

> On ne doit parler que pour être entendu par ceux qui conoissent *le génie d'une langue*. (Frantext, Q446. Du Marsais, César, *Des Tropes ou des Diférens sens dans lesquels on peut prendre un même mot dans une même langue*, 1730, p. 192)

Il y a même des emplois du terme qui suggèrent une compréhension du génie de la langue comme un tout organique, distinct des règles de grammaire :

> Assez long-tems après, quand nous entrâmes dans nos poëtes, sans nous être préparés à cette lecture par aucune réflexion sur *les loix de notre grammaire* ni sur le *génie de notre langue* ; ne voyant plus ni dactyles ni

> spondées, ne soupçonnant même ni longues ni brèves ; il n'est point étonnant que nous ayons fait et que nous fassions encore si peu de cas de notre bien, que nous ne connoissons pas ; et que nous estimions tant celui des étrangers, dont nous nous sommes nourris uniquement, et occupés depuis notre enfance. (Frantext, N772. Batteux, Charles, *Les Beaux Arts réduits à un même principe* 1746, p. 189)

Le génie de la langue se trouve associé avec le caractère du peuple. Ainsi, le marquis d'Argens voit un obstacle au grand nombre de poètes et d'orateurs allemands dans leur génie peu vif et leur langue plus propre à écrire des ouvrages de science et de morale, que des pièces d'éloquence et de poésie :

> Le *génie généralement peu vif des allemands*, et leur *langue plus propre à écrire des ouvrages de science et de morale*, que des piéces d'éloquence et de poësie, ont semblé former un obstacle au grand nombre de poëtes et d'orateurs parmi eux. (Frantext, N738. Argens Jean-Baptiste de Boyer, marquis d', *Lettres juives ou Correspondance philosophique, historique et critique : t. 2 - t. 6*, 1738, p. 329)

On pourrait se demander si ce concept du 'génie d'une langue' ne correspond pas à ce qu'on appellera plus tard *Geist der Sprache* en allemand. Pour donner une réponse à cette question, nous examinerons d'abord, sur le plan, sémasiologique, la différence entre les termes et ensuite des différences de contenu et de contextualisation.

3. La difficulté de traduction du terme *génie de la langue*

Quand on regarde le concept du 'génie de la langue', la traduction du terme pose problème dans les autres langues européennes qui recourent à des solutions parfois insuffisantes et ces dernières sont discutées dans les textes :[11]

> all. *Genie der Sprache*, *Genius der Sprache*, *Sprache ein Spiegel des Verstandes* (Leibniz) ; *besondere Art einer Sprache* (Lambert) ; angl. *genius of a language*, *particular words in every language* (Locke) ; *Tenor of the Language* (Hartley), *the structure or genius of the languages* (Priestley) ; ital. *genio della lingua*, *la varia indole delle lingue* (Algarotti).

[11] Pour le développement et la réception du concept 'génie de la langue dans le contexte européen cf. Haßler/Neis 2009, Schlaps 2000, 2004, Haßler 1984.

L'application de la traduction littérale de *génie de la langue* au caractère particulier d'un système linguistique se heurte aux différents développements de la signification du mot *génie/Genius* dans les langues européennes. Le problème de la traduction est résolu de différentes manières. James Harris (1709-1780) utilise le terme *Genius of their own Language* lorsqu'il estime très restreint le nombre des locuteurs qui savent écrire et encore moindre la partie des gens qui connaissent la grammaire : « How many of those, who are thus far literate, know nothing of that Grammar, which respects *the Genius of their own Language*? » (Harris [1751/1786] 1993, p. 11).

Dans la seconde moitié du XVIIIe siècle, on peut en outre constater un développement conceptuel qui détermine avant tout la construction grammaticale comme noyau du *caractère particulier* des langues. Ainsi Joseph Priestley (1733-1804) introduit le mot de *structure* en tant que synonyme explicatif de *genius of the languages* :

> Two languages may consist of the same words, that is, the people that use them may call every thing by the same name, but have a quite different manner of expressing their relations; or, on the contrary, their manner of using words may be the same, but the words themselves be totally different. In this latter case, *the structure or genius of the languages is said to be the same*, and the Grammar of them must be precisely the same : whereas, in the former case, though the same words or names of things were used, the different manner of using them would make the grammar rules of the two languages quite different. (Priestley 1762, pp. 190-191)

On peut constater un développement particulièrement intéressant en italien où Francesco Algarotti (1712-1764) utilise en 1750 le terme *genio* pour les modes de pensée et d'expression spécifiques des peuples, tout en employant parallèlement une paraphrase (*il genio, o vogliam dire la forma di ciascun linguaggio* « le génie ou je voudrais dire la forme de chaque langue »). Cette paraphrase montre qu'il se sent mal à l'aise quand il utilise l'expression *genio della lingua* (Algarotti [1750] 1969, p. 515).

Melchiorre Cesarotti (1730-1808) conceptualise la distinction entre des présupposés grammaticaux systématiques et l'usage linguistique servant à exprimer les idées spécifiques d'un peuple quand il s'agit d'opposer le *genio grammaticale* et le *genio rettorico*

(Cesarotti 1788, pp. 71-72). Ce développement en italien montre les difficultés de l'intégration du terme calqué sur le français *génie de la langue*, mais aussi le développement et la différentiation au niveau notionnel.

Ces difficultés terminologiques sont encore plus nettes si l'on regarde la réception du terme français en allemand. Dans cette langue, l'évolution de la notion de 'génie' renvoyait surtout aux facultés créatrices de l'individu, rendant ainsi plutôt exceptionnelle la dénomination *génie* pour désigner les particularités descriptives et instrumentales de la langue. Johann Christoph Adelung (1732-1806) explique la signification propre du mot allemand *Genie* comme « l'adresse naturelle à faire des choses plus facilement que les autres ». Il s'ensuit une signification plus étroite : la force de juger dans les beaux-arts ; et, finalement, par métonymie, une personne douée de génie (Adelung 1793-1801, II, pp. 564-565). Le naturel d'une chose, la manière innée d'un homme en ce qui concerne les forces de son esprit. Le « génie de la langue », *das Genie der Sprache* est donné comme premier exemple pour cette signification et expliqué comme sa propriété particulière ou sa nature (Adelung 1793-1801, II, p. 564).

D'abord, il est évident que la signification plus étroite était largement répandue et que l'usage de *Genie* pour le caractère particulier d'une langue pouvait provoquer de l'étonnement. Il était, par conséquent, souvent évité. On le trouve quand même dans le mémoire de Johann David Michaelis (1717-1791), soumis au concours de l'Académie de Berlin pour le concours proposé par l'Académie Royale des Sciences et Belles Lettres de Prusse, à propos de l'influence réciproque du langage sur les opinions, et des opinions sur le langage (Michaelis 1760, p. 81). Dans ce texte, le terme *Genie der Sprache* (« génie de la langue ») apparaît plusieurs fois et souligne l'aspect contraignant de ce phénomène qui, d'une part, trace les limites dans lesquelles un locuteur peut introduire des innovations dans la langue et, d'autre part, contraint à de fausses conclusions. On trouve le terme avec le mot latin *Genius*, même décliné, comme dans le *Nouveau Organon* de Johann Heinrich Lambert (1728-1777) :

> […] kann man dasjenige zu dem *Genio einer Sprache* rechnen, wodurch sie zu einer gewissen Art und Form der Erkenntnis biegsamer ist als zu anderen. (« Sous le terme *génie de la langue*, on peut compter tout ce qui la rend [la langue] plus adaptée à certaines espèces et formes de connaissances. » Lambert 1764, II, p. 191)

4. Élargissement de la signification du concept dans le contexte cognitif en France et en Allemagne

Au XVIIIème siècle, le concept du 'génie d'une langue' apparaît dans le contexte épistémologique des influences des particularités d'une langue sur la pensée du peuple qui la parle. À ce sujet se liait bientôt la question de savoir si une langue était capable de devenir l'instrument pour la pensée et ce qu'on pouvait faire pour la rendre capable de servir à ce propos. Le principe de la liaison des idées permit à Condillac de supposer une influence des langues sur notre pensée : nous nous accoutumions à lier nos idées conformément au *génie* de la *langue* dans laquelle nous sommes élevés, et nous acquérions de la justesse, à proportion qu'elle en a elle-même davantage

> Afin qu'on ne pense pas que je promets un paradoxe, je ferai remarquer qu'il est naturel que nous nous accoutumions à lier nos idées conformément au *génie de la langue* dans laquelle nous sommes élevés, et que nous acquérions de la justesse, à proportion qu'elle en a elle-même davantage. (Condillac 1746, p. 175)

Cette notion qui avait changé de contenu et qui avait franchi la frontière vers le domaine de l'influence du langage et de la pensée fut bien accueillie en Allemagne. Ainsi par exemple le président de l'Académie Prussienne Maupertuis écrivait sur des « plans d'idées », déterminés par les différentes langues, qui rendraient impossible la traduction exacte d'une langue dans une autre (Maupertuis 1974 [1748]). Cette Académie invita à expliquer « l'influence réciproque du langage sur les opinions, et des opinions sur le langage » (1759) et, dans le mémoire couronné, Michaelis formule deux conditions préalables pour l'influence d'une langue sur la pensée. Premièrement, la langue doit être assez riche pour que tout ce qui peut être pensé eût un nom qui lui fût propre et qu'on fût en état de présenter le même objet sous plusieurs points de vue :

> 1) Si l'on vouloit se figurer le premier de ces points dans toute sa perfection, l'on en pourroit pousser l'idée jusqu'à l'infini. Il faudroit que tout ce qui peut être pensé eût un nom qui lui fût propre, je dis un nom national qui fût clair, & qui dénotât son objet sans périphrase. Il faudroit encore qu'on fût en état de présenter le même objet sous plusieurs points de vûe, du moins sous les deux principaux, comme indiférent, & comme utile ou nuisible, selon que sa nature l'exige : souvent même il seroit nécessaire qu'on pût donner également ces trois sens aux objets : c'est lorsqu'ils ont un côté avantageux, & un côté qui les fait paroitre à leur desavantage ; tel est, par exemple, un bonheur trop constant, qui nous rend insensibles aux biens dont nous jouissons. Je conviens que cette perfection du langage que je viens de peindre n'est qu'une chimère qui ne sauroit être réalisée. La brièveté de la vie, & les bornes dont notre esprit est environné y mettroient toujours un obstacle insurmontable. (Michaelis (1974 [1762], pp. 66-67)

Deuxièmement, Michaelis demande que les étymologies soient fécondes pour la pensée et qu'elles conduisent à des vérités intéressantes :

> 2) Les Etymologies, & les expressions fécondes sont celles qui renferment beaucoup de vérités intéressantes : mais il faut que ces expressions ne soient pas trop communes : un usage trop fréquent feroit échapper à notre attention ce qu'elles contiennent d'utile. Je n'ai pas besoin d'avertir qu'il n'y a aucune langue dont la perfection aille jusque là : elles sont toutes l'ouvrage des hommes [...] (Michaelis (1974 [1762], pp. 66-67)

Juste après avoir établi ces conditions, Michaelis déclare qu'elles sont irréalisables. Les hommes ne seraient pas capables de mémoriser une telle quantité de mots et les étymologies tromperaient les savants et le peuple :

> C'est ainsi que se trompe le savant, & c'est ainsi que se trompe le peuple : l'Etymologie les séduit tous deux. L'opinion populaire que le cancer [all. *Krebs*. G.H] s'engendre par l'attouchement d'écrevisses [all. *Krebs*. G.H] pourries vient probablement de cette source. (Michaelis (1974 [1762] : 117)

Dans les mémoires soumis à cette Académie lors du concours sur l'origine du langage (1771), le concept du *génie de la langue* était largement utilisé (cf. Neis 2003). Herder voit confirmé, dans les langues des « sauvages », que chaque langue a ses excès et sa pauvreté, mais chacune à sa propre manière.

> Die Analogien aller wilden Sprachen bestätigen meinen Satz : jede ist auf ihre Weise verschwenderisch und dürftig, nur alle auf eigne Art. Wenn der Araber für Stein, Kamel, Schwert, Schlange (Dinge, unter denen er lebt!) so viel Wörter hat, so ist die ceylanische Sprache, den Neigungen ihres Volks gemäß, reich an Schmeicheleien, Titeln und Wortgepränge. Für das Wort Frauenzimmer hat sie nach Stand und Range zwölferlei Namen, da

> selbst wir unhöfliche Deutsche z. E. hierin von unsern Nachbarn borgen müssen. Nach Stand und Range wird das Du und Ihr auf achterlei Weise gegeben, und das sowohl vom Tagelöhner als vom Hofmann; der Wust ist Form der Sprache. (Herder [1772] 1978, p. 149)[12]

On peut cependant constater une diminution de l'utilisation du concept du *génie de la langue* en Allemagne, qui est due, d'une part à la difficulté de le traduire littéralement et d'autre part, au contexte philosophique. Le mot allemand *Genie* ainsi que l'équivalent latin *Genius* désignaient alors un être (humain) qui a des qualités intellectuelles extraordinaires et non l'ensemble de caractères de n'importe quelle personne, objet ou processus. De plus l'aspect optimiste du génie de la langue qui pourrait être perfectionné et contribuer comme méthode analytique à l'amélioration des idées des hommes, n'était pas importé en Allemagne.

5. Le *Geist der Sprache* dans le contexte philosophique en Allemagne

Le contexte philosophique du tournant du XVIIIème au XIXème siècle en Allemagne met en évidence un changement profond du concept du *Sprachgeist* qui l'éloigne du *génie de la langue* : il ne s'agit plus d'une énumération des propriétés d'une langue, mais de l'esprit de la langue entière, souvent décrit par des métaphores naturalistes. La langue est conçue comme un organisme vivant, dont les propriétés sont présentes dès sa naissance et le tout détermine les éléments. Humboldt supposait un principe créateur qui assure la connexion de son organisme comme totalité individuelle :

> Unmittelbarer Aushauch eines organischen Wesens in dessen sinnlicher und geistiger Geltung, theilt sie [die Sprache.G.H.] darin die Natur alles **Organischen**, dass Jedes in ihr nur durch das Andre, und Alles nur durch

[12] Les analogies de toutes les langues sauvages confirment ma proposition : chacune est gaspilleuse et maigre à sa manière, mais seulement à sa propre manière. Si l'Arabe a tant de mots pour la pierre, le chameau, l'épée, le serpent (les choses avec lesquelles il vit !), la langue cingalaise, selon les inclinations de son peuple, est riche en flatteries, titres et mots pompeux. Pour le mot *Frauenzimmer* 'fille / bonne femme', elle a douze noms selon l'état et le rang, car même nous, les Allemands impolis, devons emprunter à nos voisins en cela. Selon l'état et le rang, le *toi* et le *vous* sont donnés de huit manières diverses, et cela à la fois par le journalier et par l'homme de cour ; le fouillis est une forme de langage.

> die eine, **das Ganze durchdringende Kraft** besteht. Ihr Wesen wiederholt sich auch immerfort, nur in engeren und weiteren Kreisen, in ihr selbst; schon in dem einfachen Satze liegt es, soweit es auf grammatischer Form beruht, in vollständiger Einheit, und da die *Verknüpfung der einfachsten Begriffe* das ganze Gewebe der Kategorien des Denkens anregt, da das Positive das Negative, der Theil das Ganze, die Einheit die Vielheit, die Wirkung die Ursach, die Wirklichkeit die Möglichkeit und Nothwendigkeit, das Bedingte das Unbedingte, eine Dimension des Raumes und der Zeit die andre, jeder Grad der Empfindung die ihn zunächst umgebenden fordert und herbeiführt, so ist, sobald der Ausdruck der *einfachsten Ideenverknüpfung* mit Klarheit und Bestimmtheit gelungen ist, auch der Wortfülle nach, ein Ganzes der Sprache vorhanden. (Humboldt 1963 [1820], p. 3)[13]

Tout en parlant comme Condillac d'une liaison des idées (*Ideenverknüpfung*) et d'une liaison des idées les plus simples, Humboldt suppose qu'une force organique imprègne tout l'organisme de la langue. Jean Quillien (Quillien 1991, pp. 455-472) a expliqué cette position de Humboldt, entre autres, par l'influence d'Immanuel Kant (1724-1804). Humboldt déclare comme généralement reconnu que les différentes langues sont les organes de la manière de penser et de sentir des nations. Les objets de la pensée ne sont constitués que par les mots qui les désignent et les langues particulières agissent sur l'esprit humain :

> Man kann vielmehr als allgemein anerkannt annehmen, dass die verschiedenen Sprachen die Organe der eigenthümlichen Denk- und Empfindungsarten der Nationen ausmachen, dass eine große Anzahl von Gegenständen erst durch die sie bezeichnenden Wörter geschaffen werden, und nur in ihnen ihr Daseyn haben (was sich in der Art, wie sie im Worte

---

[13] Souffle immédiat d'un être organique dans sa signification sensuelle et spirituelle, il [le langage. G.H.] divise la nature de tout ce qui est organique en ce que chacun n'existe en lui que par l'autre, et le tout seulement par la force qui imprègne la totalité. Son être se répète aussi tout le temps, seulement dans des cercles plus étroits et plus larges, en lui-même. Il réside déjà dans la phrase simple, dans la mesure où il est basé sur la forme grammaticale, à l'état d'unité complète, et puisque la combinaison des concepts les plus simples stimule tout le tissu des catégories de pensée, puisque le positif stimule le négatif, la partie le tout, l'unité la multiplicité, l'effet la cause, la réalité la possibilité et la nécessité, le conditionnel l'inconditionnel, une dimension de l'espace et du temps l'autre, chaque degré de sensation suscite et provoque les sensations immédiatement environnantes, alors, dès qu'on parvient à exprimer clairement et assurément la plus simple combinaison d'idées, préservant la richesse du contenu des mots, un tout du langage est présent.

gedacht werden, und im Denken durch Sprache auf den Geist wirken, eigentlich auf alle ausdehnen lässt), […] (Humboldt 1963 [entre 1820 et 1822], p. 26)[14]

Malgré le postulat d'une unité de la langue et de la pensée, on chercherait en vain, chez Humboldt, le terme *Sprachgeist*. Ce terme apparaît chez plusieurs auteurs allemands du XIXème siècle, mais avec un contenu différent de celui du *génie de la langue*. Chez Georg von der Gabelentz (1840-1893), il apparaît dans un contexte où il anticipe la distinction entre langue et parole et synchronie et diachronie. Gabelentz constate que ce ne sont pas les étapes précoces du développement d'une langue qui expliquent la parole vivante, mais la langue qui vit dans l'esprit du peuple et qu'il appelle *Sprachgeist* :

> Nicht die frühen Phasen einer Sprache erklären die lebendige Rede, sondern die jeweilig im Geiste des Volkes lebende Sprache selbst, mit anderen Worten der *Sprachgeist*. (Gabelentz (1972 [1901/1891]), p. 9)[15]

Il y avait des linguistes en Allemagne qui développaient des réflexions similaires à celles d'Humboldt. Pour Karl Wilhelm Ludwig Heyse (1797-1855), par exemple, une langue n'était pas un système qui représente des notions pures, mais un monde clos produit par l'esprit du peuple. Les différentes langues ne sont pas identiques dans leurs contenus, mais chacune est un monde particulier :

> Die Sprache ist also nicht ein System reiner Begriffe, sondern eine in sich geschlossene Welt eigenthümlicher Vorstellungen, wie sie der besondere Volksgeist nach seiner eigenthümlichen Anschauungsweise aus sich erzeugt hat. Die verschiedenen Sprachen sind also auch von ihrer inneren Seite betrachtet keineswegs identisch, sondern eben so viel identische

---

[14] Au contraire, on peut considérer comme généralement admis que les différentes langues constituent les organes des manières particulières de penser et de sentir des nations, qu'un grand nombre d'objets ne sont créés que par les mots qui les dénomment, et n'ont leur existence qu'en eux (qui, de la manière dont on les pense en mots et en pensée peuvent agir sur l'esprit par le langage, peuvent être effectivement étendus à tous).

[15] Ce ne sont pas les premières phases d'une langue qui expliquent la parole vivante, mais la langue elle-même, vivant dans l'esprit du peuple, c'est-à-dire l'esprit de la langue.

> Systeme von Vorstellungen, jede eine eigenthümliche Welt. (Heyse 1856, pp. 159-160)[16]

Au début du XXème siècle, la notion du *Sprachgeist* revint en force dans la philologie idéaliste. Le paradigme culturel et holistique en linguistique en Allemagne commence dans l'étude des langues romanes ou la *Kulturkunde*, la science des cultures, garantissait plus de pertinence que des études philologiques (Knobloch 2005, p. 66). Ainsi, Karl Vossler (1872-1949) constatait un parallélisme entre la langue et la culture et les considérait comme résultats de la création humaine. Vossler se comprenait comme adversaire du positivisme de la linguistique historico-comparative et il voulait exposer une histoire culturelle et psychologique de la langue. En plus d'une description détaillée de l'histoire extérieure de la langue, Vossler propose aussi des conclusions linéaires d'une certaine forme ou structure linguistique sur une façon de penser, ou – pour employer le terme français – sur le génie de la langue. Les forces qui sont à l'œuvre dans l'histoire extérieure de la langue, devraient être reconnaissables à leurs effets, dans l'histoire intérieure (cf. Vossler 1925).

Les changements qui se produisent jusqu'au Français Moyen, sont interprétés en termes de mentalité et de génie de la pensée. En utilisant une image très simple, on pourrait dire, que ce qui s'est produit dans la société des hommes, trouve son équivalent dans les formes des mots :

> **Figure 1.** Wenn man sich in der Wissenschaft mit Vergleichen und Bildern begnügen dürfte, so könnte man sagen, daß in der mittelfranzösischen Zeit mit den Wortformen in der Grammatik etwas Ähnliches geschehen sein wie mit den Menschen in der Gesellschaft. [...] Sogar in der Sprache kommt der praktische, interessierte, zünftige Geist des Zeitalters zur Herrschaft. Denn es sind die assoziativen Wandlungen, die Analogien, die ökonomischen und zweckmäßigen Angleichungen und Ausgleiche, die Schiebungen im Flexionssystem, die nun in den

[16] La langue n'est donc pas un système de concepts purs, mais un monde autonome d'idées particulières, car l'esprit du peuple particulier s'est constitué sur son fondement selon sa façon particulière de voir les choses. Les différentes langues ne sont donc pas du tout identiques de l'intérieur, mais autant de systèmes d'idées identiques, chacun constituant un monde particulier.

> Vordergrund treten und die Führung des sprachlichen Lebens übernehmen. (Vossler 1913, p. 166)[17]

C'est donc le mercantilisme de l'époque qui est responsable, selon Vossler, des changements morphologiques qui mènent à une plus grande analogie et à une simplification de la flexion. L'approche « idéaliste » de la langue proclamée par Vossler, dans le sens de l'étude des idées derrières les formes, s'avère très déterministe dans ce cas. L'exemple le plus connu est l'explication de l'article partitif dont l'utilisation se généralise dans le Français Moyen, par l'esprit du marchand et du politicien qui serait devenu commun. C'est un réalisme pratique, rationnel et calculant qui permet d'utiliser le génitif partitif en relation aux idées abstraites et concrètes, et dans chaque position syntaxique, le nominatif du sujet ci-inclus :

> **Figure 2.** Sogar der Subjektsnominativ kann nunmehr, sei es mit bestimmtem, sei es mit unbestimmtem Teilungsartikel auftreten :
>
> *D'abbez, moynes, prieurs, prieuses*
>
> *Ont fines touailles et nappes,*
>
> *Des evesques ont riches chapes.* (Miroir de mar. 5100)
>
> So etwas ist nur in einer Sprache möglich, die sich gewöhnt hat, die Dinge mit dem Auge eines Kaufmanns oder Politikers zu betrachten, für den alle Qualitäten kommensurabel und vertauschbar sind. Es ist ein praktischer, rechnerischer, verstandesmäßiger Realismus, der den partitiven Genitiv auf konkrete wie abstrakte, bestimmte wie unbestimmte Vorstellungen ausgedehnt hat. (Vossler 1913, 191)[18]

---

[17] Figure 1. Si l'on pouvait se contenter dans la science de comparaisons et d'images, on pourrait dire que dans la période du moyen français il est arrivé pour les formes de mots dans la grammaire quelque chose d'analogue au destin des hommes dans la société […] Dans la langue, l'esprit pratique, intéressé, corporatif de l'époque devient dominant. Car ce sont les changements associatifs, les analogies, les harmonisations et les équilibrages relatifs à l'économie et aux fonctions, les glissements dans le système flexionnel, qui passent au premier plan et qui assurent la conduite de la vie langagière.

[18] Même le sujet nominatif peut désormais apparaître, que ce soit avec l'article partitif défini ou indéfini […] Quelque chose de tel n'est possible que dans une langue qui s'est accoutumée à considérer les choses avec le regard d'un commerçant ou d'un homme politique pour qui toutes les qualités sont commensurables et échangeables. C'est un réalisme pratique, comptable, rationnel, qui a étendu le génitif partitif à des représentations concrète comme abstraites, déterminées comme indéterminées.

Cette idée d'une relation entre les formes linguistiques et leurs contenus fut réintroduite en France. Dans son livre intitulé *Le génie de la langue française,* Albert Dauzat poursuivait cette tradition dans une description du français en contraste global avec toutes les autres langues. Bien que les concepts du *génie de la langue* et du *Sprachgeist* ne soient plus considérés comme scientifiques, il y a des linguistes qui y ont recours soit avec un ton ironique soit avec l'intention de s'adresser à un large public (cf. Crépon 2000, Grijelmo 2004, Meschonnic 2000, Trabant 2002).

Références

ADELUNG, J. C. (1793–1801) *Grammatisch-kritisches Wörterbuch der Hochdeutschen Mundart, mit beständiger Vergleichung der übrigen Mundarten, besonders aber der Oberdeutschen, von Johann Christoph Adelung*, 2nde éd. Leipzig : Breitkopf und Comp.

AISY, J. (1685), *Le génie de la langue française*, par le Sieur D**. Paris : Laurent D'Houry.

ALGAROTTI, F. ([1750] 1969), « Saggio sopra la necessità di scrivere nella propria lingua ». In *Opere di Francesco Algarotti e di Saverio Bettinelli*, cura di Ettore Bonora. Milano, Napoli : Riccardo Ricciardi Editore, 511–524. *(La letteratura Italiana. Storia e Testi* 46/II)

BIBLIANDER, T. (1542), *De optimo genere grammaticorum Hebraicorum commentarius*. Basileae [Bâle] : Curio.

BOUHOURS, D. (1671), *Les Entretiens d'Ariste et d'Eugène.* Paris : Sebastien Mabre-Cramoisy.

CESAROTTI, M. (1788), *Saggio sopra la lingua Italiana.* Seconda edizione, accresciuta di un ragionamento dell'autore spedito all'Arcadia sopra la filosofia del gusto. Vicenza : Stamperia Turra.

CHRISTMANN, H. H. (1976), « Bemerkungen zum *Génie de la langue* ». In Albert Barrera-Vidal, Ernstpeter Ruhe, and P. Schunck, eds. *Lebendige Romania. Festschrift für Hans-Wilhelm Klein überreicht von seinen Freunden und Schülern.* Göppingen : Kümmerle, 65–79.

CONDILLAC, É. B. de (1746), *Essai sur l'origine des connoissances humaines : ouvrage où l'on réduit à un seul principe tout ce qui concerne l'entendement humain.* Amsterdam : P. Mortier.

CREPON, M. (2000), *Le malin génie des langues*. Paris : Vrin.

DAUZAT, A. (1977), *Le génie de la langue française.* Paris : Librairie Guénégaud.

DENECKER, T., G. PARTOENS, P. SWIGGERS & T. VAN HAL (2012), « Language Origins, Language Diversity, and Language Classification in Early Christian Latin Authors. Outline of a Research Project in progress (2011–2015) ». *Historiographia Linguistica* 39, 429-439.

DRYHURST, J. (ed.) 1971, « [Amable de Bourzeys'] Discours sur le dessein de l'Académie et sur le différent génie des langues ». *Zeitschrift für französische Sprache und Literatur* 81, 225-242.

GABELENTZ, G. von der (1972 [1901/1891]) : *Die Sprachwissenschaft, ihre Aufgaben, Methoden und bisherigen Ergebnisse*, mit einer Studie von Eugenio Coseriu, neu herausgegeben von Gunter Narr und Uwe Petersen. 2. Auflage. Tübingen : Narr.

GAMBAROTA, P. (2011), *Irresistible Signs : The Genius of Language and Italian National Identity*. Toronto : University of Toronto Press.

GRIJELMO, Á. (2004), *El genio del idioma*. Madrid : Santillana Ediciones Generales.

HARRIS, J. (1993 [1751/1786]), *Hermes; or a Philosophical Inquiry Concerning Universal Grammar*. Reprint of the 1786 edition. London : Routledge & Thoemmes Press.

HAẞLER, G. (1984), *Sprachtheorien der Aufklärung zur Rolle der Sprache im Erkenntnisprozeß*. Berlin : Akademieverlag.

HAẞLER, G. (2011), « Identität durch Sprache. Der Diskurs zur Apologie der Vernakularsprachen bis zum 18. Jahrhundert ». In C. Klettke & R. Pröve (eds.) *Brennpunkte kultureller Begegnungen auf dem Weg zu einem modernen Europa : Identitäten und Alteritäten eines Kontinents*. Göttingen : Vandenhoeck & Ruprecht, 47–69.

HAẞLER, G. (2005), « Dictionnaire onomasiologique et métalangage des XVIIe et XVIIIe siècles », *Lexicographica* 21/2005, 58-70.

HAẞLER, G. & C. Neis (2009), *Lexikon sprachtheoretischer Grundbegriffe des 17. und 18. Jahrhunderts*. Berlin, New York : W. De Gruyter.

HERDER, J. G. (1978 [1772]), « Über den Ursprung der Sprache », *Herders Werke in fünf Bänden*. Ausgewählt und eingeleitet von Regine Otto. 5., neubearbeitete Auflage 1978. Berlin & Weimar : Aufbau, II, 89–200. (Bibliothek Deutscher Klassiker. Herausgegeben von den Nationalen Forschungs- und Gedenkstätten der Klassischen Deutschen Literatur in Weimar).

HEYSE, K. W. L. (1856), *System der Sprachwissenschaft*. Nach dessen Tode herausgegeben von Dr. H. Steinthal. Berlin : Ferd. Dümmlers Verlagsbuchhandlung.

HÜLLEN, W. (2001), « Characterization and Evaluation of Languages in the Renaissance and in the Early Modern Period ». In M. Haspelmath et al. (eds), *Language Typology and Language Universals. Sprachtypologie und sprachliche Universalien. La typologie et les universaux linguistiques*. Berlin et al. : W. de Gruyter, 239–49.

HUMBOLDT, W. v. (1963), *Schriften zur Sprachphilosophie*. Berlin : Rütten & Loening.

JOSEPH, J. E. (2012), « The Genius of the Italian Language : Politics and Poetics ». *Historiographia Linguistica* 39, 369–77.

KNOBLOCH, C. (2005), *„Volkhafte Sprachforschung". Studien zum Umbau der Sprachwissenschaft in Deutschland zwischen 1918 und 1945*. Tübingen : Niemeyer.

LAMBERT, J. H. (1764), *Neues Organon, oder Gedanken über die Erforschung und Bezeichnung des Wahren und dessen Unterscheidung vom Irrthum und Schein.* Leipzig : J. Wendler.

LAMY, B. (1688 [1675]), *La Rhetorique ou l'art de parler.* Troisième édition revuë & augmentée. Paris : André Pralard.

MAUPERTUIS, P. L. M. de (1974 [1748]), « Réflexions philosophiques sur l'origine des langues, et la signification des mots ». In *Œuvres de Maupertuis*. Avec l'Examen philosophique de la preuve de l'existence de Dieu employée dans l'Essai de Cosmologie. Avec une introduction par Giorgio Tonelli. Hildesheim & New York : Georg Olms Verlag, 259-285.

MENUDIER, J. (1681), *Die Natur der Französischen Sprach / Das ist : Ihre Eigenschaften, Zierlichkeit und Curiositäten / deren ein guter Theil ist noch niemals heraus gegeben worden. Nebst einer deutlichen Erläuterung der vornehmsten und einem vollständigen Register derer Wörter so allhier nicht nach dem Alphabeth sind gesetzt worden. / Le Génie de la langue françoise, c'est à dire : ses propriétés, ses élégances et ses curiosités, dont plusieurs n'ont point encore été mises en lumière, avec une claire explication.* Jena : J. Bielke.

MESCHONNIC, H. (ed.) (2000), *Et le génie des langues*. Saint-Denis : Presses Universitaires de Vincennes.

MICHAELIS, J. D. (1760) : « Beantwortung der Frage von dem Einfluß der Meinungen eines Volcks in seine Sprache, und der Sprache in die Meinungen ». *Dissertation qui a remporté le prix proposé par l'Académie Royale des Sciences et belles lettres de Prusse, sur l'influence réciproque du langage sur les opinions, et des opinions sur le langage, avec les pièces qui ont concouru.* Berlin : Haude & Spener, 1–84.

MICHAELIS, J. D. (1762), *De l'influence des opinions sur le langage, et du langage sur les opinions. Dissertation qui a remporté le prix de l'Académie des Sciences & belles lettres de Prusse, en 1759, traduit de l'Allemand.* Bremen : Georges Louis Förster.

NEIS, C. (2003), *Anthropologie im Sprachdenken des 18. Jahrhunderts. Die Berliner Preisfrage nach dem Ursprung der Sprache (1771).* Berlin & New York : de Gruyter.

PRIESTLEY, J. (1762), *A course of lectures on the theory of language and universal grammar.* Warrington : Printed by W. Eyres.

QUILLIEN, J. (1991), *L'anthropologie philosophique de G. de Humboldt.* Villeneuve-d'Ascq : Presses Universitaires de Lille.

SCHLAPS, C. (2000), « Das Konzept eines deutschen Sprachgeistes in der Geschichte der Sprachtheorie ». In A. Gardt (ed.) *Nation und Sprache.* Berlin & New York zwo: W. de Gruyter, 273–347.

SCHLAPS, C. (2004), « The 'Genius of Language' ». *Historiographia Linguistica* 31, 367–388.

SIOUFFI, G. (2010), *Le génie de la langue française : études sur les structures imaginaires de la description linguistique à l'âge classique.* Paris : Champion.

STANKIEWICZ, E. (1981), « The 'Genius' of Language in Sixteenth-Century Linguistics ». In H. Geckeler et al. (eds.) *Logos semantikos. Studia linguistica in honorem Eugenio Coseriu 1921–1981.* Berlin & New York : W. de Gruyter & Editorial Gredos, 177–189.

TRABANT, J. (2002), *Der gallische Herkules. Über Sprache und Politik in Frankreich und Deutschland.* Tübingen : Francke-Verlag.

VAN HAL, T. (2013a), « Génie de la langue : the genesis and early evolution of a key notion in Early Modern European learning ». *Language & History* 56 (2), 81–97.

VAN HAL, T. (2013b), « Γλῶττα και δίαιτα | *Lingua et mores* | Sprache und Sitten: eine jahrhundertelange Verbindung ». In Große, S., A. Hennemann, K. Plötner & S. Wagner *Angewandte Linguistik |Linguistique appliquée. Zwischen Theorien, Konzepten und der Beschreibung sprachlicher Äußerungen | Entre théories, concepts et la description des expressions linguistiques.* Frankfurt am Main et al. : Peter Lang, 21–30.

VAUGELAS, C. (1647), *Remarques sur la langues françoise, utiles à ceux qui veulent bien parler et bien escrire.* Paris : Chez la Veuve Jean Camusat, Pierre Le Petit.

VISCHERUS, X. & L. Forerus (1626), *Septem characteres reformatoris Germaniae Martini Lutheri [. . .]*. Dilingae [Dillingen] : Apud Iacobum Sermodi.

VOSSLER, K. (1913), *Frankreichs Kultur im Spiegel seiner Sprachentwicklung. Geschichte der französischen Schriftsprache von den Anfängen bis zur Klassischen Neuzeit.* Heidelberg : Carl Winters Universitätsbuchhandlung.

VOSSLER, K. (1925), *Geist und Kultur in der Sprache.* Heidelberg : Carl Winter's Universitätsbuchhandlung.

WISSENBACHIUS, J. J. (1654), Πρόχειρον*, sive Manuale [. . .] de verborum et rerum significatione [. . .]*. Franekerae [Franeker] Gruppe aber noch ich die: Impensis Gerhardi Schick.

Gerda HAßLER
Université de Potsdam
Université Paris Nanterre
MoDyCo UMR 7114
hassler@uni-potsdam.de

Introduire le comparatisme en France
Les “Introductions” de M. Bréal à la *Grammaire comparée* de F. Bopp

Abstract

From 1866 to 1872, the French translation of the second edition of F. Bopp's *Vergleichende Grammatik* was published. M. Bréal, who was entrusted with its implementation by decision of the Ministry of Public Instruction, preceded each of the four volumes with a detailed "introduction". While the first of these presentations is primarily intended to introduce the reader to a new way of doing linguistics (the Ecole Pratique des Hautes Etudes was created in 1868), the next three are rather a summary of the book's content. After a reminder of the conditions under which comparisons were received in France in the second half of the 19th century, we try to show how Bréal's work was part of a broader project : to create a Parisian school of historical linguistics that would be able to compete – peacefully – with Germany. In his comments, he points out the difficulties raised by Bopp's proposals, particularly in the phonetic analysis of the data. The example of the discussion between Bopp and Grimm (about the relationship between vocalism and morphology) and the analyses developed by Bréal will illustrate this point

1. Le comparatisme dans l’enseignement supérieur et la carrière de Bréal

Le contexte du transfert de savoir qui s’opère dans les sciences historiques et philologiques depuis l’Allemagne (Espagne & Werner 1990 ; Rabault-Feuerhahn & Trautmann-Waller 2008) et qui remodèle les formes et les contenus de l'enseignement supérieur en France dans le dernier tiers du XIXe siècle correspond à un bouleversement des équilibres continentaux suite aux transformations politiques survenues en Europe.

La réalisation des unités italienne et allemande, qui se sont accomplies avec le soutien ou du moins la neutralité de Napoléon III, a abouti à l'émergence d'états qui avaient la capacité de remettre en cause les prétentions hégémoniques de la France. Les réticences étaient d'autant plus vives que le pangermanisme, comme l'irrédentisme, fondait ses prétentions territoriales sur la réunion dans une même entité politique de populations ayant en partage la même langue littéraire. La grammaire comparée, en regroupant les langues en autant de familles disjointes, et, à l'intérieur de chacune d'elles, en sous-ensembles nettement contrastés, était devenue la caution du domaine d'extension des nations et la justification de leurs frontières.

Face au développement de la linguistique allemande (François 2017), en 1852, le Ministre de l'Instruction Publique de Napoléon III, Hippolyte Fortoul, avait imposé la création à la faculté des lettres de Paris d'une chaire de grammaire comparée. Confié à Charles-Benoît Hase, qui avait été le précepteur d'allemand du futur empereur et en remerciement de ses services, le cours dispensé à la Sorbonne ne fut guère illustré par son titulaire qui se contenta d'y répéter ses considérations sur le grec et accessoirement le latin. Il avait obtenu la prébende parce que celui qui avait été pressenti pour en remplir l'office avait décliné l'offre. Adolphe Regnier, précepteur du comte de Paris sous la Monarchie de Juillet et probablement le meilleur sanscritiste français depuis la disparition en 1852 d'Eugène Burnouf, refusait de prêter le serment à l'Empereur requis de la part de tout fonctionnaire. La réitération de ce refus devait laisser à Bréal l'accès à la chaire du Collège de France une douzaine d'années plus tard.

Sous l'impulsion du Ministre de l'Instruction nommé en 1863, Victor Duruy, une série d'initiatives ont révolutionné le champ de la linguistique. Duruy incitait les rares savants comparatistes (Renan, Egger, Bréal, Paris…) à investir la Société de Linguistique de Paris (SLP) transformant cette société d'amateurs polygraphes férue d'exotisme et d'ethnographie en une préfiguration de l'ÉPHÉ (Bergounioux 1996). Les nominations de Bréal et de Gaston Paris au Collège de France étaient préparées par des suppléances avant d'être confirmées. En même temps, la publication de la traduction de la grammaire de Bopp était financée sur fonds d'état. L'acte essentiel est resté la création de la IVe section, « sciences historiques et philologiques », de l'École Pratique des Hautes Études en 1868 (Anonyme 1893). Une direction d'études en grammaire comparée a été confiée à M. Bréal, dont sont détachées la grammaire comparée des langues romanes et la philologie grecque et latine. Les facultés de lettres (le regroupement des facultés en universités n'est intervenu qu'en 1896) étaient dans un premier temps tenues à l'écart de ce remodelage.

Dans le désarroi qui a suivi la défaite de 1870, un second train de réformes a été mis en place qui tentait de reproduire les contenus dispensés à l'ÉPHÉ dans les universités en y introduisant une part de recherche. En dépit du recrutement de quelques comparatistes, la linguistique historique n'a pas trouvé en France son public et le renouveau insufflé par l'enseignement de Saussure lors de son séjour à Paris n'est guère allé au-delà de la formation de quelques élèves, brillants (A. Meillet, M. Grammont) mais peu nombreux.

Michel Bréal, après son intégration à l'ÉNS, s'est engagé dans la préparation d'une agrégation qui le destinait à devenir professeur de lycée, conformément à la vocation de l'établissement (Bergounioux, 2000). Au terme du stage préparatoire obligatoire d'un an durant lequel il a été affecté à Strasbourg, il est diplômé en 1857. La décision ministérielle de recruter un jeune normalien germanophone (ce qu'était, par ses origines alsaciennes, Bréal) pour qu'il suive une formation en grammaire historique l'a conduit cette même année à prendre ses inscriptions à l'Université de Berlin auprès de F. Bopp et de l'indianiste Albrecht Weber. A son retour, il a été affecté pour la forme au département des manuscrits orientaux de la Bibliothèque Nationale, le temps de rédiger ses thèses soutenues en 1863. *Hercule et Cacus* traitait d'un sujet à la mode, comme l'indique le sous-titre : *Etude de mythologie comparée.* La thèse en latin ne concernait pas non plus directement la grammaire comparée : *De Persicis nominibus apud scriptores Graecos* (Desmet & Swiggers 1995).

2. La *Grammaire comparée* de Bopp et sa traduction

Bréal a introduit la grammaire de Bopp en France en la traduisant, en la préfaçant, en l'annotant et en signalant son existence dans ses cours au Collège de France et dans les périodiques savants. Au moment où il fait le choix de deuxième édition de la *Grammaire comparée*, Bopp est en train de préparer une troisième édition dont Bréal ne semble pas avoir pris connaissance. Surtout, de nouveaux travaux avaient déjà porté au-delà de cette œuvre fondatrice la maîtrise du domaine, en particulier le *Compendium der vergleichenden Grammatik der indogermanischen Sprachen* d'A. Schleicher paru en 1861-1862. Le choix d'en rester à Bopp revenait à accuser d'emblée une trentaine d'années de retard sur les progrès accomplis.

A titre de repère, on date le début de la grammaire comparée de la publication en 1816 d'*Uber das Conjugationssystem der Sanskritsprache* de Bopp où est exposée la concordance des morphèmes de conjugaison du sanscrit rapprochés du latin, du grec, de l'iranien ancien et des langues germaniques. Dans les langues indo-européennes, la netteté de l'opposition verbo-nominale et l'accumulation des affixes flexionnels au début (redoublement) et surtout à la fin des radicaux verbaux conduisait à privilégier une observation portant sur ces unités.

La méthode que Bopp a fixée à vingt-cinq ans (il est né en 1791) a déterminé ses recherches ultérieures. Il en a reproduit les orientations dans les éditions successives de sa *Grammaire* et il en a défendu les principes dans *Vocalismus* (1836) où il a critiqué la théorie de l'alternance vocalique exposée par Grimm. Ainsi, alors que le nombre de langues prises en considération pour l'établissement des correspondances s'est constamment accru, on ne saurait déceler de véritable rupture dans la façon de procéder qui, partant d'une interprétation phonétique des écritures, résout les mots en autant de morphèmes qu'il y a de syllabes voire de phonèmes.

Bopp a conçu la composition de la *Grammaire comparée* comme la clé de voûte de son œuvre. C'est à elle qu'il a réservé l'essentiel de ses efforts, y consignant certaines de ses découvertes au risque de perturber l'équilibre des chapitres et d'égarer le lecteur dans son effort d'appréhension globale. La première édition a commencé à paraître en 1833 et cinq autres tomes suivront en 1835, 1842, 1847, 1849, 1852. Comme l'indique son titre, *Vergleichende Grammatik des Sanskrit, Zend, Griechischen, Lateinischen, Litthauischen, Gotischen und Deutschen*, elle reprend les cinq langues de l'essai sur la conjugaison en ajoutant le gotique et le lithuanien. En cours de publication, dès le second volume, Bopp a complété avec des éléments sur le vieux-slave.

De 1856 à 1861, ce qui correspond en partie au séjour de Bréal à Berlin, paraît la seconde édition révisée (« *zweite gänzlich umgearbeitete Ausgabe* »). Imprimé quatre ans après la sortie du dernier volume de la première édition, l'ouvrage étend, dans son titre, la liste des langues concernées, confirmant la présence du vieux-slave et ajoutant l'arménien entre le zend et le grec. Cette révision inclut les résultats des études de Bopp sur les langues germaniques (1836), celtiques (1839), baltes (1853, sur le vieux-prussien) et l'albanais (1854), en laissant de côté les essais sur les langues malayo-polynésiennes (1840) et le géorgien (1846).

Bien qu'il ait profondément remanié le contenu de sa *Grammaire*, Bopp a conservé le plan d'ensemble adopté dans la première édition, notamment la numérotation des paragraphes dont certains, par suite des additions, couvrent plusieurs pages. Il réussit à se démarquer des attendus de la grammaire traditionnelle, aristotélicienne, en recourant aux études indiennes. Pour lui, la phonétique a pour fin d'assigner aux lettres une valeur sonore – le rôle insuffisant d'abord réservé à l'accentuation en est un symptôme. La phonétique expérimentale, apparue dans les années 1870, n'a pas eu d'effet sur la *Grammaire comparée* qui a contribué à sa reconnaissance dans le champ de la linguistique. Bopp a porté son attention préférentiellement sur la morphologie, jusqu'à encourir le reproche d'un excès de segmentation dans les mots. Les autres domaines l'intéressaient moins : la syntaxe reste un des points faibles du comparatisme jusqu'à ce que Delbrück traite cette question de façon détaillée. Bréal regrette qu'aucune théorie du sens ne soit envisagée : dès la première leçon d'intronisation dans sa chaire au Collège de France, il se propose d'y remédier (1868a).

3. Les introductions de Bréal

Une plaquette, éditée en 1864, et un article, paru en 1868 dans les *Mémoires de la S.L.P.*, qui reprennent deux cours prononcés au Collège de France, reflètent l'orientation générale du travail entrepris par Bréal. Le développement des idées se trouve principalement dans les introductions à la *Grammaire comparée.*

3.1 L'introduction du tome I

Il y a une différence de présentation entre l'introduction du tome I et celle des volumes II à IV où Bréal reprend le découpage en chapitres de Bopp avec des commentaires. Le tome V est composé de deux tables analytiques, l'une phonétique (valeur sonore des lettres des différents alphabets) et l'autre morphologique (essentiellement pour les flexions) et d'un d'index des mots composé par Francis Meunier en reprenant le modèle de l'édition allemande rédigé par Carl Arendt.

L'introduction du tome I est divisée en six parties notées en chiffres romains :

I (p. 1-8) expose les principes sur lesquels se fonde l'école comparatiste par opposition aux travaux de grammaire qui se sont faits jusqu'alors ;

II (p. 8-15) retrace la carrière de Bopp jusqu'à son essai sur la conjugaison ;

III (p. 15-30) présente la découverte du sanskrit en Europe, l'interprétation de Schlegel et la nouveauté de la démarche de Bopp en 1816 ;

IV (p. 30-38) donne la suite de la carrière de Bopp jusqu'à la première édition de la *Grammaire comparée* ;

V (p. 38-46) explique la double nature de cette grammaire, à la fois historique et comparée, et fait état de certaines critiques de Bréal ;

VI (p. 46-57) montre le déploiement du comparatisme sur d'autres langues et d'autres familles, insiste sur la prise en compte de la prosodie et sur le perfectionnement continu de la méthode et termine en montrant l'ancrage universitaire de la discipline.

Tout en ne ménageant pas les éloges rendus à son ancien professeur, Bréal formule trois critiques :

1) La morphologie constitue l'essentiel de l'ouvrage mais la syntaxe reste à peu près absente.

2) Le rôle accordé au sanskrit dans la comparaison est exagéré, par exemple lorsqu'il est dit :

> « § 309. Le nom de nombre “deux”. En sanscrit, le thème déclinable est *dva* : naturellement les flexions sont celles du duel. De *dva*, le gothique fait *tva* (§ 87) (…). »

La formulation pourrait laisser entendre que le sanskrit représenterait la langue primitive.

3) Les emprunts aux grammairiens indiens ne sont pas toujours signalés explicitement.

Cette préface tranche avec les suivantes parce qu'elle est un exposé de l'ensemble de l'œuvre. Rien de spécifique n'est avancé concernant ce premier tome qui comprend, outre les deux préfaces données par Bopp pour la première et la deuxième édition, trois parties :

- une présentation des quatre alphabets qui ne sont pas familiers au lecteur (sanscrit, zend, germanique et slave) avec des remarques sur le gouna, les accents sanscrits et les modifications phonotactiques ;
- une distinction entre flexions et racines, Bopp précisant que celles-ci resteront en dehors de son étude ;
- une analyse de la « formation des cas » qui, après un exposé général sur les marques, détaille la forme que prennent les huit cas au singulier (le duel et le pluriel sont traités dans le tome II).

3.2 Les introductions des tomes II, III et IV

L'introduction du tome II est destinée à rattraper le silence sur le contenu du tome I puisqu'elle reprend, avec une certaine distance, les trois questions déjà traitées : l'interprétation phonétique des alphabets, le statut des racines (Bréal 1867) et une présentation du substantif. La partie consacrée à la phonétique (p. 1-18) s'ouvre sur des exemples latins et grecs avant d'étendre la comparaison au sanscrit (p. 8). Suivent quelques considérations de méthode, où la linguistique est rapprochée des sciences expérimentales, avant que la question de la reconstruction ne soit envisagée. Les limites d'une application des enseignements de la phonétique physiologique dans le comparatisme sont mentionnées. Puis Bréal confronte les propositions de Bopp, de Schleicher et de Grimm et, après avoir indiqué quelques unes de ses réserves, il conclut sur les apports de Bopp dans les domaines slave et celtique en particulier.

Les racines (p. 19-29) sont distribuées en deux classes, « prédicatives » (à valeur référentielle) qui forment les noms, et « indicatives » (flexionnelles, à valeur énonciative) qui sont déterminantes pour la formation des verbes. Elles sont caractérisées par leur hermétisme, ne se modifiant que par redoublement, renforcement et nasalisation, le noyau vocalique restant constant – une réponse aux propositions de Grimm. La déclinaison et la conjugaison se réalisent par affixation et elles contribuent à la néologie par dérivation.

La partie concernant le substantif (p. 30-38) s'ouvre sur une critique du sanscrito-centrisme de Bopp qui s'est aligné trop fidèlement, selon Bréal, sur le classement édicté par les grammairiens indiens. Suit un hommage appuyé à Bopp pour l'explication du rôle de l'élément thématique qu'il a avancée ; il est présenté comme le véritable inventeur de cette notion. La conclusion du tome I acquittait une dette de reconnaissance pour les prédécesseurs immédiats de Bréal en France et pour ses commanditaires, celle du tome II, à partir de paragraphes consacrés aux transferts morphologiques (les marques pronominales devenant casuelles, les unités autonomes devenant des affixes), est un plaidoyer pour un rééquilibrage des analyses entre l'étude du sens et l'étude des formes. Les progrès de l'observation des formes n'auraient pas trouvé leur équivalent dans l'analyse du sens. Ce tome II paraît l'année même où, le 7 décembre, à la réouverture du cours de grammaire comparée, Bréal prononce sa leçon sur « Les idées latentes du langage » qui est reprise en 1877 dans les *Mélanges de mythologie et de linguistique.*

Les introductions des tomes III et IV résument et commentent l'ouvrage, resitué dans le contexte des avancées de l'époque, avec des critiques ponctuelles. Bréal déclare qu'il a renoncé à une mise en perspective plus large qu'il avait envisagée quand il écrivait dans le tome I : « Peut-être essayerai-je plus tard, si nul autre n'entreprend cette tâche, de donner un commentaire critique sur quelques parties de la Grammaire comparée de M. Bopp. » (Bréal 1866 : LVI). Il ne subsiste de cette ambition que la conclusion du tome IV :

> Puisse la France prendre une part de plus en plus large à ces belles et fécondes recherches ! En renouvelant le vœu que nous formions au commencement du tome premier, nous n'exprimons pas cette fois une simple espérance : des signes non équivoques permettent de penser que l'étude comparative des langues indo-européennes est en voie de développement dans notre pays. (Bréal 1872 : XXXI-XXXII)

3.3 Les critiques de Bréal

Bréal a fait état, au fil de ses introductions, de plusieurs critiques dont aucune, à notre connaissance, ne lui est propre. Il s'agit le plus souvent de la reprise de discussions qui avaient commencé en Allemagne et dont il se faisait l'écho. On relève :

– *au tome I*, l'absence de la syntaxe (I, xli-xlii), le sanscrito-centrisme (I, xliii-xliv), des emprunts non signalés aux grammairiens indiens (I, xliv), la méconnaissance des travaux de Zeuss sur le celtique (I, xlvii) et l'inclusion des langues malayo-polynésiennes et du géorgien dans la famille indo-européenne (I, xliii) ;
– *au tome II*, le caractère controuvé et incertain de certains résultats (II, xvi) et la façon dont Bopp a conçu le classement des substantifs (II, xxix) ;
– *au tome III*, l'interprétation du degré de comparaison (III, xiv *sq.*), l'équivalence postulée entre l'adjectif possessif et le génitif (III, xxxvi), la prise en compte insuffisante du rôle de l'accent dans les transformations (III, xlvi) et l'analyse du parfait grec (III, lxiii-lxiv) ;
– *au tome IV*, la référence au sanscrit afin d'expliquer des formes latines justiciables d'une analyse interne (IV, xvi-xvii), les réticences à admettre des suffixes désémantisés et des lettres euphoniques (IV, xxi) et le caractère sommaire de la présentation des « indéclinables » (IV, xxvii-xxx).

Sur chacun de ces points, il est probable que plusieurs auteurs de ce temps pourraient être cités. Au fils de ses introductions, Bréal convoque plus d'une centaine de linguistes dont, mentionnés plus de dix fois, August Schleicher (22), Georg Curtius (18), Theodor Benfey (17), Adalbert Kuhn (15), Friedrich Schlegel et August Pott (14), Jakob Grimm (11) et Wilhelm Paul Corssen (10). Quatre de ces auteurs méritent une attention particulière. Alors que Schlegel est convoqué pour illustrer la rupture entre une philosophie du sanscrit et la démarche philologique de Bopp, que d'autres apparaissent en fonction de leur domaine de spécialité (Corssen pour le latin, Curtius pour le grec, Benfey pour le sanscrit…), Kuhn, Schleicher, Pott et Grimm occupent une position éminente, au-delà de leur contribution à l'extension du domaine indo-européen par des monographies qui ont fait date, celle de Grimm pour les langues germaniques (1822) et celle de Schleicher pour les langues baltes.

A. F. Pott est avant tout le maître de l'étymologie indo-européenne, c'est-à-dire d'un domaine que Bopp avait d'emblée exclu de son champ d'investigation : l'interprétation du sens des « racines ». A. Kuhn est considéré comme l'initiateur du fourvoiement de la linguistique historique dans la mythologie comparée. A. Schleicher est resté célèbre pour sa théorie naturaliste et son essai de reconstruction du proto-indo-européen illustré par la rédaction d'une fable. À J. Grimm, Bréal rend l'hommage d'avoir surpassé Bopp dans la compréhension phonétique des phénomènes. C'est à partir de ses hypothèses sur le vocalisme que les débats ont été les plus vifs et c'est le seul, avec E. G. Graff, à qui Bopp a jugé nécessaire de consacrer deux articles parus dans les *Mémoires de l'Académie de Berlin (classe historique) – Annales de critique scientifique* en 1827 et recueillis dans un livre, *Vocalismus* (Bopp 1836).

4. Bopp *vs* Grimm

De tous les savants avec lesquels Bopp a entretenu un dialogue à travers son ouvrage, Jakob Grimm est le plus souvent interpellé. Dans la préface de la première édition, il s'en justifiait par avance :

> J'ai accordé une attention toute particulière aux langues germaniques : je ne pouvais guère m'en dispenser si, après le grand ouvrage de Grimm, je

> voulais encore enrichir et rectifier en quelques endroits la théorie des formes grammaticales, découvrir de nouvelles relations de parenté ou définir plus exactement celles qui étaient déjà connues, et consulter sur chaque point, avec autant d'attention que possible, les autres idiomes de la famille, tant asiatiques qu'européens. En ce qui concerne la grammaire germanique, j'ai pris partout pour point de départ le gothique, que je place sur la même ligne que les langues classiques anciennes et que le lithuanien. (Bopp 1866 : 9-10)

Bréal cite Grimm une dizaine de fois. Bopp le mentionne explicitement plus de deux cents fois avec une concentration des références dans les paragraphes consacrés aux langues germaniques et dans ceux où la phonétique joue un rôle important, en particulier pour tout ce qui touche à la question de l'apophonie.

4.1 Les arguments de Bopp

A la fin de la préface de la première édition, datée de mars 1833, Bopp a tenu à souligner son désaccord avec Grimm :

> En général, la grammaire germanique reçoit une vive lumière de la comparaison avec le système des voyelles indiennes, lequel est resté, à peu d'exceptions près, à l'abri des altérations que l'influence des consonnes et d'autres causes encore produisent habituellement. C'est par cette comparaison que je suis arrivé à une théorie de l'apophonie (ablaut) qui s'éloigne très notablement de celle de Grimm. En effet, j'explique ce phénomène par des lois mécaniques, au lieu que chez Grimm il a une signification dynamique (§§ 6, 489, 604). (Bopp 1866 : 9-10 note)

Le point de départ de la réfutation est emblématique du sanscrito-centrisme avec l'ambition de revaloriser les langues germaniques par rapport au latin et au grec. L'opposition entre « lois mécaniques » et « signification dynamique » a laissé incertain le traducteur. Elle se retrouve à l'identique dans l'opposition avec les autres langues, en particulier les langues sémitiques (Bopp 1866 : 3 ; 228-230), avant que ne soit proféré ce jugement :

> Nous accordons d'ailleurs volontiers le premier rang à la famille indo-européenne, mais nous trouvons les raisons de cette prééminence, non pas dans l'usage de flexions consistant en syllabes dépourvues de sens par elles-mêmes, mais dans le nombre et la variété de ces compléments grammaticaux, lesquels sont significatifs et en rapport de parenté avec des mots employés à l'état isolé ; nous trouvons encore des raisons de supériorité dans le choix habile et l'usage ingénieux de ces compléments, qui permettent de marquer les relations les plus diverses de la façon la plus exacte et la plus vive ; nous expliquons enfin cette supériorité par l'étroite

> union qui assemble la racine et la flexion en un tout harmonieux, comparable à un corps organisé. (Bopp, 1866 : 230)

La « syllabe » comme entité à voyelle fixe et l'adjonction de « compléments grammaticaux » comme expansion excluent la possibilité d'alternances vocaliques internes motivées par la morphologie. Cette note revient sur ce qui avait été dit précédemment du gouna :

> Les grammaires sanscrites de mes prédécesseurs ne donnent aucun renseignement sur la nature de ces changements des voyelles : elles se contentent d'en marquer les effets. C'est en rédigeant la critique de la Grammaire allemande de Grimm que j'ai aperçu pour la première fois la vraie nature de ces gradations, le caractère qui les distingue l'une de l'autre, les lois qui exigent ou occasionnent le gouna, ainsi que sa présence en grec et dans les langues germaniques, surtout en gothique. (Bopp 1866 : 69)

Dans le tome III, désavouant Grimm sur la nature de l'alternance *a/i* dans les verbes germaniques et sur le caractère premier du *i*, Bopp oppose la priorité du sanscrit et la présence d'un *a* dans les racines typique de l'alphaïsme. Il précise : « Ce n'est donc pas seulement parce qu'au gothique *sat* "je fus assis", *band* "je liai" correspondent, en sanscrit, des verbes ayant un *a* radical que je crois devoir combattre l'explication de J. Grimm. » (Bopp 1869 : 240), en ajoutant cinq arguments :

1. l'ampleur des concordances en sanscrit,
2. la nécessité d'un *a* pour justifier la forme causative du verbe,
3. la présence du *a* dans les dérivés nominaux des verbes, i.e. sans valeur temporelle,
4. « dans toute la famille des langues indo-européennes, on ne citerait pas un exemple d'une relation grammaticale qui soit exprimée par le changement de la voyelle radicale » (Bopp, 1869 : 240),
5. le marquage du passé par le redoublement qui exclut l'usage de l'ablaut dans cette fonction.

L'apophonie, selon Bopp, est étrangère au domaine indo-européen : elle doit rester la marque élective des langues afro-asiatiques.

4.2 L'opinion de Bréal

Bréal a bien repéré la difficulté que soulevait le traitement de l'alternance vocalique – qui, selon des perspectives radicalement différentes, a motivé des contributions fondamentales de Baudouin de Courtenay (1895), le premier article de Boas (1889) et, bien sûr, le *Mémoire* de Saussure (1879). Voici ce qu'il écrit dans l'introduction du tome I :

> Si M. Bopp a frayé la route en tout ce qui touche à l'explication des flexions, Jacob Grimm est le vrai créateur des études relatives aux modifications des sons. (...) Allant plus loin encore, il avait analysé la partie la plus subtile du langage, savoir les voyelles, et ramené à des séries uniformes, qu'il compare lui-même à l'échelle des couleurs, les variations dont chaque voyelle allemande est susceptible. Mais ici il se trouva, sur un point capital, en désaccord avec M. Bopp. Ce n'est pas le lieu d'exposer la théorie de Grimm sur l'apophonie (*ablaut*) : il nous suffira de dire que, non content d'attribuer à ces modifications de la voyelle une valeur significative, il y voyait une manifestation immédiate et inexplicable de la faculté du langage. M. Bopp combattit cette hypothèse comme il avait combattu la théorie de Frédéric Schlegel sur l'origine des flexions. Il s'attacha à montrer, par la comparaison des autres idiomes indo-européens, que l'apophonie, telle qu'elle existe dans les langues germaniques, n'a rien de primitif, que les modifications de la voyelle n'entraînaient, à l'origine, aucun changement dans le sens, et que ces variations du son étaient dues à des lois d'équilibre et à l'influence de l'accent tonique. (Bréal 1866 : XXXV-XXXVI)

Finalement, quel est l'avis de Bréal sur ce débat au moment où il rédige l'introduction du premier tome ? Voyant dans « dans l'illustre germaniste le plus délicat et le plus séduisant des narrateurs » (Bréal 1866 : 35), ce qui paraît un compliment à double tranchant, et après lui avoir rendu hommage pour sa découverte du *Lautverschiebung* (qui n'est pas autrement expliqué à cet endroit), il mentionne sa théorie de l'apophonie en rappelant l'opposition de Bopp à qui il laisse le dernier mot : « (...) que les modifications de la voyelle n'entraînaient, à l'origine, aucun changement dans le sens, et que ces variations du son étaient dues à des lois d'équilibre et à l'influence de l'accent tonique. » (Bréal 1866 : 36)

Dans le tome II, il oppose la personnalité des deux protagonistes et l'on perçoit dès alors vers lequel penche sa préférence :

> Grammairien avant tout, plus désireux de pénétrer dans le mécanisme du langage que de décrire les faits qui en modifient l'aspect extérieur, M. Bopp ne montre pas pour l'histoire des sons cette curiosité complaisante, cette

> passion désintéressée qui fait accumuler à J. Grimm, dans sa Grammaire allemande, des pages entières d'exemples pour un changement phonique, et qui lui a fait écrire un volume sur les transformations des voyelles. (Bréal 1868 : XV-XVI)

Dans le tome III (1869), il confirme son ralliement à Bopp :

> On sait que les verbes allemands se divisent en deux grandes catégories, suivant qu'ils forment leur parfait par le changement de la voyelle radicale, ou selon qu'ils adjoignent simplement au thème verbal la syllabe *te*. (...) Jacob Grimm montra d'abord que c'était là l'ancienne formation du verbe germanique, et que ces changements de voyelle, qui s'étendent aux dérivés nominaux, constituent le ressort essentiel de la grammaire allemande. (...) Allant plus loin, il crut reconnaître dans le changement de la voyelle (*ablaut*) un organisme primitif destiné à marquer le changement de sens, par un accord entre le son et l'idée aussi ancien que la parole humaine. Comme l'*ablaut* ou *apophonie* déploie d'autant plus de variété, comme les verbes forts deviennent d'autant plus nombreux qu'on remonte plus haut dans l'histoire des idiomes germaniques, le caractère primordial du phénomène paraissait incontestable aux yeux de Grimm. C'est cette théorie que Bopp combattit au nom de la grammaire comparative. Il montra que dans les prétérits cités par Grimm, le changement de la voyelle n'était nullement destiné à marquer le passé. (...) Quoique sur bien des points le phénomène de l'apophonie présente encore des obscurités, les remarques de M. Bopp sont d'une importance capitale pour l'explication *mécanique* des idiomes. (...) Elles font voir comment des changements de pure forme peuvent devenir significatifs, et comment un certain nombre de faits sans lien réel peuvent être instinctivement assemblés en système. Il n'est pas douteux que les dialectes germaniques ont su tirer parti d'un changement de son auquel le reste de la famille s'est à peu près montré indifférent ; il est certain qu'ils l'ont fait tourner à l'avantage de la pensée, et qu'aujourd'hui, la plupart des désinences s'étant émoussées ou perdues, le redoublement ayant disparu, l'apophonie est devenue pour les verbes forts la marque distinctive du prétérit. (Bréal 1869 : LXV-LXVIII)

Pour compléter ce commentaire, on peut se reporter aux notes insérées dans les tomes I et III. La plus importante – et l'endroit où elle apparaît suffirait à le confirmer – concerne « les lois physiques et mécaniques », un syntagme équivalant à « phonétique » qui n'apparaît qu'à trois reprises dans ce premier tome et toujours au moment de conjecturer la valeur sonore d'une lettre. Voici l'éclaircissement terminologique proposé :

> Nous donnons, d'après une communication écrite de l'auteur, l'explication des mots *physique*, *mécanique* et *dynamique* : « Par lois *mécaniques*, j'entends principalement les lois de la pesanteur (§§ 6, 7,8), et en particulier l'influence que le poids des désinences personnelles exerce sur la syllabe

précédente (§§ 480, 489, 604). Si, contrairement à mon opinion, l'on admet avec Grimm que le changement de la voyelle dans la conjugaison germanique a une signification grammaticale, et si, par exemple, l'*a* du prétérit gothique *band* « je liai » est regardé comme l'expression du passé, en opposition avec l'*i* du présent *binda* « je lie », on sera autorisé à dire que cet *a* est doué d'une force *dynamique*. Par lois *physiques*, je désigne les autres règles de la grammaire et notamment les lois phoniques. Ainsi quand on dit en sanscrit *at-ti* « il mange » au lieu de ad-ti (de la racine *ad* « manger »), le changement d'un *d* en *t* a pour cause une loi physique. » (Bopp, 1866, 1n)

A s'en tenir à ce bref résumé, les lois *dynamiques* correspondraient à l'ablaut et elles sont exclues par Bopp des schémas d'explication admissibles pour l'indo-européen. Les lois *mécaniques* s'apparentent à la métaphonie et elles font l'hypothèse que l'ablaut n'est qu'une réinterprétation a posteriori de l'Umlaut. Dans ces deux cas, la transformation opère à distance à l'intérieur du mot conçu comme une unité accentuelle agrégeant une racine et un ou plusieurs morphèmes. Quant aux lois *physiques*, elles désigneraient l'assimilation par l'effet du contact entre segments.

Loi dynamique : Ablaut ou apophonie (chez Grimm)
Loi mécanique : Umlaut ou métaphonie (Bopp)
Loi physique : Assimilation

5. Bréal *vs* Grimm : l'article de *La Revue de Paris*

En 1907, Bréal publie son premier article consacré à la phonétique : « La loi de Grimm ». Il choisit paradoxalement de le faire paraître dans un périodique destiné au public cultivé, la *Revue de Paris*. Dès les premières lignes, le ton est donné :

> Je ne sais en linguistique rien de plus ingénieux, mais on peut bien dire aussi, dans la forme que son auteur lui a donnée, rien de plus artificiel que la théorie connue en Allemagne sous le nom de *Lautverschiebung* ou substitution des consonnes germaniques. (Bréal 1907 : 52)

Après avoir souligné le succès rencontré par la découverte de Grimm, et indiqué en note que R. Rask l'avait précédé et qu'il avait fallu attendre K. Verner (deux Danois, donc) pour en raisonner les exceptions, Bréal élève une suspicion : « il est l'un des pères, l'un des maîtres, et, pour dire le mot, l'un des créateurs du patriotisme allemand. Aussi, en tout ce qui, de près ou de loin, peut intéresser le nom germain, ses vues ont besoin de contrôle. » (Bréal, 1907 : 53). Suit un résumé de la loi de Grimm (53-54) et un aperçu de l'explication qu'en a proposée son inventeur selon Bréal :

> On demandera : Pourquoi cette révolution ? Il est difficile naturellement de rien affirmer. Mais l'auteur de la *Deutsche Grammatik* ne serait pas éloigné de penser à une cause psychologique. Au moment de commencer leur lutte avec l'empire romain, les tribus germaines, dans le sentiment de leur force, ont ainsi modifié leur langage. (Bréal 1907 : 54)

La présentation de la deuxième mutation consonantique appelle trois objections de Bréal à l'encontre d'une hypothétique force transcendantale évoquée par Grimm (« *eine gleichsam ausserhalb Gewalt* ») :

1. Elle établit entre les consonnes une solidarité purement imaginaire.
2. Elle transforme en événement isolé une transformation constante de nature physiologique.
3. Avec les dénominations de « consonne douce » et de « consonne aspirée », elle crée de la confusion. (Bréal 1907 : 56)

Ces trois points sont développés dans l'article. Pour le premier, qui concerne la reconnaissance de la structure consonantique comme interdépendance entre les unités et solidarité de leur transformation, Bréal conclut :

> On doit donc reconnaître que les consonnes germaniques ont suivi une marche uniforme, qu'elles ont obéi à une même tendance, et que cet apparent circuit, cette apparente succession des lettres se remplaçant l'une l'autre, existe, non dans les faits, mais seulement dans l'imagination de l'observateur. (Bréal 1907 : 57)

L'usage de « lettres » au lieu de phonèmes, ou de sons de langage, trahit les faiblesses du raisonnement. Plus loin, Bréal avance que le *Lautverschiebung* ne peut provenir que d'un contact de langues et, puisqu'il est apparu dans un seul groupe des langues indo-européennes, il suppose la contamination d'une famille de langues non apparentée. Il évoque l'influence de l'étrusque en mentionnant, à l'appui de cette hypothèse, une absence d'opposition entre sourdes et sonores dans cette langue. Il identifie la réduction de la durée de la sonorisation (*voice onset time*) dans les langues germaniques à la perte d'une distinction, transformant une variation phonétique entre les langues en propriété phonologique d'une langue particulière.

Après avoir imputé à une forme de nationalisme et à un « grain de mysticisme » (p. 64) la théorie de Grimm, après avoir souligné le caractère peu musical de l'allemand (un argument qui devait enchanter ses lecteurs), Bréal rend hommage au folkloriste, mythologue et linguiste qui « restera considéré comme l'un des pères de la philologie moderne ».

Conclusion

La façon dont Bréal a retranscrit la discussion entre Bopp et Grimm, soit dans ses introductions, soit en note, témoigne de sa difficulté à analyser le versant sonore du langage en termes de système. Comme Bopp, il continue à penser suivant une orientation philologique, à partir des « lettres », et son intérêt pour la phonétique lui fait préférer la matérialité acoustique à l'organisation structurale. S'il a hésité à prendre parti dans l'introduction du tome I (1866), il manifeste une incompréhension grandissante qui se révèle au tome III (1869). Ayant refusé de suivre les néogrammairiens, à l'âge de soixante-quinze ans, il étend ses réticences sur le système vocalique de Grimm à ses lois consonantiques. La phonétique n'est plus qu'une matière fluctuante, variable, le matériau changeant dans lequel se concrétise la pensée qu'étudie, dans les mots, la sémantique (1897).

Références

[ANONYME] (1893) *L'École pratique des Hautes Études (1866-1893). Documents pour servir à l'histoire de la section des sciences historiques et philologiques*, Paris, E. Bouillon.

BAUDOUIN DE COURTENAY, J. (1895), *Versuch einer Theorie phonetischer Alternationen*, Strasbourg, Trübner.

BERGOUNIOUX, G. (1996), Aux origines de la Société de Linguistique de Paris (1864-1876), *Bulletin de la Société de Linguistique de Paris*, XCII, 1, 1-26.

BERGOUNIOUX, G. (2000), *Bréal et le sens de la Sémantique*, Orléans, Presses Universitaires.

BOAS, F. (1889), On alternating sounds, *American Anthropologist*, Jan., 47-53.

BOPP, F. (1816), *Uber das Conjugationssystem der Sanskritsprache*, Francfort, Andreaischen Buchhandlung.

BOPP, F. (1836), *Vocalismus, oder sprachvergleichende Kritiken*, Berlin, Nicolaischen Buchhandlung.

BOPP, F. (1833-1852), *Vergleichende Grammatik des Sanskrit, Zend, Griechischen, Lateinischen, Litthauischen, Gotischen und Deutschen*, Berlin, F. Dümmler.

BOPP, F. (1866-1874), *Grammaire comparée des langues indo-européennes*, Paris, Imprimerie Impériale / Imprimerie Nationale.

BREAL, M. (1863), *Hercule et Cacus. Etude de mythologie comparée*, Paris, A. Durand.

BREAL, M. (1863), *De Persicis nominibus apud scriptores Graecos*, Paris, A. Durand.

BREAL, M. (1864), *De la méthode comparative appliquée à l'étude des langues*, Paris, Baillière.

BREAL, M. (1867), Des racines, *Revue archéologique*, 16, 262-268 [Extrait de la préface du tome II de la *Grammaire comparée* de Bopp].

BREAL, M. (1868a), Les progrès de la grammaire comparée. Leçon faite au Collège de France pour la réouverture du cours de grammaire comparée le 9 décembre 1867, *Mémoires de la Société de Linguistique de Paris I*, 267-294.

BREAL, M. (1868b), *Les idées latentes du langage, Leçon faite au Collège de France pour la réouverture du cours de grammaire comparée le 7 décembre 1868*, Paris, Hachette.

BREAL, M. (1877), *Mélanges de mythologie et de linguistique*, Paris, Hachette.

BREAL, M. (1897), *Essai de sémantique*, Paris, Hachette.

BREAL, M. (1907), « La loi de Grimm », *Revue de Paris*, 6, 52-64.

DESMET P. & SWIGGERS P. (1995), *De la grammaire comparée à la sémantique. Textes de Michel Bréal publiés entre 1864 et 1898*, Paris-Leuven, Peeters.

ESPAGNE, M. & WERNER, M. (1990), *Philologiques I. Contribution à l'histoire des disciplines littéraires en France et en Allemagne*, Paris, Maison des Sciences de l'Homme.

FRANÇOIS, J. (2017), *Le Siècle d'or de la linguistique en Allemagne. De Humboldt à Meyer-Lübke*, Limoges, Lambert-Lucas.

GRIMM, J. (1822), *Deutsche Grammatik*, Göttingen, Dieterichschen Buchhandlung.

RABAULT-FEUERHAHN, P. & TRAUTMANN-WALLER, C. eds. (2008), Itinéraires orientalistes entre France et Allemagne, *Revue germanique internationale* 7.

SAUSSURE (DE), F. (1879), *Mémoire sur le système primitif des voyelles dans les langues indo-européennes*, Leipzig, Teubner.

SCHLEICHER, A. (1861-1862), *Compendium der vergleichenden Grammatik der indogermanischen Sprachen*, Weimar, Hermann Böhlau.

Gabriel BERGOUNIOUX
Université d'Orléans
UMR 72 LLL

Ce que la linguistique doit à Michel Bréal : Un passeur critique

> Il fallait sentir que le langage n'est pas une sorte d'être existant par lui-même, indépendamment des hommes qui l'emploient : le français Bréal a intro-duit l'homme dans l'étude de la langue.
>
> Antoine Meillet, "Ce que la linguistique doit aux savants allemands", *Scientia*, p. 263-270, 1923

Abstract

Michel Bréal's relations with German linguistics have been discussed and evaluated many times. The present contribution synthesizes this literature to expose the itinerary of a linguist who, from the German university to the secretariat of the Linguistic Society of Paris, has been one of linchpins of historical linguistics. Coming back the institutional initiatives of Bréal, then the different stages of his criticism of the historical comparative paradigm that he himself transplanted to France in response to the eclecticism of French philological works and the domination of the ideological approach of language (in the sense of the Ideologists), it is a question of showing how Bréal synthesized of two antagonistic models to create the conditions of possibility of a general linguistic.

0. Introduction

Les relations que Michel Bréal a entretenues avec la linguistique allemande ont été maintes fois discutées et évaluées (Delesalle, 1977 ; Aarsleff, 1979, 1981 ; Auroux, 1988 ; Auroux, Delesalle,

1990 ; Nerlich, 1993 ; Desmet, 1996 ; Desmet, Swiggers, 1996, 2000 ; Bergougnioux, 2000 ; François, 2017). Toutefois, il nous semble important qu'une publication visant à retracer les voies et modalités de la « circulation des savoirs linguistiques et philologiques entre l'Allemagne et le monde » consacre un chapitre à l'apport décisif de Bréal dans l'introduction de la grammaire comparée en France et, plus largement, à l'importance de cette introduction pour l'avènement de la linguistique générale. Ce rappel est d'autant plus important que ce « transfert » (Auroux, 1998) a été opéré par celui qui est devenu progressivement l'un des plus farouches critiques du modèle historico-comparatif allemand, en raison de son désintérêt pour l'approche fonctionnaliste du langage et la compétence du sujet parlant dans le changement linguistique (Verleyen, 2002), ainsi qu'en raison du cadre idéologique dans lequel s'est partiellement inscrite la science philologique allemande au 19e siècle.

Si Bréal a été en effet « le premier à introduire en France la grammaire historico-comparative allemande », il l'a « transmis[e] à ses élèves sous une forme enrichie, en ajoutant à cet édifice une dimension humaine et culturelle, qui faisait entrer la linguistique dans les sciences de la culture » (Desmet, Swiggers, 1995 : VII). Comme homme ayant des responsabilités institutionnelles, il a œuvré à rattraper l'avance de l'école allemande tout en tenant ferme le fil de la tradition rationaliste française, en cohérence avec son « projet d'une idéologie républicaine de la nation » (Bergougnioux, 2002 : 9) (1). Comme homme de science, Bréal a conservé, tout au long de sa carrière, un scepticisme positif, réinterrogeant les données de l'observation, discutant les conclusions hâtives et les positions trop radicales des comparatistes allemands et de leurs disciples français. La sévérité avec laquelle il a peu à peu discuté les thèses allemandes mérite donc d'être rappelée dans ses différents motifs (2).

> « Le 19e siècle en étendant aux faits psychiques et sociaux la méthode d'observation des faits qui est en usage dans les sciences physiques et naturelles depuis la Renaissance, a conduit à présenter la grammaire de chaque langue comme un ensemble de faits » (Meillet, 1958 : VIII).

Bréal a été acteur d'un siècle qui a vu se constituer les nations européennes modernes et a immédiatement compris l'importance, dans ce mouvement, du débat qui a entouré l'émergence des principales sciences sociales. Dans ce débat, il a cherché à garder des positions à la fois critiques et consensuelles. Le « maître excellent » (Saussure, 1964 : 94) de Saussure et Meillet n'a, enfin, pas été étranger à l'isolement progressif du naturalisme linguistique au profit d'une étude des langues centrée sur les hommes qui les parlent.

1. Le transfert des connaissances

1.1 Le transfert culturel

Bréal amorce la traduction de la *Grammaire comparée des langues indo-européennes* de F. Bopp durant son séjour en Allemagne (1857-1859) alors qu'il suit les cours de l'illustre comparatiste à l'université de Berlin (Maspero, 1916 : 554). Le premier motif invoqué pour justifier ce choix d'introduction en France du modèle historico-comparatif, réside dans son espoir de contribuer à y fonder une véritable communauté scientifique :

> « Quand la Grammaire comparée de M. Bopp parut en Allemagne, elle fut bientôt suivie d'un grand nombre de travaux, qui, [...] continuèrent ses recherches et complétèrent ses découvertes [...] » (Bréal, 1866 : I). A l'inverse, souligne-t-il, certes « les travaux de linguistique ne manquent pas en France [...]. Mais, [...] les livres dont nous parlons offrent entre eux un seul point de ressemblance, c'est qu'ils s'ignorent les uns les autres (ibid. : II-III). Son objectif premier est ainsi clairement énoncé : « Nous osons espérer que le même livre [...] produira des effets analogues en France, et que nous verrons se former également parmi nous une famille de linguistes qui poursuivra l'œuvre du maître » (ibid., I).

Ce constat fait écho aux conclusions que tirait E. Renan, deux ans auparavant (1864), de sa comparaison des institutions scientifiques française et allemande :

> « Même au 18e siècle, l'Académie des inscriptions et Belles-Lettres compta cinq ou six hommes vraiment éminents, qui fondaient la critique à leur manière, manière en un sens supérieur à celle de l'Allemagne ; mais ils étaient isolés. [...] Voltaire n'a pas fait école. Je vois ce qui est sorti de Descartes, de Newton, de Kant, de Niebuhr, des Humboldt, mais non ce qui est sorti de Voltaire » (Renan, 1864 : 79). A l'inverse continuait-il : « De nos jours, bien qu'en décadence, le mouvement des universités allemandes est encore très brillant et constitue la part principale des acquisitions positives de l'esprit humain. [...] Dans les sciences historiques et

philologiques leur supériorité est telle que l'Allemagne, en ces études, peut être considérée comme rendant plus de service que tout le reste de l'Europe ensemble. [...] La philologie comparée est la création de l'Allemagne. [...] Peut-être l'impuissance politique de l'Allemagne est-elle la condition de sa supériorité intellectuelle » (Renan, 1864 : 80).

On ne peut manquer de relever l'aveuglement de Renan quant à la situation politique allemande, la solution petite allemande triomphant deux ans plus tard (Sadowa, 1866) et conduisant à la fondation de l'Empire sous domination prussienne dans la galerie des Glaces du château de Versailles. Toutefois, le constat de l'efficacité du système allemand d'enseignement supérieur demeure juste. Cette efficacité a été le fruit de réformes menées, après la défaite prussienne face aux armées napoléoniennes (1806) et l'amputation d'une partie du Royaume au profit de la confédération du Rhin (1807), par des libéraux héritiers de l'*Aufklärung*. Bien qu'hostiles à la présence française, ils n'ont pas hésité à s'inspirer du mouvement de rationalisation des systèmes juridique, administratif et politique engagé en France depuis la Révolution française. Dans une certaine mesure, ces réformes (« Stein-Hardenberg »), se traduisant sur le terrain académique par la *Bildungsreform* et la création de l'Université de Berlin (sous la conduite de W. von Humboldt), ont prolongé le processus de modernisation de l'Etat prussien engagé fin du 18e siècle (l'*Allgemeines Landrecht für die preußischen Staaten*, le premier code civil prussien a été promulgué en 1794). Ce mouvement a connu par la suite un développement plus contradictoire, souvent restaurateur et conservateur, notamment après le congrès de Vienne (1814-1815), ce dont témoigne l'hégémonie intellectuelle du romantisme et de l'historicisme juridique[19].

---

[19] Au début du 19e siècle, la conception politique prussienne est encore largement calquée sur l'image rationnelle de « mécanisme » : « Quel que diversifié que puisse apparaitre le paysage intellectuel de la théorie de l'Etat au XVIIIe siècle, il était homogène dans ses fondements méthodologiques : c'était la période de l'Aufklärung, du droit naturel ou rationnel. [...] Le principe d'un fondement volontaire, consensuel et rationaliste de la puissance étatique était reconnu [...] Le jeune Fichte pensait encore ainsi et ce fut le cas après lui de tous les kantiens de la deuxième ou troisième génération durant le Vormärz. [...] Le modèle de construction de la domination n'était pas seulement rationnel, il était aussi mécaniste ; les métaphores de l'Etat comme « machine » ou comme « mécanisme

En 1872, alors que la situation est inversée, Bréal fait bien preuve des mêmes pragmatisme et ouverture d'esprit lorsqu'il préconise les réformes de l'instruction publique en France :

> « Si nous voulons remédier aux défauts de notre enseignement, [... nous] pouvons prendre modèle sur nos adversaires. « *Il faut, disait le 10 août 1807, le roi de Prusse Guillaume III, que l'Etat regagne en force intellectuelle ce qu'il a perdu en force physique* ». Grâce à des hommes comme Guillaume de Humboldt, alors ministre de l'instruction publique, comme Fichte, comme Stein, la Prusse, de 1807 à 1810, réorganisa l'Education nationale. C'est là un exemple à suivre, quoique la tâche soit quelque peu différente. Il s'agit moins encore chez nous de retremper le caractère de la nation que de corriger certains défauts de l'esprit qui sont entretenus par des méthodes vicieuses » (Bréal, 1872 : 2).

En 1864, deux ans avant la publication de sa traduction de Bopp, Bréal accède au siège de chargé de cours de grammaire comparée au Collège de France. Il conclut sa leçon d'ouverture en formulant déjà le vœu, pour des motifs tout aussi scientifiques que patriotiques, que la France adopte la pratique allemande des laboratoires de recherche :

> « C'est par le détail que les sciences vivent et se renouvellent. Le jour où nous nous contenterions de recevoir de seconde main la science toute faite, nos théories seraient bientôt faussées par des expériences inexactes [...] ce doit être ici le laboratoire philologique, et je voudrais nous y voir travaillant ensemble, dans cet esprit de recherche sévère, à la propagation et au progrès de notre science. Ai-je besoin de dire que nous ne devons pas nous laisser devancer par aucun peuple étranger dans ces belles études ? Nos traditions plus récentes s'y opposent. A côté du nom de Humboldt et de Grimm, l'Europe savante place le nom immortel d'Eugène Burnouf. [...] Nous nous devons à une science que nous avons le droit de regarder en partie comme française » (Bréal, 1864 : 23).

Bréal est un éminent pédagogue et un chercheur préoccupé avant tout de stimuler l'émulation nécessaire au progrès scientifique. Si Meillet a vu en lui le fondateur de « l'école linguistique de Paris » (Savatovsky, 2003 : 313), il a reconnu également, lors de sa prise de fonction à l'EPHE, que Bréal « a conseillé, soutenu et encouragé les jeunes gens sans leur demander de penser comme lui, et lorsque, [...]

» dominaient la pensée. » (STOLLEIS, 2014 : 140). Le débat portant sur la codification du code civil allemand (cf. la controverse entre Thibaut et Von Savigny), illustra ensuite comment le rejet des politiques napoléoniennes ont conduit à celui des conceptions de l'Aufklärung.

il a voulu abandonner sa chaire, il a souhaité d'y avoir pour successeur un disciple qui le continuerait en ne le répétant point » (Meillet : 1906 : 1). En effet, Bréal ne cherche pas à faire école. Son indépendance d'esprit justifie qu'il use, sur le terrain institutionnel comme scientifique, abondamment de la critique comme préalable à l'exposé de ses positions.

> « Nul plus que Michel Bréal n'a possédé le don essentiel du critique, le sang-froid intellectuel, la sagesse intuitive qui résiste à l'abus des preuves, ce que j'appellerai *l'intuition* quand même », (Havet, 1916 : 39).

Ce sang-froid a notamment raison des pressions exercées dans les années 1870 par le ministère sur la *Société Linguistique de Paris* et lui permet de maintenir ses efforts dans la « transplantation » de la grammaire comparée (Bréal, 1866 : VIII) sur le sol français.

Conscient des limites qu'offre le cadre institutionnel du Collège de France[20] pour accomplir cette tâche de reconquête scientifique, il contribue, avec Renan, à remédier à situation moribonde du système d'enseignement supérieur fondé sous le Premier Empire[21]. En 1868, il est nommé directeur d'études pour la grammaire comparée de la

[20] « Avec ses salles constamment accessibles aux désœuvrés et aux curieux pendant que le maître parle, avec ses auditeurs dont la plupart viennent assidûment plutôt pour entendre un développement bien équilibré sur des points curieux de science que pour apprendre patiemment les méthodes de la science même, le Collège lui sembla ne pas offrir à ses besoins de prosélytisme scientifique un champ beaucoup plus favorable que n'était alors la Faculté des lettres. […] Il préférait […] la conférence familière, causée sans apparat au milieu de ses élèves […] l'école des Hautes Etudes lui prêta le cadre simple qu'il considéra comme plus propre que celui du collège aux besognes utiles » (Maspero, 1916 : 557). Meillet confirme en 1915 : Meillet « Le collège de France, fait pour l'exposé des idées nouvelles, n'est pas organisé pour former des élèves. »

[21] S. Delesalle explique en effet : « Napoléon a créé des « facultés » destinées uniquement à faire passer les examens terminaux de l'enseignement secondaire et ce ne sont en aucun cas des centres tournés vers la recherche et l'érudition : elles sont d'ailleurs vides d'étudiants » (Delesalle, 1977 : 67-68). Pour Renan, le verdict est amer : « Les portes furent ouvertes à deux battants. … deux fois par semaine, durant une heure, un professeur dut comparaître devant un auditoire formé par le hasard, composé souvent à deux leçons consécutives de personnes toutes différentes. Quel enseignement devait résulter de telles conditions ? […] Qu'en sortira-t-il ? […] il en sort des gens amusés durant une heure d'une manière distinguée, mais dont l'esprit n'a puisé dans cet enseignement aucune connaissance nouvelle » (ibid.).

toute nouvelle quatrième section (« Sciences historiques et philologiques ») de l'École Pratique des Hautes Études, visant « fonder quelque chose d'analogue à ce que sont les séminaires auprès des Universités allemandes » (Maspero, 1916 : 553). Son activité au sein de l'EPHE a les effets escomptés, puisqu'il cède, treize années plus tard, sa chaire à Saussure, alors même que ce dernier souscrit aux thèses néogrammairiennes que Bréal pourfend alors (1883, *Les lois phoniques*).

1.2 Les organes de diffusion scientifique

La situation de la linguistique pré-bréalienne en France était relativement contradictoire : Bopp a séjourné près de quatre années à Paris (Meillet, 2002 : 441), centre des études orientales depuis Guillaume Budé. C'est donc en France qu'il a « *commencé ses découvertes* » (ibid.). Le pays compte, au 19e siècle, de grands indianistes, dont Eugène Burnouf, dont les étroites relations avec le comparatiste allemand sont connues. Le collège de France voit s'ouvrir dès 1814 d'une chaire de sanskrit et de chinois. Toutefois, comme l'a encore rappelé Meillet : « Les Français ont donc contribué à l'étude des faits » mais « les plus influents de la première moitié du XIXe siècle se sont intéressés à l'être plus qu'au devenir » (ibid. : 443). En effet, les recherches en matière de langage sont, dans la première partie du siècle, largement influencées par les théories de la société des Idéologues. Or, le « programme linguistique des idéologues paraît assez peu concerné par la recension, l'histoire ou la comparaison des langues. Si Destutt [...] utilise des données en provenance de différentes langues, il s'intéresse surtout à la théorie de la grammaire (production des énoncés), qu'il entend fonder sur les lois générales de la pensée » (Auroux, Désirat, Hordé, 1982 : 73).

Cette situation s'exprime en particulier à travers la rareté des périodiques scientifiques français consacrés aux études sur le langage et les langues et qui, jusque dans les années 1840, « coïncident chronologiquement avec le développement du mouvement idéologique. » (Dougnac, Hordé, Auroux, 1982 : 117). La majorité de ce qui se publie en France en matière philologique vient d'Allemagne[22], qui dispose de périodiques aux tirages relativement stables (notamment le *Zeitschrift für vergleichende Sprachforschung auf dem Gebiete der Indogermanischen Sprachen*, 1852).

Tout au long de sa carrière, Bréal publie partout, « apte à se servir des journaux de toutes sortes pour faire connaître ses positions » (Boutan, 2014 : 6)[23]. Ses initiatives éditoriales méritent également d'être rappelées. En 1868, alors qu'il entre en fonction à l'EPHE, dont il restera directeur d'étude pendant quarante ans, Bréal est élu secrétaire de la Société linguistique de Paris qu'il contribue à transformer en un véritable lieu de recherche scientifique[24], consacré initialement à la seule démarche comparatiste (*linguistique* et *grammaire comparée* se confondant encore) et servant d'antichambre au recrutement des futurs professeurs de l'Ecole Pratique (Gauthier, 2008). Le premier tome des *Mémoires* de la Société est publié la même année, intégrant la leçon inaugurale de Bréal énoncée en 1867 (« Les progrès de la grammaire comparée », Bréal, 1977 : 267-294), dans lequel il ne commente que les avancées et limites de la science allemande. Son poste de secrétaire de la Société lui inflige par ailleurs des taches d'organisation et de publication importantes. En 1872, il entre malgré tout au comité de la *Revue critique d'histoire et de littérature* lancée en 1865 par quatre philologues dont trois d'entre eux sont initiés aux méthodes allemandes (G. Paris, C. Morel et H. Zotenberg) et qui cherche « avant tout, à répandre, [...], à perfectionner les méthodes scientifiques. » Bréal ne peut que partager le constat selon lequel « La faiblesse du mouvement scientifique dans notre pays ne provient pas tant du manque de zèle que du manque de méthode »

---

[22] Cf : Dougnac, Hordé, Auroux, 1982 : 131

[23] Dans le Journal Asiatique, essentiellement en début de carrière, dans la Revue des cours littéraires de la France et de l'étranger,

[24] Ce processus ne sera pas sans créer plusieurs crises au sein de la Société. Pour une histoire de la SLP, voir Bergougnioux, G., « Aux origines de la Société de Linguistique de Paris (1864-1876) », Bulletin de la Société de Linguistique de Paris, XCI, 1, 1996, p. 1-36 et Bergougnioux, G., « La Société de Linguistique de Paris (1870-1914) », Bulletin de la société de linguistique de Paris, Peeters Société de linguistique de Paris, 1997, XCII (1), pp.1-26.

(1869, « à nos lecteurs »). La revue a essentiellement pour objectif la critique des nouvelles publications françaises et étrangères, inaugurant la pratique impitoyable du compte-rendu de lecture. Entre 1866 et 1900, Bréal y publie plus de 71 comptes-rendus, dont 10 la seule année de son entrée au comité.

1.3 La « transplantation » d'une méthode

L'engagement de Bréal au service de la science du langage s'est aussi et surtout révélée par des initiatives personnelles ; la première étant, évidemment, sa traduction de la *Grammaire Comparée des Langues indoeuropéennes* (1833-1852) de F. Bopp. Nous revenons plus bas sur les motifs théoriques qui ont présidé ce choix. L'objectif de Bréal est bien d'importer en France la méthode révolutionnaire d'observation et d'analyse des faits linguistiques inventée par Bopp, à laquelle il a eu l'occasion, comme G. Paris, d'être initié lors de son séjour à Berlin. Partageant sans doute l'avis de Meillet selon lequel Bopp « a trouvé la grammaire comparée en cherchant à expliquer l'indo-européen, comme Christophe Colomb a découvert l'Amérique en cherchant la route des Indes » (Meillet, 1903 : 389), Bréal est conscient que l'acquis de l'ouvrage de Bopp dépasse largement les vues de son auteur. Lors de sa première leçon au Collège de France, deux ans avant la publication de l'ouvrage, Bréal explique :

> « On reconnut (et c'est le principe qui sert encore aujourd'hui de fondement à la grammaire comparée) que le sanscrit n'est pas la souche qui a porté nos langues de l'Europe, mais qu'il est une branche sortie de la même tige » (Bréal 1864 : 8)

et ce en dépit des intentions du découvreur de la méthode pour qui, l'ambition était d'« observer le langage en quelque sorte dans son éclosion » (Bopp, 1866 : 2). Meillet, encore, a synthétisé ainsi les illusions de Bopp, soigneusement évacuées par Bréal dans son introduction :

> « La comparaison des langues attestées donne à ses yeux un moyen de remonter à un état primitif où les formes grammaticales se laissent expliquer directement et où il est possible de les analyser ; en ce sens, Bopp est encore un homme du XVIIIe siècle ; il prétend remonter au commencement même des choses dont les progrès de la science créée par lui ont fait comprendre à ses successeurs qu'on pouvait seulement connaître le développement historique » (ibid., 388).

Dans son introduction, Bréal délaisse volontiers cette dimension de l'ouvrage :

> « [Bopp] observe les modifications éprouvées par ces langues identiques à leur origine et il montre l'action des lois qui ont fait prendre à des idiomes des formes aussi diverses. Bopp ne quitte pas le terrain de la grammaire, il nous apprend qu'il y a une histoire des langues (à côté de l'histoire proprement dite) qui peut -être étudiée pour elle-même [25]» (Bréal, 1866 : XX).

Il n'entend retenir de la démonstration que son positivisme radical, seul nécessaire sa « transplantation » (1866 : VIII) sur le sol français. Il faut ici ajouter toutefois la réintroduction par Bréal et de ses successeurs, de l'importance de « l'histoire » dans l'œuvre de Bopp. Auroux, Bernard et Boulle insistent sur le fait qu'en réalité, Bopp « ne s'intéresse pas, en historien, aux problèmes concrets du développement des langues [...] sa préoccupation fondamentale est de retrouver dans les formes de la langue-mère idéale une analyse logique » (Auroux, Bernard, Boulle : 158). Bréal quant à lui s'oriente déjà vers la linguistique historique.

Il ne commente pas plus la terminologie organiciste que Bopp hérite de Schlegel[26], pour qui « Les langues doivent être considérées comme des corps naturels organiques qui se forment selon des lois définies et, comportant un principe de vie interne, se développent puis peu à peu dépérissent » (1827). A dire vrai, les positions de Bréal à ce sujet ne manquent pas de paraître déroutantes, tant il use

---

[25] « Les langues dont traite cet ouvrage sont étudiées pour elles-mêmes, c'est-à-dire comme objet et non comme moyen de connaissance ; on essaye d'en donner la physique ou la physiologie [...] » (Bopp, 1866 : 8).

[26] Le traitement que subit Schlegel dans l'Introduction est bien différente, tant sur son organicisme « Dans son langage figuré, qu'il semble parfois prendre à la lettre, où la racine est un germe vivant, qui croît, s'épanouit et se ramifie comme les produits organiques de la nature. Aussi les langues indoeuropéennes ont-elles atteint la perfection dès le premier jour, et leur histoire n'est-elle que celle d'une longue et inévitable décadence » (p. XXIII) que sur sa typologie des langues « La théorie de Schlegel ouvrait une porte au mysticisme ; elle contenait des conséquences qui n'intéressaient pas moins l'histoire que la grammaire, car elle tendait à prouver que l'homme, à son origine, avait des facultés autres qu'aujourd'hui, et qu'il a produit des œuvres qui échappent à l'analyse scientifique. C'est un des grands mérites de M. Bopp d'avoir combattu cette hypothèse toutes les fois qu'il l'a rencontrée et d'avoir accumulé preuve sur preuve pour l'écarter des études grammaticales » (p. XXVI).

abondamment, jusqu'à sa rupture avec Schleicher (Chevalier, 2008 : 167), de la métaphore organique.

1.4 La tentation de la métaphore organique

Tant qu'il ne consacre pas l'essentiel de sa réflexion aux relations entre forme et fonction des signes linguistiques, la métaphore organique transparaît tout autant dans ses écrits que dans ceux des comparatistes allemands. Longtemps, il admet en effet la nécessité de rechercher les lois impératives du développement des langues. A ce titre, le paradigme de la méthode des sciences naturelles développées au 18e siècle n'est pas contestée. Par d'exemple, une série d'occurrences typiques du naturalisme linguistique peut être extraite de ses principaux écrits jusqu'aux *Tables Eugubines* (1875) dans lequel il applique la méthode historico-comparative aux dialectes italiques :

(1) 1867 : « Mais ***les lois*** qui ont fait du grec et du latin ce qu'ils sont, n'ont pas agi d'une façon intermittente ; elles sont constantes comme les lois de la nature » (1872 : 281).

(2) 1867 : « Chacune de nos langues s'est dégagée de l'unité primitive d'après des ***lois organiques*** dont il est possible de décrire le jeu et de découvrir le principe. [...] De même qu'au-dessous des ***grandes lois*** qui gouvernent tout un règne de la nature, [...], de même la division de la langue mère en tant d'idiomes et de dialectes n'est pas l'œuvre d'un morcellement aveugle, mais le produit d'une lente et régulière évolution » (1872 : 286-287).

(3) 1867 : « Il y a donc lieu de distinguer dans notre langue un fonds héréditaire qui a vécu autrefois d'une ***vie organique***, mais qui est comme pétrifié et mort, et ne subit plus d'autres modifications que la lente usure du temps et d'autre part un fonds non moins ancien si l'on en considère les éléments constitutifs, mais qui est resté vivant et qui est capable de s'accroître et de se propager » (1872 : 292).

(4) 1873 : « Les langues ne sont pas des corps inertes qui souffrent sans résistance l'action du temps et des ***lois phoniques*** : elles se redressent sous les atteintes de ces deux agents de destruction, et d'époque en époque elle se reconstituent un ***nouvel organisme*** » (1872 : 327).

(5) 1875 : « L'histoire naturelle enseigne que la lutte pour la vie a fait disparaître dans le monde organisé un grand nombre de variétés qui servaient d'intermédiaires entre les espèces. Il en est de même en philologie et en histoire » (1875 : 58).

L'adhésion de Bréal au modèle historico-comparatif, tant aux résultats obtenus par Bopp que ceux de Grimm concernant le « rôle des lois phoniques dans la formation et métamorphose des idiomes » (Bréal, 1866 : XXXV) lui offrent la méthode adéquate pour sa recherche des causes des changements linguistiques et le conduisent par commodité de langage, à adopter les thèmes de ce qui devenait abusivement en Allemagne, une nouvelle philosophie du langage. La rupture avec cette conception est toutefois consommée à partir de 1876, date à laquelle il formule pour la première fois son opposition radicale aux thèses organicistes de Schleicher.

2. La rupture avec le modèle historico-comparatif allemand

2.1 Le rejet du naturalisme et du romantisme linguistique

Nous l'avons précédemment abordé, dans son introduction à la somme de Bopp, Bréal n'a pas formulé une apologie béate du modèle historico-comparatif allemand. Il a déjà en vue la critique du romantisme, incarné par les mythologues auprès de qui Bopp s'est formé et auxquels il ajoute Schlegel un peu plus haut :

> « C'est un trait remarquable de la vie de M. Bopp que celui dont les observations grammaticales devaient porter un si rude coup à l'une des théories fondamentales du symbolisme ait eu pour premiers maîtres et pour premiers patrons les principaux représentants de l'école symbolique. La simplicité un peu nue, l'abstraction un peu sèche de nos encyclopédistes du XVIIIe siècle avaient suscité par contre-coup les Creuzer et les Windischmann mais si M. Bopp a ressenti la généreuse ardeur de cette école, et si la parole de ses maîtres l'a poussé à scruter les mêmes problèmes qui les occupaient, il sut garder, en dépit des premières impressions de sa jeunesse, sur le terrain spécial qu'il choisit, toute la liberté d'esprit de l'observateur. Les doctrines de Heidelberg ne troublèrent point la clarté de son coup d'œil, et sans l'avoir cherché, il contribua plus que personne à dissiper le mystère dont ces intelligences élevées, mais amies du demi-jour, se plaisaient à envelopper les premières productions de la pensée humaine » (Bréal, 1866 : p. IX-X).

Il nous semble que c'est parce que Bréal voit en filigrane de la pensée organiciste de Schleicher s'opérer le retour du romantisme que, malgré la prégnance de la métaphore organique chez Bopp, son choix s'est porté sur l'œuvre de ce dernier. Pourtant, Schleicher est déjà traduit en France depuis 1852[27] et il publie quatre ans avant la traduction de 1866 son incontournable *Compendium de la grammaire des langues indo-européennes* (1861-1862), sorte « de systématisation de la science fondée par Bopp » (Saussure, 1916 : 32) en même temps qu'un « saut qualitatif [...] quant à la rigueur des lois phonétiques systématiquement compilées » (François 2017 : 151). Sa traduction aurait été plus propice à l'introduction du comparatisme en France[28]. Or, si Bréal cite explicitement Schleicher en 1866, il n'est évoqué que comme « un philologue particulièrement versé dans l'étude du slave et le lithuanien »[29], alors même que Bréal reconnaît, vingt-huit ans plus tard que le *Compendium*, « d'une parfaite ordonnance et clarté, représentait bien alors l'état de la science » (Bréal, 1894 : 447).

Pour Bréal, la grammaire comparée de Bopp permet de poser les bases de la linguistique historique. Le problème chez Schleicher est autre : la « référence aux sciences de la vie [...] n'y est plus seulement rhétorique, [mais] applicative. [...] Les langues sont des organismes naturels » (Tort, 1979, 135) et les « lois » que dégage la grammaire comparée lui servent à écrire la « fable » d'un indo-européen antéhistorique pour lequel « nos moyens d'information nous abandonnent » (Bréal, 1867 : 283). Ainsi, la linguistique de Schleicher renoue avec le culte romantique d'un passé mystique. L'histoire que les deux linguistes conçoivent des langues s'oppose du tout au tout. Avec Schleicher, « la théorie mystique et la théorie naturaliste (il y a de ces confluents dans l'histoire des idées) se sont

[27] La traduction française de son ouvrage Les langues de l'Europe moderne a été réalisée par Hermann Ewerberg et publiée en 1852 aux éditions Ladrange.

[28] Intitulé également Compendium des langues "indogermaniques" (1861-62), cet ouvrage peut encore être « considéré de nos jours comme le principal maillon intermédiaire caractéristique de la génération des "passeurs" dans la chaîne des études de grammaire historique comparée des langues indo-européennes, entre la Vergleichende Grammatik de Bopp (à partir de 1833) et le Grundriβ de Brugmann & Delbrück (à partir de 1886) » (François 2017 : 150-1).

[29] « L'histoire de la langue allemande et de ses nombreux dialectes, commencée avec tant de succès par les frères Grimm, avait donné naissance à une quantité de publications, qu'il serait impossible d'énumérer ici. En même temps, MM. Schleicher et Miklosich soumettaient les dialectes lithuaniens et slaves à une étude rigoureuse et approfondie » (Bréal, 1866 : LII).

peu à peu amalgamées » (Bréal 2009 : 41). La conséquence scientifique est importante puisqu'avec Schleicher, la linguistique marche sur la tête : « La méthode suivie par Schleicher, [...] place toujours en tête de ses recherches grammaticales la forme mère restituée par hypothèse [...]. Mais tout ce que nous mettons dans ces mots dits indo-européens, se trouvant fourni (comme le nom de la langue elle-même) par les idiomes qui sont venus jusqu'à nous, il est clair que nous ne saurions tirer de cette source aucune connaissance positive. Ce serait renverser l'ordre logique que de prétendre éclairer nos idiomes à l'aide de l'indo-européen » (Bréal, 1876 : 376).

L'enjeu de la grammaire comparée est pour Bréal d'expliquer les causes des changements linguistiques, non de souscrire à une philosophie selon laquelle, une fois entrée dans l'histoire entendue comme « développement », les langues, qui « sont des organismes naturels », « en dehors de la volonté humaine [suivent] des lois déterminées, naissent, croissent, se développent, vieillissent et meurent » (Schleicher, 1863 : 3). Dans l'*Essai* de 1897, Bréal insiste toujours sur ce paradoxe inhérent à la pensée de Schleicher :

> « Ainsi l'époque de perfection des langues serait située bien loin dans le passé, antérieurement à toute histoire : aussitôt qu'un peuple entre dans l'histoire, commence à avoir une littérature, la décadence, une décadence irréparable se déclare. Le langage se développe en sens contraire des progrès de l'esprit » (1897 : 5).

En 1866, Bréal, qui vient de prononcer sa leçon sur la « forme et la fonction des mots » au Collège de France, ne peut donc pas introduire la grammaire comparée à partir d'un ouvrage qui fonde « La glottique ou science du langage, [comme une] science naturelle (Schleicher, 1868 : 3) limitée en conséquence, à « tout ce qu'il y a dans le langage de naturel, c'est-à-dire provenant de l'essence naturelle de l'Homme, [...] mis en dehors de l'influence de la volonté », une simple « science des formes » (Schleicher, 1852 : 4) rejetant ainsi toute approche fonctionnaliste hors de la linguistique.

La critique des thèses de Schleicher s'étend dans le temps (Des *progrès de la grammaire comparée* (1867) jusqu'aux *Lois phoniques* de 1898) et dans l'espace, en ce que Bréal s'oppose farouchement sur les terrains scientifique et institutionnel aux thèses de l'école naturaliste[30] française largement inspirée de Schleicher, dont Chavée et Hovelacque sont les principaux représentants. Toutefois, comme nous le verrons pour finir, la critique de Bréal à l'égard du modèle historico-comparatif dépasse, à la fin de sa vie, non seulement Schleicher, mais également le seul problème de la nature de la linguistique, pour en montrer les enjeux politiques[31].

2.2 Une prise de distance progressive avec le modèle allemand

Dès la leçon d'ouverture de 1864, Bréal annonce son propre programme de recherche :

> « De même qu'après avoir voyagé à l'étranger nous apercevons plus nettement les traits distinctifs de la nation dont nous faisons partie, le meilleur moyen de constater ce qui appartient en propre à un idiome, c'est de le comparer à la langue d'où il est sorti ou à celles dont il s'est anciennement séparé. Le grec et le latin ne sont pas la simple continuation de l'idiome primitif de la race indo-européenne : ils ont innové sur beaucoup de points ; ils ont acquis des facultés nouvelles » (Bréal, 1864 : 16).

---

[30] L'école linguistique naturaliste en France a fait l'objet d'études approfondies (Desmet 1996, 2007, Klippi 2007, Blanckaert 2007, 2011).

[31] Dans son article de 1891, portant sur « le langage et les nationalités », Bréal relie les positions naturalistes à celles de l'école historique du droit fondée par Savigny : « On aimait en toute chose à reporter la perfection à l'époque des origines ; on imaginait un passé lointain qu'on décorait de toute sortes de qualités dont les temps nouveaux étaient devenus incapables ; on créait, pour y rapporter toute ce qu'il y avait de plus élevé et de meilleur, la catégorie de l'instinctif et du spontané. Savigny développait dans l'histoire du droit, Creuzer dans l'histoire des religions, Stahl dans le droit politique, les mêmes vues que Grimm et Humboldt se complaisaient à exposer dans l'histoire du langage. Ce qui se trouvait au fond de toutes ces spéculations, c'était le dédain et le mépris de la raison » (Bréal, 2009 : 40-41). La métaphore organique est une conception que partagent le modèle historico-comparatif et l'école historique : « Dans la richesse de la réalité vivante, tous les rapports de droit forment un seul corps organique » (Savigny, 1855 : XXXVI). Stolleis explique à ce propos : « La vision mécaniste de l'Etat avait toujours rencontré des adversaires. [...] Une telle métaphore allait à l'encontre de la conception chrétienne et paternaliste toujours vivace. [...] Dans les couches les plus profondes de la conscience, c'est la représentation de l'organisme qui demeurait présente, et avec l'idée que la chose commune [*gemeinwesen*] avait une histoire vivante, qu'elle était au-dessus de l'individu et restait inaccessible à ce dernier, qu'elle avait sa propre dignité dont un mécanisme construit rationnellement ne pouvait se prévaloir. » (Stolleis, 2014 : 142).

A l'inverse de Schleicher, Bréal considère l'histoire des langues dans le sens du progrès et de la liberté. Il envisage la fonctionnalité du changement linguistique. Il existe donc bien un « évolutionnisme des Lumières » (Tort, 1979 : 123), qui conduit Bréal à ne jamais remettre en question la visée historique de la linguistique, tout en élargissant la perspective de la transformation des langues à la problématique de la signification. Alors que les travaux des comparatistes allemands restent enfermés dans l'étude des faits phonétiques et morphologiques[32], Bréal révise la définition de la grammaire historique pour l'orienter très tôt vers la sémantique. Revenant sur les routes différentes prises par les deux plus grandes traditions grammaticales connues de l'Antiquité, la grammaire grecque « née de la philosophie » et la grammaire indienne qui « analyse de préférence la matière du langage » (Bréal, 1866 : 218), il explique dès la leçon de 1866 sur « la forme et la fonction des mots » que : « C'est la réunion de ces deux méthodes qui constitue la grammaire historique. L'objet de cette science est de rechercher dans l'esprit de l'homme la cause de la transformation des idiomes » (ibid.). En 1868, il renverse jusqu'à l'axiome principal de la grammaire historique :

> « L'histoire de la langue n'obéit donc pas à un principe qui lui soit propre ; elle marche toujours d'un pas égal, sinon avec l'histoire politique, du moins avec l'histoire intellectuelle et sociale du peuple : elle en est un fidèle commentaire » (ibid. : 264).

Bréal délaisse-t-il la notion de « loi », véritable acquis de la grammaire historique ? En réalité, l'énoncé de ce programme ne se fait pas sans contradiction apparente. Verleyen explique que la sémantique historique de Bréal consiste dans un maintien du paradigme comparatif (les lois phonétiques dégagées par Grimm). En 1868, la conception du changement phonétique de Bréal demeure « *traditionnelle* » (Verleyen, 2002 : 820) :

> « Le changement phonique est un processus à causalité physiologique qui ne tient pas compte des besoins communicatifs des locuteurs, et qui procède avec une nette généralité : tous les mots contenant un son donné sont affectés en même temps par tout changement auquel celui-ci est soumis, et

[32] « On ne saurait nier que ce qui a été nommé la morphologie des langues n'ait évidemment pris le dessus sur l'examen de la signification » (Bréal, 1866 : 214).

> ce changement se produit dans une communauté linguistique relativement homogène » (ibid.)[33].

Comment expliquer la concomitance de lois internes et constantes en ce qui regarde le changement phonétique et l'intervention de l'extralinguistique en matière de signification ? Bréal se met en quête des lois du changement sémantique. Un premier élément de réponse est abordé dès la leçon de 1866. A l'inverse de ce que la grammaire comparée enseigne, Bréal tente de démontrer que les altérations phoniques subies par les unités de la langue au cours de leur histoire, permettent aux langues de « gagner en précision et en richesse » et « aident les opérations de la pensée » (1866 : 251), quand le maintien de motivation peut « embarrasser ou offusquer notre pensée » (ibid. : 252). Prenant l'exemple des noms désignant les nombres, Bréal affirme :

> « En rendant les noms de nombre étrangers aux objets qu'ils avaient d'abord désignés, l'altération phonique a aidé l'émancipation de la pensée. Elle a favorisé les premiers pas de l'homme dans la voie de l'abstraction. »

Encore à ses prémisses dans la leçon de 1866, la sémantique de Bréal ne se construit pas sur le rejet du formalisme. Le positivisme prévaut, les données linguistiques doivent être étudiées dans une relation forme/sens. Bréal l'exprime plus précisément dans son introduction au second tome de la *Grammaire Comparée* :

> « L'homme intervient activement dans le développement de son langage : tantôt en corrigeant, tantôt en aidant l'action des lois phoniques, il les empêche de nuire et parfois les fait servir à l'expression de la pensée » (1868 : XIV).

Bréal révise encore plus radicalement ce jugement à mesure qu'il développa sa sémantique, en particulier lorsqu'il discute les thèses néogrammairiennes (*Les lois phoniques*, 1898). A la fin de 19e siècle, le « sens se subordonne et se soumet la matière du langage » (1887 : 207). Par sa sémantique, formulée trente ans après son début

---

33 Verleyen s'appuie ici sur une citation de l'introduction du second tome de sa traduction de la Grammaire comparée de Bopp : « Une étude attentive a prouvé que les différences qui séparent toutes ces langues peuvent généralement se résumer en un certain nombre de règles constantes et sûres. La phonétique, pour vérifier l'exactitude de ses principes, dispose du même moyen de contrôle que les autres sciences expérimentales : l'application à un certain nombre toujours croissant de cas des lois qu'elle est d'abord parvenue à établir » (Bréal, 1868 : X).

de carrière, Bréal redonne ses droits à l'intelligence dans l'évolution des langues :

> « Cette longue incubation n'aura pas été inutile. Il est certain que je vois plus clair aujourd'hui dans le développement du langage qu'il y a trente ans. Le progrès a consisté pour moi à écarter toutes les causes secondes et à m'adresser directement à la seule cause vraie qui est l'intelligence et la volonté humaine » (1897 : 7).

Dès lors, Bréal rompt définitivement avec la grammaire comparée allemande. La langue ne s'étudie plus sans la prise en compte du sujet parlant, individuel et collectif :

> « Comment faut-il se représenter cette volonté ? Je crois qu'il faut se la représenter sous la forme de milliers, de milliards d'essais entrepris en tâtonnant le plus souvent malheureux, quelquefois suivis d'un quart de succès, d'un demi-succès, et qui, ainsi guidé, ainsi corrigés, ainsi perfectionnés, vinrent à se préciser dans une certaine direction. Le but en matière de langage, c'est d'être compris » (Bréal, 1897 : 7).

Les lois qu'il dégage de ses travaux[34] n'adoptent pas un caractère infaillible, déterministe. Il les définit comme des tendances générales, « des rapports constants qui se laisse découvrir dans une série de phénomènes » (1867 : 11), à côté aussi de « quantité de tentatives ébauchées, et restées à mi-chemin » (ibid. : 6). Il va jusqu'à entrevoir l'importance de la synchronie comme concept central d'une authentique science du langage :

> « la valeur actuelle et présente du mot exercice un tel pouvoir sur l'esprit, qu'elle nous dérobe le sentiment de la signification étymologique » (1897 : 182).

Parce que le siège du changement linguistique est la volonté de l'homme et le langage remis au service de la pensée et de la communication, Bréal a, dans un grand retour aux thèses de Condillac, au moins pour lui-même clôt le débat sur la nature de la science du langage. Elle est définitivement une science historique.

3. Conclusion

Bréal a, jusqu'à la fin de sa carrière, assumé pleinement sa responsabilité dans la division suscitée en France par la réception de

---

[34] Dans l'*Essai*, Bréal expose les lois de spécialité, de répartition, d'irradiation, de survivance des flexions, d'analogie et de fausse perception.

la linguistique naturaliste de Schleicher[35] puis dans la polémique qui a entouré celle des thèses de Brugmann[36]. Rangé du côté d'H. Schuchardt, l'éminent créoliste, dont il partage, à partir de 1897, la terminologie variationniste[37], il semble toutefois avoir été submergé par le cours pris par la linguistique française.

Les critiques formulées par ses élèves seront en effet moins virulentes à l'égard de la linguistique schleicherienne et néogrammairienne. Dans son *Mémoire* (1879), Saussure a reconnu à Schleicher un rôle primordial dans le développement et l'achèvement de la grammaire comparée (François, 2017 : 22), avant toutefois de le railler dans les *Ecrits de Linguistique générale* et de censurer, à l'instar de Bréal, le romantisme qui « *hante les indo-européanistes* » (Bergounioux, 2012 : 53). Meillet quant à lui, a admis, contre Schuchardt, la pertinence des thèses néogrammairiennes sur l'infaillibilité des lois phonétiques (Meillet, 1921 ; Baggioni : 1988).

---

[35] Desmet Piet, La linguistique naturaliste en France (1867-1922) : nature, origine et ... Il a signé l'avant-propos du pamphlet de Schleicher « La théorie de Darwin et la science du langage » (1863 – traduction en 1868).

[36] En dépit des critiques formulées par les néogrammairiens à l'égard du naturalisme de Schleicher, Bréal a vu dans les thèses « des lois phonétiques sans exception » une poursuite des vues de ce dernier : « Les lois de la phonétique sont fatales, sont aveugles. On rapporte ordinairement à M. Osthoff cet axiome, quoique bien antérieurement Schleicher eût dit déjà quelque chose de semblable » (Bréal, 1898 : 401). V. Henry, plus laudatif que Bréal, a soutenu que Schleicher a eu, « à son insu » ce rôle précurseur : « Il n'en reste pas moins que Schleicher, par la tournure scientifique de son esprit, par sa méthode consistant à descendre des formes primitives restituées aux formes historiques, par l'erreur même qui lui faisait ranger la linguistique au nombre des sciences naturelles, a préparé le mouvement actuel, s'il n'en a à son insu donné le signal. Ceux qui avaient accepté sa forte discipline se sont pliés sans peine à celle, plus rigoureuse encore, que leur imposent les temps nouveaux ; et, pour me résumer, j'oserai presque dire que, si une mort prématurée ne l'eût ravi à la science, il serait aujourd'hui l'un des plus fermes tenants des doctrines que condamne M. Curtius. » (Henry, V. 1885, 212, cité par François, Deux fragments, 18)

[37] Un rapide relevé de cette terminologie variationniste et antidéterministe dans son article en réaction à l'exposé de Brugmann (1897) donne : « imité », « se propage », « habitude partagée », « fluctuations », « variation », « intermédiaire », « jamais isolé », « fréquence », « contagieux », et se conclut par cette sentence : « il n'y a pas de dialecte absolument pur » (1897 : 34).

En réalité, pour Bréal, l'apport de la linguistique allemande a été celui d'une impulsion, auquel il fallait donner un tour spécifiquement « français » (Auroux, 1988 : 39). Nul doute que celui pour qui, à la fin de carrière, « *le mot est une sorte d'image vocale imprimée dans la mémoire* » (1897 : 36) a compté dans l'avènement de la linguistique générale. L'apport de la grammaire comparée est été d'avoir fait intervenir l'histoire dans l'étude du langage. Mais non une histoire qui échappe à l'homme. L'histoire des langues participe de l'histoire de la psychologie de l'homme.

Bibliographie

« Lettre de Saussure à Meillet du 8 février 1900 », *Cahiers Ferdinand de Saussure, Revue de linguistique générale*, n°21, 1964, librairie Droz, Genève

AARSLEFF H. (1979), *Bréal vs. Schleicher : Linguistics and Philology during the Latter Half of the Nineteenth Century*, Hoenigswald. 63-106

AARSLEFF H. (1981), « Bréal, la sémantique et Saussure », *Histoire Épistémologie Langage*, 3-2, pp. 115-133

AUROUX S., BERNARD, G., BOULLE J. (2000), « le développement du comparatisme indo-européen », *Histoire des idées linguistiues*, Tome 3 : L'hégémonie du comparatisme, Mardaga, Sprimont, pp. 155-171

AUROUX S. (1988), « La notion de linguistique générale ». *Histoire Épistémologie Langage*, tome 10, fascicule 2, Antoine Meillet et la linguistique de son temps. pp. 37-56

AUROUX S. DELESALLE, S. (1990), *French Semantics of the Late Nineteenth Century and Lady Welby's Signifies*, Schmitz, 105-131.

BABU J.-P. (2014), « *Bréal, un antinaturalisme d'inspiration humboldtienne* », Congrès Mondial de Linguistique Française – CMLF 2014, SHS Web of Conferences.https://www.shs-conferences.org/articles/shsconf/pdf/ 2014/ 05/shsconf_cmlf14_01255.pdf

BAGGIONI D. (1988), « Le débat Schuchardt / Meillet sur la parenté des langues (1906-1928) », *Histoire Épistémologie Langage*, 10-2 pp. 85-97

BERGOUNIOUX G. (1986), « Arsène Darmesteter 1846-1888 », *Histoire Epistémologie Langage*, VIII-1, pp. 107 -123

- (1997), « La Société de Linguistique de Paris (1870-1914) ». *Bulletin de la société de linguistique de Paris*, Peeters Société de linguistique de Paris, XCII (1), pp.1-26

- (2002), « La sélection des langues : darwinisme et linguistique », *Langages*, 36e année, n°146, L'origine du langage. pp. 7-18

- (2012), « Saussure et l'histoire de la linguistique : l'apport des sources manuscrites », *Langages*, vol. 185, no. 1, 2012, pp. 51-63

BLANCKAERT C. (2011), « Le darwinisme et ses doubles : note sur la linguistique organiciste », *Romantisme* 4 (n°154), p. 65-75.

BOPP F. (1866), *Grammaire comparée des langues indo-européennes, comprenant le sanscrit, le zend, l'arménien, le grec, le latin, le lithuanien, l'ancien slave, le gothique et l'allemand*, traduite sur la deuxième édition par M. Bréal, Tome 1er, Hachette, Paris

- (1868), *Grammaire comparée des langues indo-européennes, comprenant le sanscrit, le zend, l'arménien, le grec, le latin, le lithuanien, l'ancien slave, le gothique et l'allemand*, traduite sur la deuxième édition et précédée d'introductions par M. Bréal, Tome 2, Hachette, Paris

BOUTAN P. (2014), « Michel Bréal, un linguiste homme d'influence sous la IIIe République ». Dossiers d'HEL, SHESL, *Linguistiques d'intervention. Des usages socio-politiques des savoirs sur le langage et les langues*, pp. 9

BREAL M. (1894), « Grundriss der Vergleichenden Grammatik der Indogermanischen Sprachen (Esquisse de la grammaire comparée des langues indo-germaniques), von Karl Brugmann und Berthold Delbrück, Strasbourg, Trübner 1886-1893, 4 vol. in-8°, compte-rendu, *Journal de Savants*,

- (1864), *De la méthode comparative appliquée à l'étude des langues, leçon d'ouverture du cours de grammaire comparée*, Librairie Germer Baillière, Paris

- (1876), « La langue indo-européenne », *Journal des Savants*

- (1879), « La science du langage », *Revue Scientifique de la France et de l'Etranger*, n°43

- (1883), « Les lois intellectuelles du langage, fragments de sémantique », *Revue des Études Grecques,* Annuaire de l'Association pour l'encouragement des études grecques en France, Vol.17, pp. 132-142

- (1887), « L'histoire des mots », *Revue des deux mondes*, n° 82. 187-212.

- (1897), « Les lois phoniques », *Revue Scientifique*, n°2, Tome VIII

- (1897), *Essai de sémantique (science des significations)*, Hachette, Paris

- (1877), *Mélanges de mythologie et de linguistique*, Hachette, Paris

- (1995) Desmet, P., Swiggers, P. *De la grammaire comparée à la sémantique*, Peeters Publishers, 360 p

CAUSSAT P. (1978), « La querelle et les enjeux des lois phonétiques. Une visite aux néo-grammairiens », *Langages*, n°49, pp. 24-45

CHEVALIER J.-C. (2008), « Réédition de deux ouvrages de Michel Bréal ». Compte rendu de : Bréal, Michel, Essai de sémantique (introduction de Simone Delesalle). Michel Bréal, Mélanges de mythologie et de linguistique (introduction de Gabriel Bergounioux), *Histoire Épistémologie Langage*, tome 30, fascicule 1. Grammaire et mathématiques en Grèce et à Rome, pp. 166-167

DELESALLE S. (1977), « Michel Bréal : philologie, instruction et pouvoir », *Langages*, 11e année, n°45. Formation des discours pédagogiques. pp. 67-83

DELESALLE S. (1988), « Antoine Meillet et la sémantique », *Histoire Épistémologie Langage*, n°10-2 pp. 25-35, Antoine Meillet et la linguistique de son temps

DELESALLE S. (1999), « *Les débuts de la sémantique norme et esthétique à la fin du XIXe siècle* », *Histoire de la langue française 1880-1914*, Paris, CNRS Éditions

DESMET P. (1996), *La linguistique naturaliste en France* (1867–1922), Peeters, Leuven

- (2007), « Abel Hovelacque et l'école de linguistique naturaliste : l'inégalité des langues permet-elle de conclure à l'inégalité des races ? », « Le naturalisme linguistique et ses désordres », *Histoire Épistémologie Langage*, tome 29, fascicule 2, pp. 41-59

DESMET P., SWIGGERS, P. (2000) « Le problème des langues et des nationalités chez Michel Bréal : reflet épistolaires, in Bergounioux, G. (eds) *Bréal et le sens de la sémantique*, Presses Universitaires d'Orléans.

DOUGNAC F., HORDE T., AUROUX S. (1982), « Les premiers périodiques de linguistique français », *Histoire Épistémologie Langage*, n° 4-1, pp. 117-132

DROIXHE D. (1978), *La linguistique et l'appel de l'histoire* (1600-1800) : *rationalisme et révolutions positivistes*, Librairie Droz, Genève

FRANÇOIS J. (2013), « Deux pionniers de la formalisation en morphologie linguistique au XIXe siècle : August Schleicher et Hugo Schuchardt, *Histoire Épistémologie Langage*, tome 35, fascicule 1, pp. 111-141

- (2017), *Le siècle d'or de la linguistique en Allemagne. De Humboldt à Meyer-Lübke*, Lambert-Lucas, Limoges, 2017, 429 p.

GAUTHIER C. (2008). « La Société de linguistique (1863-). Historique » *in Bérose - Encyclopédie internationale des histoires de l'anthropologie*, Paris, IIAC-LAHIC, UMR 8177

GROSSMANN R. (2008), « Michel BREAL (1832-1915) : un homme des marches », *Mémoire de l'Académie nationale de Metz*

HARNOIS G. (1929), *Les théories du langage en France de 1660 à 1821*, Les Belles Lettres, 1929, 95 p.

HAVET L. (1916), « Michel Bréal », *Annuaires de l'École pratique des hautes études*, pp. 38-42

HORDE T., DESIRAT C., AUROUX S. (1982), « La question de l'histoire de la langue et du comparatisme ». *Histoire Épistémologie Langage*, tome 4, fascicule 1. Les idéologues et les sciences du langage. pp. 73-81.

KLIPPI C. (2007), « La première biolinguistique », *Histoire Épistémologie Langage*, tome 29, fascicule 2. Le naturalisme linguistique et ses désordres. pp. 17-40

MASPERO G. (1916), Notice sur la vie et les travaux de M. Michel Bréal, *Comptes rendus des séances de l'Académie des Inscriptions et Belles-Lettres*, 60e année, n°6, pp. 544-574

MEILLET A. (1903), *Introduction à l'étude comparative des langues indo-européennes*, Hachette, Paris, 1903

- (1921), « Les parentés de langues », *Bulletin de la Société de Linguistique*, XXI (n°66), repris dans Meillet, 1921, pp. 1.2-1.9.

- (1923), « Ce que la linguistique doit aux savants allemands », 1923 *Scientia*, p. 263 sq.

- (1928), « Étrennes de linguistique offertes par quelques amis à Émile Benveniste », P. Geuthner, Paris.

- (2002), *Michel Bréal et la grammaire comparée au collège de France*, in Sebeok Thomas A., *Portrait Of Linguists*, Thoemmes Press

MUCCHIELLI L. (1998), *La découverte du social : Naissance de la sociologie en France*, La Découverte,

MÜLLER B. (1994), « Critique bibliographique et construction disciplinaire : l'invention d'un savoir-faire », France-Allemagne. Transferts, voyages, transactions, *Genèses. Sciences sociales et histoire*, n°14, pp. 105-123

NERLICH B. (1993), « Avant-Propos : La sémantique historique au XIXe siècle, en Allemagne, en Angleterre et en France », *Histoire Épistémologie Langage*, tome 15, fascicule 1. Histoire de la Sémantique. pp. 5-30

SAVATOVSKY D. (2004), « Comment faire école ? (Saussure à Paris II) », *Cahiers Ferdinand de Saussure*, n°56, pp. 311-329

SCHLEICHER A. (1852), *Les langues de l'Europe moderne*, 1852, Traduit de l'allemand par Hermann Ewerbeck, Ladrange, Paris

- (1868), *La théorie de Darwin et la science du langage. De l'importance du langage pour l'histoire naturelle de l'homme*. Paris, A. Franck.

STOLLEIS M. (1998), *Histoire du droit public en Allemagne. La théorie du droit public impérial et la science de la police, 1600 – 1800*, trad. fr. M. Senellart, PUF, Paris, 1998, 654 p.

SWIGGERS P. (1986), *Grammaire et théories du langage au 18e siècle*, Presses Universitaires de Lille,

SWIGGERS P, VAN HOECKE W. (1990), « Michel Bréal et le changement linguistique », Niederehe, H.-J. – Koerner, E.F.K. (eds) *History and Historiography of Linguistics. Papers rom the Fourth International Conference on the History of the Language Sciences* (ICHoLSiv), vol. 2, pp 667-677, Benjamins.

TORT P. (1979), « L'Histoire naturelle des langues. De Darwin à Schleicher », *Romantisme*, n°25-26. pp. 123-156

- (1980) *Evolutionnisme et linguistique, suivi de deux textes de A. Schleicher : La théorie de Darwin et la science du langage et de l'importance du langage pour l'histoire naturelle de l'homme,* Vrin, 122 p.

TRAUTMANN-WALLER C. (dir.) (2017), *De la philologie allemande à l'anthropologie française. Les sciences humaines à l'EPHE* (1868-1945), Paris, Honoré Champion, 402 p.

VERLEYEN S. (2002), « Le rapport entre changement sémantique et changement phonétique chez Michel Bréal », *Linguistique plurielle.*

WOLF G. (2001), « Gaston Paris, Michel Bréal, et les études linguistiques », *L'information grammaticale*, 90 pp. 73-79

Arthur JOYEUX
Université Lumière, Lyon
II
CRTT, EA 4162

William D. Whitney, observateur critique de la linguistique allemande de son temps

Abstract

William Whitney, who had attended Franz Bopp's courses in Berlin, was the main introducer of comparative grammar, but also of general linguistics in the United States with his courses at Yale University, his two main books, *Language and the study of language* (1867) and *The life and growth of language* (1875) as well as his *Sanskrit grammar* (1879). He was a critical commentator of the German linguists of his time, blaming August Schleicher for his naturalistic linguistics, Heymann Steinthal for his vision of linguistics as dependent on psychology and Max Müller for his dilettantism on theoretical issues. Friend of the Slavist August Leskien, he finally found in the neo-Grammarian movement a theory with serious foundations, without being convicted by the principle of phonetic laws with no exceptions.

Durant la seconde moitié du 19e siècle, les instituts de philologie, puis de linguistique des universités allemandes ont constitué des institutions d'excellence qui ont attiré de nombreux étudiants ou universitaires étrangers, parmi lesquels beaucoup ont acquis une grande notoriété, notamment

- les français Michel Bréal auprès de Fr. Bopp à Berlin, Gaston Paris auprès de Fr. Diez à Bonn, Lucien Tesnière auprès de A. Leskien et K. Brugmann à Leipzig,
- le polonais Jan Baudoin de Courtenay à Leipzig,
- le russe Nicolaï Trubetzkoy et le suisse Ferdinand de Saussure auprès de K. Brugmann à Leipzig,
- les scandinaves Karl Verner, auprès d'A. Leskien à Leipzig, Otto Jespersen rapidement passé à Berlin et Leipzig, et Holger Pedersen, élève de Verner, à Leipzig et Berlin,

– et les américains William Whitney auprès de Bopp à Berlin et Leonard Bloomfield auprès de K. Brugmann à Leipzig (cf. François 2017 : 42-46).

Parmi tous ces linguistes, Whitney, né en 1827, était le plus âgé et comme Bréal, il avait été formé par Franz Bopp, le tout premier spécialiste de la morphologie des langues indo-européennes, appelé à la toute jeune université de Berlin par W. von Humboldt en 1821.

Devenu professeur de sanskrit à l'université de Yale, Whitney a été le propagateur aux États-Unis de la grammaire comparée de première génération (celle de Fr. Bopp, J. Grimm, Fr. Pott, etc.) avant d'adopter une attitude critique à l'égard des comparatistes de la génération suivante, notamment A. Schleicher et M. Müller, et de H. Steinthal, typologue et psychologue du langage, et finalement d'entamer un dialogue constructif avec les néogrammairiens, notamment le slaviste A. Leskien. Il se montrait volontiers irrité par les présupposés idéologiques, notamment des relents de la philosophie idéaliste, qui affaiblissaient les acquis empiriques de la linguistique allemande.

La première section sera consacrée à l'évocation de trois de ces biais idéologiques, la seconde à une présentation succincte de la carrière et des orientations majeures de l'œuvre de Whitney et la troisième à ses recensions critiques des écrits de A. Schleicher, H. Steinthal et M. Müller, trois des figures majeures de la linguistique allemande du milieu du 19e siècle. Et j'évoquerai dans la quatrième section la relation ambivalente entre Whitney et les néogrammairiens.

1. Le poids de l'idéologie dans la linguistique allemande au XIXe siècle

L'un des objectifs majeurs (et salutaires) de W. Whitney dans trois de ses ouvrages, les deux monographies *Language and the science of language* (1867) et *Life and growth of language* (1875), ainsi que les *Oriental studies* (1873), un recueil d'articles consistant pour l'essentiel en des comptes rendus très argumentés et volontiers polémiques de parutions récentes, était de souligner les biais idéologiques qui entachaient la linguistique pratiquée au milieu du

XIXe siècle en Allemagne ou par des allemands, notamment chez trois de ses représentants les plus réputés, August Schleicher, Heymann Steinthal et Max Müller. On trouve effectivement des illustrations de ces biais chez ces trois icônes de la “science allemande”.

1.1. Chez Max Müller, un biais ethnologique

L’hypothèse du groupe des langues “touraniennes” d’Asie (*Lectures* vol.1, chap.8) défendue par Max Müller fournit un premier exemple de court-circuit idéologique. En l’absence de bases philologiques pour les langues eurasiatiques à tradition orale, Müller se fonde sur une simplification ethnologique : selon lui, les peuples d’Eurasie se classent en fonction de leur mode de vie, soit la sédentarité, associée à l’agriculture et à la culture écrite, soit le nomadisme, caractérisé par l’élevage et la culture orale. Les peuples d’agriculteurs sédentaires sont les aryens qui parlent et écrivent des langues de la famille aryenne, tandis que les peuples de bergers nomades parlent des langues “touraniennes” et Müller précise (1862 : 301) :

> “Le nom de Touranien est employé par opposition à Aryen et il s’applique aux races nomades de l’Asie opposées aux races agricoles ou Aryennes. La famille ou classe Touranienne est constituée de deux grandes divisions, septentrionale et Méridionale. La septentrionale est parfois appellée ouralo-altaïque ou ougro-tatarique, et elle se subdivise en cinq sous-groupes, tougousique, mongolique, turcique, fénique et samoyédique” [38]

et un peu plus loin :

> “La Méridionale, qui occupe le sud de l’Asie, se subdivise en quatre classes, la tamoulique (les langues du Dekkann), la bhotija (les dialectes du Tibet et du Bhoutan ; le taïque (les dialectes du Siam) ; et la malaïque (les dialectes malais et polynésiens)”.[39]

---

[38] “The name Turanian is used in opposition to Aryan, and is applied to the nomadic races of Asia as opposed to the agricultural or Aryan races. The Turanian family or class consists of two great divisions, the Northern and the Southern. The Northern is sometimes called the Ural-Altaic or Ugro-Tataric, and it is divided into five sections, the Tungusic, Mongolic, Turkic, Finnic, and Samoyedic.”

[39] “The Southern, wich occupies the South of Asia, is divided into four classes, the Tamulic, or the languages of the Dekkan, the Bhotija, or the dialects of Tibet and Bhotan; the Taïc, or the dialects of Siam ; and the Malaic, or the Malay and Polynesian dialects” (1862:302)

Un peu plus tard son homonyme Friedrich Müller développera une idée inspirée par le biologiste Ernst Haeckel, mentor de August Schleicher dans l'élaboration de la « linguistique naturaliste », en procédant à un classement biologique des peuples en fonction de la texture de leurs cheveux (*Einleitung in die Sprachwissenschaft*, 1876). Le constat de base de Fr. Müller (cf. François 2014) est qu'il existe à l'époque trois types de classement des langues, le morphologique dû à Humboldt, le psychologique prôné par Steinthal et celui de Max Müller, prétendument ethnolinguistique mais fondé sur le seul caractère du mode de vie sédentaire vs. nomade, et qu'aucun de ces classements n'a fait ses preuves. Il décide donc de s'inspirer du classement génétique du biologiste Ernst Haeckel et d'y adjoindre des sous-classes ethnolinguistiques. Fr. Müller identifie douze races réparties dans quatre classes de chevelure et il précise que "ces douze races se partagent à leur tour en plusieurs groupes de peuples (*Völkerstämme*) selon leur langue et leur culture basée sur celle-ci" (Fr. Müller 1876 : 73)[40]. Bien que Fr. Müller soit encore considéré comme l'un des fondateurs de l'ethnolinguistique, l'idée d'articuler hiérarchiquement deux classements, le premier génétique, le second culturel, n'a pas eu de suite.

1.2. Chez August Schleicher, un biais romantique

Dans le cadre de la linguistique « organiciste » très en vogue au milieu du 19e siècle en Allemagne, l'idée que les langues suivent un cycle biologique comparable à celui des espèces naturelles se répand et est particulièrement vivace chez August Schleicher en raison de sa connivence avec le célèbre biologiste Ernst Haeckel, son collègue à l'université d'Iéna, et de sa correspondance avec Darwin (cf. Schleicher 1863). Ce biais a été bien mis en évidence par son ancien disciple Johannes Schmidt, professeur successivement aux universités de Graz – où il oeuvra à la nomination de Hugo Schuchardt à sa succession en 1876 – et de Berlin.

Dans l'introduction du Compendium (1861 : 3-4) Schleicher énonce sa vision qu'on désignera plus tard comme "antiuniformitarienne", c'est-à-dire supposant que le mode de

---

[40] "Diese zwölf Rassen theilen ich wieder ihrerseits je nach der Sprache und der auf dieser basirten geistigen Cultur in mehrere Volksstämme".

pensée “primitif”, caractéristique de l’époque préhistorique, avait un caractère complètement distinct de celui de l’époque historique, tandis que les néogrammairiens défendront la thèse inverse, dite “uniformitarienne”, selon laquelle les processus mentaux sont resté uniformes au long de l’histoire de l’humanité :

> II. Das Leben der sprache, gewönlich geschichte der sprache genant, zerfält in zwei hauptabschnitte:
>
> 1. Entwickelung der sprache, vorhistorische periode. Alle höheren sprachformen sind auß einfacheren hervor gegangen, die zusammen fügende sprachform auß der isolierenden, die flectierende auß der zusammen fügenden
> 2. Verfall der sprache in laut und form, wobei zugleich in function und sazbau bedeutenden veränderungen statt finden, historische periode.
>
> Durch verschidene entwickelung auf verschidenen punkten des gebietes einer und derselben sprache spaltet sich im verlaufe der zweiten periode, deren anfang ebenfalls vor die historische überlieferung fält, eine und dieselbe sprache in merere sprachen (mundarten, dialecte)”[41].

Schleicher distingue donc deux périodes de l’histoire des peuples. Le critère de démarcation est l’émergence de l’écriture qui fournit des “monuments” philologiques à partir desquels une transmission historique (cf. *historische Überlieferung*) est reconstructible. Plus tard, Brugmann proposera dans sa Petite grammaire comparée des langues “indogermaniques” (1904) de remplacer “préhistorique”, par “proethnique”, le critère principal

---

[41] “II. La vie de la langue (habituellement nommée “histoire de la langue”) se subdivise en deux sections principales :

(1) Développement de la langue, période préhistorique. Avec l’espèce humaine s’est développé le langage, c’est-à-dire l’expression sonore de la pensée. La langue la plus élémentaire elle-même est le résultat d’un devenir progressif. Toutes les formes supérieures des langues se sont constituées à partir des isolantes, des flexionnelles et des agglutinantes.

(2) Déclin de la langue sans ses sonorités et sa forme, tandis que se produisent des changements significatifs dans la fonction et la syntaxe, période historique. La transition de la première à la seconde période est progressive. Sous l’effet d’une évolution différente en différentes zones du territoire d’une seule et même langue, au cours de la seconde période dont le début se situe avant le temps de la transmission historique, cette langue unique se divise en plusieurs langues (parlers, dialectes), ce processus de différenciation peut se répéter à plusieurs reprises”.

étant celui de la dissémination du peuple indo-européen et le critère secondaire l'accession des langues-filles au statut de langues écrites.

Dans la période ascendante de l'histoire des langues, Schleicher suppose qu'une langue-mère se constitue sans espace de variation dialectale, ce qui présuppose l'existence d'un peuple primitif parlant le proto-indo-européen (PIE). Il combine cette vision avec le classement morphologique des langues de Humboldt en langues isolantes, agglutinantes et flexionnelles, le PIE étant reconstruit comme une langue isolante et ses langues filles comme agglutinantes et finalement flexionnelles.

Dans la période déclinante de cette histoire, la langue mère est supposée se fragmenter en variantes dialectales à la suite de la dissociation géographique du peuple primitif. Ainsi émergent le proto-germanique, le proto-slave, le proto-italique, etc. Sur la base des parentés phonétiques, Schleicher s'estime capable de reconstituer l'ordre de ces dissociations sous la forme d'un arbre à embranchements binaires, la première dissociation étant celle entre les langues aryennes (indiennes et iraniennes) et toutes les autres et la dernière celle entre les langues germaniques et les langues slaves, dont se sont dissociées finalement les langues baltes (cf. François 2017 : 336).

Dans la notice de Johannes Schmidt sur son maître Schleicher, parue en 1890 dans *l'Allgemeine Deutsche Biographie* (n° 31, p. 402-416), celui-ci, auteur de la théorie de l'émergence « ondulatoire » des langues (la *Wellentheorie*) destinée à rééquilibrer la théorie « arborescente », exprime le rejet majoritaire de la vision naturaliste de Schleicher :

> "Diese scharfe Scheidung zweier ihrem ganzen Wesen nach verschiedenen Perioden der Sprachgeschichte, auch eine Erbschaft der Hegelschen Geschichtsphilosophie, hat später in Schleicher's Gebäude der indogermanischen Sprachwissenschaft einen gefährlichen Riß gebracht. Wäre er streng inductiv, nicht geblendet von der Philosophie vorgeschritten, dann hätte er schwerlich verkannt, daß in historischer Zeit Sprachbildung und Sprachverfall stets Hand in Hand gehen, daß beide nur verschiedene Seiten eines und desselben Vorganges sind. Ital. *amerò* z. B., vom Standpunkte der Formenlehre betrachtet, ist eine Neubildung, vom Standpunkte der Lautlehre aber ein verfallenes lat. *amare habeo*. Aehnlich wird wenigstens

ein Theil auch der vorhistorischen Formenbildung erst auf lautlichem Verfalle vollerer Formen beruhen"[42].

L'idée que dans la période historique, la formation et le déclin des langues vont "main dans la main" est absolument conforme à la vision de Whitney (voir plus loin §3.1).

1.3. Chez Heymann Steinthal, un biais philosophique inspiré par la *Phénoménologie de l'esprit*

Dans son ouvrage de 1860, *Charakteristik...*, Steinthal propose un classement des langues fondé sur trois niveaux hiérarchiques (cf. François 2017 : 298). Au premier niveau il distingue entre les langues "dénuées de forme" vs "dotées d'une forme". Par "forme" il faut entendre ici un principe de composition morphologique. Schleicher, qui défend une vision apparentée dans son article fondamental de 1859 sur la même question, déclare que la racine est destinée à exprimer une signification et les constituants qui s'y agglutinent une relation et que dans les langues flexionnelles "il y a fusion complète de la *signification* et de la *relation*, qui se pénètrent réciproquement".

La différence entre les langues agglutinantes et les langues flexionnelles est que dans les premières les constituants de relation conservent le même format, qu'ils soient agglutinés ou pas, tandis que dans les secondes ces constituants ont un format différent selon qu'ils sont affixés ou pas. Les langues flexionnelles représentent l'apothéose de "l'idée de langage" (*die Sprachidee*) de Humboldt et celles dont la morphologie est la plus élaborée sont les langues sémitiques en raison du procédé de variation interne de la racine et

[42] "Cette séparation rigoureuse entre deux périodes de l'histoire du langage intrinsèquement différentes, qui est également un héritage de la philosophie de l'histoire de Hegel, a conduit à une dangereuse fracture dans l'édifice de la linguistique de l'indo-européen selon Schleicher. S'il avait avancé de manière strictement inductive, sans se laisser aveugler par la philosophie, alors il n'aurait pas pu manquer de s'apercevoir que dans les temps historiques la constitution d'une langue et son déclin vont toujours la main dans la main, que l'un et l'autre ne sont que les deux faces d'un seul et même processus. L'italien *amerò*, par exemple, considéré du point de vue de la morphologie, est une création, mais du point de vue de la phonétique c'est le résultat du déclin du lat. *amare habeo*. De même une partie au moins de la création morphologique préhistorique aura sa source dans la dégénérescence phonétique de formes plus substantielles".

les langues “sanskritiques” (au moins les langues anciennes de l’Inde et de l’Iran et le grec classique) par le procédé de suffixation avec un format spécifique et accessoirement celui de l’apophonie.

> “Endlich die Sanskrit-Sprachen – die Rosen unter den Sprachen. Die klarste, aufs folgenrechteste durchgeführte Scheidung von Stoff und Form, Nomen und Verbum, ferner die vollkommenste, weil am meisten den Formen der selbstbewußten Denkthätigkeit sich anschmiegende sie erregende Gliederung aller Satzverhältnisse, endlich die in vollendetem Wohlklange sich entfaltenden und durch bestimmte Bedeutung geschiedenen Lautformen – das verleihet ihnen den Stempel der höchstorganisierten Sprachen” (Steinthal 1860 : 330-1).[43]

Quand Steinthal charge en 1893 Franz Misteli de remettre à jour son classement pour une nouvelle édition intégrant sous l’intitulé *Abriß der Sprachwissenschaft* (Abrégé de linguistique) l’Introduction à la psychologie et à la linguistique de 1871 et la Caractérisation des types principaux de structure des langues parue en 1860, ce dernier introduit de nouveaux sous-types de langue, abandonnant la dichotomie initiale entre langues dénuées vs. dotées de forme et réduisant le nombre de classes de huit à six. Et ce faisant, il regroupe au niveau supérieur les langues sémitiques et indo-européennes (cf. François 2017 : 300).

2. W.D. Whitney, un orientaliste et linguiste en dialogue critique avec la “science allemande”

2.1. Une œuvre multiple d’orientaliste, de théoricien de la linguistique et d’introducteur de la linguistique générale outre-Atlantique

Charles Lanman, disciple de Withney, distinguait trois aspects dans la carrière éditoriale de celui-ci : “l’élaboration d’ouvrages strictement techniques, la préparation de traités pédagogiques et

---

[43] “Enfin les langues sanscrites – les roses parmi les langues. La distinction la plus claire, conduite de la manière la plus conséquente, entre la matière et la forme, le nom et le verbe, en outre l’articulation la plus parfaite de toutes les relations au sein de la phrase, parce qu’épousant au plus juste les formes de l’activité consciente d’elle-même, enfin les formes phonétiques s’épanouissant dans une harmonie suprême et distinguées chacune par une signification précise – cela leur confère le sceau des langues organisées au degré le plus haut”.

l'exposé populaire de questions scientifiques" (*Biographical Dictionary of North American Classicists*, Notice W.D. Whitney). Effectivement son œuvre compte deux traités généralistes à l'adresse d'un public élargi sans polémique affichée, seulement suggérée, *Language and the study of language* (1867) et *The life and growth of language* (1875), des traités techniques à l'adresse de ses pairs, dont notamment sa *Sanskrit grammar* publiée en 1879 à la suite d'un long séjour à Leipzig auprès d'August Leskien, le principal slaviste du mouvement néogrammairien, et des ouvrages destinés aux étudiants, comme ses *Essentials of English Grammar for the Use of Schools* (1877). Mais il faut y ajouter aussi des billets d'humeur notamment les chapitres des *Oriental and linguistic Studies* (1873) consacrés à la critique acerbe des théories de Max Müller, August Schleicher et Heymann Steinthal, et plus spécialement l'ouvrage polémique *Max Müller and the science of language : a criticism* (1892), et aussi l'édition du *Century Dictionary and Cyclopedia* (1889-91) que le même Lanman qualifiait de "*by far the greatest lexicographical achievement of America*". Il est à noter que ce profil présente des analogies avec celui de Hermann Paul, le néogrammairien le plus respecté au tournant du 30e siècle, auteur d'une grammaire de référence du moyen-haut-allemand (*Mittelhochdeutsche Grammatik*, 1881), des Principes de linguistique historique (*Prinzipien der Sprachgeschichte,* 1880) qui ont servi de manuel à plusieurs générations d'étudiants au fil d'une série de rééditions, et du principal dictionnaire de l'allemand (*Deutsches Wörterbuch*, 1897).

2.2. Un émule des comparatistes allemands de la génération des pionniers, déçu des ambitions limitées de leurs successeurs

Whitney a entretenu une relation personnelle avec quelques uns des linguistes allemands les plus réputés, notamment avec Franz Bopp, durant un long séjour aux universités de Berlin et de Tübingen (à partir de 1850) avant de poursuivre ses recherches d'orientaliste à Paris et à Londres[44]. À l'époque où Whitney a suivi les cours

[44] Cf. *Biographical Dictionary of North American Classicists*, Notice W.D. Whitney p.704-6 "From 1850 to 1853 Whitney studied under Bopp, Albrecht

d'Albrecht Weber (1825-1901), cet indianiste berlinois venait de se faire habiliter sur la littérature védique tandis que Karl Lepsius (1810-1884) était professeur d'égyptologie à l'université de Berlin et revenait d'une expédition archéologique en Egypte et en Éthiopie. Concernant la relation privilégiée entre Whitney et Rudolph Roth (1821-1895), Alter (2001 :1924) précise que « Whitney commença sa longue collaboration avec Roth en produisant l'édition commentée traduite de l'Atharva Veda, l'une des quatre plus anciennes collections de poèmes sacrés hindous ».

Dans la préface de son premier traité de linguistique, *Language and the study of language* (1867 : 4-5), Whitney rend hommage aux grands noms de la génération des pionniers. Il commence par affirmer la place dominante de l'Allemagne dans l'émergence de la linguistique[45], rappelant l'importance de la compilation et classification de spécimens de langues du monde entier entreprise par Johann Christoph Adelung (1732-1806) et son collaborateur Johann Severin Vater (1771-1826) dans leur recueil en 4 volumes (1806-1817), le *Mithridates*[46]. Il passe ensuite à Jacob Grimm (1785-1863) et à sa *Deutsche Grammatik* (1819-1840) en quatre tomes, où l'adjectif "deutsch" couvre en fait l'ensemble de la famille des langues germaniques, toutes considérées par l'auteur comme des dialectes et dont le témoignage le plus ancien est le gotique, dont est conservée la traduction de la Bible du grec par l'évêque des Goths, Wulfila (4e siècle)[47]. Cependant Whitney considère que le système des conjugaisons du sanskrit, comparé à ceux du grec, du latin, du persan et de l'allemand (1816) et la Grammaire comparée (1833) de Franz Bopp a été d'une importance encore plus grande pour l'avenir

Weber, and Karl Lepsius in Berlin and Rudolph Roth in Tübingen, after which he spent three months in Paris, Oxford, and London collating Sanskrit manuscripts".

45 "Germany is, far more than any other country, the birthplace and home of the study of language".

46 "There was produced, at the beginning of this century, the most extensive and important of the preliminary collections of material, specimens of dialects with rude attempts at their classification – the 'Mithridates' of Adelung and Vate.".

47 "There Jacob Grimm gave the first exemplification on a grand scale of the value and power of the comparative method of investigation in language, in his grammar of the Germanic dialects, a work of gigantic labour, in which each dialect was made to explain the history and character of all, and all of each".

de la grammaire des langues indo-européennes[48]. Et il termine son hommage en mentionnant les frères Schlegel, Friedrich (1772-1829) le philosophe romantique aux multiples facettes qui avait été le premier à éveiller l'intérêt de ses pairs pour "la langue et la sagesse des indiens" (1808), avant de passer à d'autres activités littéraires, et August Wilhelm (1767-1845), premier détenteur d'une chaire en langues et littératures de l'Inde à l'université de Bonn en 1818, ainsi que l'étymologiste August Friedrich Pott (1802-1887). Et, contrairement à l'usage à l'époque, qui consistait à se distancier de la pensée, jugée trop abstraite et obscure, de Wilhelm von Humboldt (1767-1835) il le présente comme le créateur de la philosophie des propriétés universelles du langage[49].

Huit ans plus tard, Whitney publie son second traité de linguistique générale, *Life and growth of language* (1875). Dans sa conclusion (317-9), il revient sur les linguistes allemands de la génération des pionniers mais cette fois, compte tenu de l'évolution de la discipline dans l'entre-temps, pour les opposer à la génération des passeurs[50] qui fixe à l'époque les orientations de la linguistique et notamment de la grammaire comparée des langues indo-européennes À J.Ch. Adelung et J.S. Vater cités en 1867 il ajoute pour les pionniers le philosophe Gottfried Leibniz (1646-1716), auteur du projet inachevé de la *Characteristica universalis*, une langue universelle et formelle, le théologien et philosophe Johann Gottfried Herder (1744-1803), auteur en 1772 d'une dissertation sur l'origine du langage primée par l'Académie des Sciences de Berlin

48 "There – what was of yet greater consequence – Bopp laid, in 1816 the foundation of Indo-European comparative philology, by his 'Conjugation-system of the Sanskrit Language, as compared with the Greek, Latin, Persian, and German'; following it later with his Comparative Grammar of all the principal languages of the Indo-European family – a work which, more than any other, gave shape and substance to the science"

49 "There, too, the labours of such men as the Schlegels, Pott, and Wilhelm von Humboldt, especially of the last-named, extended its view and generalized its principles, making it no longer an investigation of the history of a single department of human speech, but a systematic and philosophical treatment of the phenomens of universal language and their causes".

50 Cf. François (2017, chap.2-4) sur le choix des termes" pionniers" pour la génération de Grimm et Bopp, "passeurs" pour celle de Schleicher, Steinthal et Max Müller et "développeurs" pour celle des néogrammairiens.

en 1770, (sans le nommer explicitement) le géographe, naturaliste et linguiste Peter Simon Pallas (1741-1811) entré au service de Catherine de Russie et auteur de *Linguarum totius Orbis vocabularia comparativa* (glossaire multilingue édité à Saint-Pétersbourg en 1786—1789), en vis-à-vis des anglais William Jones (1746-1794), juriste, diplomate et indianiste, premier observateur des parentés lexicales entre le sanskrit et plusieurs langues européennes, et Henri Thomas Colebrooke (1765-1837), auteur de la première grammaire du sanskrit (1805) en anglais[51]. Après avoir rappelé le rôle de révélateur joué par Friedrich Schlegel[52], Whitney réévalue l'œuvre de Jacob Grimm face à celle de Franz Bopp ("chacune à sa manière était un chef d'œuvre")[53]. En face des fondateurs allemands de la philologie comparée, les autres pays n'ont pas pu afficher de concurrents ("the contributions made to it from other countries are of only subordinate value", p.318). Mais après avoir énuméré les noms de Georg Curtius (1820-85), August-Friedrich Pott déjà mentionné, Theodor Benfey (1809-81), August Schleicher (1821-68), Adalbert Kuhn (1856-81) et Leo Meyer (1830-1910) comme têtes d'un mouvement scientifique très puissant[54], il formule une critique décisive : l'Allemagne n'a pas

[51] (p.317) "The movement toward it [linguistic science] was well initiated in the last century, by the suggestive and inviting deductions and speculations of men like Leibnitz and Herder, by the wide assemblage of facts and first classifications of language by the Russians under Catherine and by Adelung and Vater to the knowledge of Europe, and the intimation of its connections and importance, by Jones and Colebrooke".

[52] (p.318) "No one thing was so decisive of the rapid success of the movement as his last; the long-gathering facts at once fell into their proper places, with clearly exhibited relations, and on the basis of Indo-European philology was built up the science of comparative philology. Frederick Schlegel was a forerunner of the study; more than any other man, Francis Bopp was its leader."

[53] (Ibid.) "Parallel with Bopp's great Comparative Grammar of Indo-European tongues came forth Jacob Grimm's Comparative Grammar of the Germanic branch of the family, each in its own way a masterpiece, and both together raising the historical study of language at once the rank of a science."

[54] (Ibid.) "In Germany, the names of George Curtius, Pott, Benfey, Schleicher, Kuhn, Leo Meyer, are perhaps the most conspicuous, in the generation still mainly upon the stage; but they have so many fellows of nearly equal eminence that it is almost invidious to begin specification and to stop anywhere, without going on to include as many more".

réussi à produire une véritable science du langage[55]. Et il justifie cette critique par le constat d'une discordance sur des points d'importance cruciale. Comme le monde scientifique s'est accoutumé à chercher la solution de tous les problèmes linguistiques du côté des allemands, l'incapacité des allemands risque d'avoir un effet inhibant à long terme sur la discipline[56]. Et le fait que Whitney termine cette conclusion en qualifiant le langage de "plus ancienne et précieuse des institutions sociales de l'humanité" ("this most ancient and valuable of man's SOCIAL INSTITUTIONS") n'est certainement pas innocent, il a probablement en tête les ravages de l'assimilation du langage à un organe et de sa vie à un cycle biologique dont on trouve les fondements chez Humboldt et qui est théorisé par Schleicher. Et quelques lignes plus haut il a soin de dissocier les études linguistiques et l'anthropologie et de voir dans l'articulation – et non la fusion comme dans l'option de la linguistique naturaliste – entre les deux les prémices d'une réorientation opportune de la linguistique[57].

Cette appréciation critique de l'état de la linguistique allemande est antérieure de trois ans à l'émergence du mouvement néogrammairien avec l'avant-propos au premier volume des Recherches morphologiques (1878) de Herman Osthoff et Karl Brugmann. Les néogrammairiens ont conservé de l'œuvre de Schleicher et de Steinthal ce qui leur paraissait le mériter, mais ils se sont efforcés de bâtir une grammaire historico-comparative autonome à l'égard de la bio-anthropologie (contrairement à la linguistique naturaliste de Schleicher) et de la psychologie des

---

55 (Ibid.) "But while Germany is the home of comparative philology, the scholars of that country have, as was hinted above, distinguished themselves much less in that which we have called the science of language."

56 "There is among them (not less than elsewhere) such discordance of view, such carelessness of consistency, (p.319) that a German science of language cannot be said yet to have an existence. And, accustomed as the world is to look to Germany for guidance in all matters pertaining to this subject, until they shall come to something like agreement it will hardly be possible to claim that there exists a world's science of language."

57 "In the present condition, however, of linguistic study on the one side and of anthropology on the other, it cannot be that the period of chaos will endure much longer."

peuples (contrairement à la psychologie du langage de Steinthal). En ce sens, ils ont réorienté favorablement la linguistique du dernier quart du 19e siècle, mais Whitney est mort trop tôt (en 1894) pour déterminer si une véritable science du langage allemande était née en dépit de ses relations privilégiées avec August Leskien à Leipzig lors de son second séjour en Allemagne destiné à la préparation de sa *Sanskrit grammar*. Celui qui le fera aux États-Unis, ce sera le germaniste Leonard Bloomfield avec son *Introduction to the study of language*, publiée en 1914 et très influencée par le mouvement néogrammairien.

2.3. Une conception sociale du langage

La monographie *Life and growth of language* s'achève en 1875 sur l'affirmation du langage comme institution sociale. Dès *Language and the study of language*, Whitney répondait à la question *What is the English language ?* (1867 : 22) en des termes qui préfigurent étonnamment la linguistique variationniste et reflètent son intérêt pour une dimension qui ne se développera dans l'espace académique germanophone que quelques années plus tard avec l'ouvrage de Jost Winteler sur le dialecte de Kerenz dans le canton suisse de Glarus (1876), puis l'atlas linguistique de l'Allemagne publié par Georg Wenker en 1887 (*Deutscher Sprachatlas*). La langue anglaise est définie comme l'agrégat des signes articulés pour la pensée, acceptés et courants dans la communauté des anglophones[58]. Mais cette définition peut se comprendre dans un sens étendu, embrassant tous les parlers au risque de déboucher sur une masse informe de pratiques individuelles et Whitney est obligé de sélectionner "cette partie de l'agrégat qui constitue la pratique de la majorité" (limitation quantitative) et de délimiter à son tour cette majorité comme celle qui est "bâtie sur l'éducation et la culture" (limitation qualitative)[59].

---

58 "It is the immense aggregate of the articulated signs for thought accepted by, and current among, a certain vast community which we call the English-speaking people, embracing the principal portion of the inhabitants of our own country and of Great Britain, with all those who elsewhere I the world talk like them."

59 "It is the sum of the separate languages of all the members of this community. Or – since each one says some things, or says them in a way, not to be accepted as

Finalement, l'anglais est conçu comme le "terrain commun" où s'entrecroisent les usages individuels des membres de cette majorité ainsi définie, une définition qui évacue toute dimension prescriptive, puisque qu'il n'y est pas question d'un "bon" usage défini par des "correcteurs" comme dans la France du 17e siècle, mais d'un espace d'intercompréhension et de reconnaissance mutuelle[60], sans que cet espace commun remette en cause la variété individuelle (les idiolectes), sociale (les sociolectes) et locale (les dialectes) des usages[61].

3. Whitney critique de Schleicher, Steinthal et Max Müller

Dans la préface de *Language and the study of language* (1867 : vi-vii), Whitney rend hommage, avec un respect mâtiné de doutes sous-jacents, aux œuvres majeures de Schleicher et de Steinthal. Bien qu'il soit en désaccord avec eux sur certains points de leurs théories respectives, il déclare avoir gardé ces œuvres sur sa table et en avoir tiré un grand profit[62]. Dans une note, il mentionne comme références majeures de Steinthal *Charakteristik der haupsächlichsten Typen des Sprachbaus* (Caractérisation des types principaux de structure des langues, 1860) et de Schleicher le *Compendium de grammaire comparée des langues indogermaniques* (1861). La mention concernant Max Müller est

---

in the highest sense English – it is the aggregate which is supported by the usage of the majority; but of a majority made in great part by culture and education, not by numbers alone.

60 "It is a mighty region of speech, of somewhat fluctuating and uncertain boundaries, whereof each speaker occupies a portion, and a certain central tract is included in the portion of all : there they meet on common ground; off it, they are strangers to one another."

61 Although one language, it includes numerous varieties, of greatly differing kind and degree : individual varieties, class varieties, local varieties.

62 "It is (…) my duty and my pleasure here to confess my special obligations to those eminent masters in linguistic science, Professors Heinrich Steinthal of Berlin and August Schleicher of Jena, whose works I have had constantly upon my table, and have freely consultated, deriving from them great instruction and enlightenment, even when I have been obliged to differ mots strongly from some of their theoretical views.

plus sournoise, car Whitney n'a trouvé dans ses *Lectures on the Science of Language* (1862) que des illustrations et il ne dit rien de leur arrière-plan théorique[63]

3.1. La critique de la linguistique naturaliste de Schleicher

Le compte rendu de Whitney, « Schleicher and the physical theory of language », sur la plaquette *Die Darwinistische Theorie und die Sprachwissenschaft – Offenes Sendschreiben an Herrn Dr. Ernst Haeckel* [La théorie de Darwin et la linguistique – Lettre ouverte à M. le Dr. Ernst Haeckel] publiée en 1863, figure sous l'intitulé "Schleicher and the physical theory of language" comme chapitre XI des *Oriental studies* (1873) après être paru en 1871 dans les *Transactions of the American Philological Association.* Schleicher est mort en 1868 et la partie comparative de son œuvre reste dans les mémoires et l'enseignement universitaire comme une référence essentielle. Le Compendium en un volume aborde successivement toutes les familles de langues indo-européennes reconnues à l'époque selon un plan rigoureux, ce qui en fait un manuel beaucoup plus approprié que les trois volumes de la Grammaire comparée de Bopp. Seule la théorie naturaliste sous-jacente divise la communauté scientifique et c'est cette seule dimension de la pensée de Schleicher que Whitney entend réfuter. Depuis Friedrich Schlegel et Humboldt l'assimilation du langage à un organisme s'est largement répandue (cf. Becker 1827), mais Schleicher est celui qui a poussé la métaphore naturaliste à ses extrêmes conséquences[64]. Compte tenu du caractère téméraire de cette thèse, il lui reproche de la présenter comme un postulat ne nécessitant aucune démonstration[65]. Whitney évoque une

[63] "I have also borrowed here and there an illustration from the "Lectures on the Science of Language" of Professor Max Müller, which are especially rich in such material".

[64] „Schleicher hat put forth the theory of the independent and organic life of language in an extreme form, and has drawn from it extreme consequences, as if in order that we may be provoked to give it a thorough examination, and see whether it is a valuable guiding truth, or only a delusive figure of speech". (1873:300)

[65] „Our author does not attempt any proof of his dogma, or even let us see clearly the grounds on which it rests in his own mind. For aught that appears, he regards

"conception qui pourrait sembler se réfuter d'elle-même", il a à l'esprit les mêmes arguments que Johannes Schmidt (voir note 5) quand il évoque l'exemple classique du futur du latin classique remplacé en latin vulgaire/rustique et de là dans toutes les langues romanes par une construction "infinitif + auxiliaire de possession" (*amare habeo* > it. *amerò*)[66]. Et dissimuler l'erreur de raisonnement de Schleicher en raison de sa renommée risquerait de plonger la science du langage dans le chaos, alors qu'elle affiche par ailleurs de brillants résultats[67]

Whitney cite en traduction le passage de *Die Darwinistische Theorie* le plus explicite :

> "Die Sprachen sind Naturorganismen, die, ohne vom Willen des Menschen bestimmbar zu sein, entstunden, nach bestimmten Gesetzen wuchsen und sich entwickelten und wiederum altern und absterben; auch ihnen ist jene Reihe von Erscheinungn eigen, die man unter dem Namen ‚Leben' zu verstehen pflegt. Die Glottik, die Wissenschaft der Sprache, ist demnach eine Naturwissenschaft; ihre Methode ist im Ganzen und Allgemeinen dieselbe, wie die der übrigen Naturwissenschaften [Von der Philologie, einer historischen Disziplin, ist hier natürlich nicht die Rede]"[68] (1863 : 7).

Contre la thèse naturaliste de la succession, dans l'histoire des langues, d'une première phase de croissance suivie d'une brève seconde phase de floraison et d'une troisième phase de déclin et d'extinction, Whitney s'attaque d'abord à la vision d'une phase de

---

is as self-evident, or as sufficiently supporter by the further expositions which he makes, and which involve it as an element" (1873:301)

66 "Views which might seem to be self-refuting require to be elaborately argued down when they are in danger of winning currency and acceptance; especially if they have to do, like theses, with principles of fundamental importance" (p.331).

67 "And reverence for the name and works of a truly great man should not lead us to cover up or threat with indulgence his errors, when they are sought to be propagated under the shield of his reputation, and tend, if accepted, to cast the science of language back into a chaos as deep as that from which it has lately begun to emerge." (ibid.)

68 „Les langues sont des organismes naturels qui sont apparues sans que la volonté de l'homme ait pu intervenir, ont crû et se sont développées selon des lois déterminées et finissent par vieillir et s'éteindre ; elles possèdent elles aussi cette série de manifestations que l'on a coutume de concevoir avec le mot "vie". La glottique, la science de la langue, est donc une science de la nature ; sa méthode est absolument la même que celle des autres sciences de la nature" [Remarque : Il n'est évidemment pas question ici de la philologie, une discipline historique]

croissance distincte : les langues modernes sont dans un état de changement permanent qui attestent d'une forme de croissance[69]. Ces changements résultent d'un jeu de pressions, car ce qui fait différer toute langue de celle qui la précède, ce n'est pas une "chose intégrale", mais "la somme d'un grand nombre d'éléments particuliers"[70].

Inversement, quand des mots ou des expressions deviennent obsolètes et disparaissent, même si cela ressemble à la décomposition de tissus dans des organismes, la cause est à chercher dans le moindre usage de la communauté des locuteurs pour un éventail de raisons, notamment la disparition de l'objet à désigner ou la substitution de nouveaux mots plus adaptés. C'est toujours la volonté humaine qui est en cause, et les langues, loin d'être indépendantes de la volonté humaine, évoluent sous l'effet de cette volonté et de rien d'autre[71]. En se plaçant ici sur le plan des changements lexicaux, Whitney déplace cependant la question et n'évoque pas les changements grammaticaux qui sont généralement perçus comme indépendants de la volonté de toute communauté de locuteurs, qu'il s'agisse, pour la phase de croissance, de la théorie de l'émergence des flexions verbales par agglutination de mots grammaticaux forgée par Franz Bopp ou, pour la phase de déclin, des parcours de grammaticalisation.

3.2. La critique du psychologisme de Steinthal

Heyman Steinthal a exploré la faculté de langage d'un point de vue philosophique avec sa thèse destinée à éclairer la philosophie du langage de Humboldt (1848), typologique avec sa Caractérisation des principes fondamentaux de structure des langues (1860) et

---

[69] "Every one acknowledges that languages at the present time, not less thant in earlier stages of linguistic history, are in a state of constant change, or "growth", as it is often and properly enough called".

[70]" (...) the difference which separates any given language, modern or ancient, from its predecessor at any distance in the past, is not a single integral thing, but rather the sum of a great number of particular items".

[71] "(...) since human action depends on human will, languages, instead of being undeterminable by the will of man, are determinable by that will, and by nothing else."

psychologique avec son Introduction à la psychologie et à la science du langage (1871), mais il était aussi un théologien, enseignant à partir de 1872 à l'École supérieure de Sciences du judaïsme. Sa vision de la typologie des langues repose sur la notion de *Innere Sprachform* (forme linguistique interne) forgée par Humboldt et dont l'Introduction à l'œuvre sur le kavi (Humboldt 1836) vise à fonder une histoire de l'esprit humain du point de vue du langage. La science du langage, telle que la conçoit Steinthal, est indissociable de la psychologie des peuples (*Völkerpsychologie*). Cette thèse préfigure l'hypothèse dite de Sapir-Whorf selon laquelle la structure de la langue détermine des structures cognitives partagées par tous ses locuteurs. Whitney est absolument opposé à cette thèse et il en profite dans son compte rendu de l'Introduction à la psychologie et à la science du langage (Steinthal 1871) pour dépeindre l'oeuvre linguistique de Humboldt comme abstruse et juger vain l'effort de Steinthal pour la clarifier[72].

Whitney publie dans la North American Review (vol. cxiv, 1872) un compte rendu de l'Introduction de Steinthal sous l'intitulé *Steinthal and the psychological theory of language*, un an à peine après la parution de l'ouvrage et il le réédite comme chapitre XII des *Oriental studies* (1873 : 332-275). Comme Steinthal a publié en 1851 un ouvrage sur l'origine du langage selon Humboldt et que Whitney lui-même a consacré la onzième leçon de *Language and the science of language* (1867 : 395-435) à cette même question, il s'abstient de recenser l'ensemble de l'ouvrage au profit du seul examen de la thèse que Steinthal développe sur ce point dans le quatrième chapitre de son Introduction (*Die Frage um den Ursprung der Sprache,* 1871 : 72-90)[73]. Et il commence par lui reprocher

---

72 "He [Steinthal] has been, in particular, the disciple, interpreter, and continuer of Wilhelm von Humboldt, a man whom it is nowadays the fashion to praise highly, without understanding or even reading him : Steinthal is the man in Germany, perhaps in the world, who penetrates the mysteries, unravels the inconsistencies, and expounds the dark sayings, of that ingenious and profound, but unclear and wholly unpractical thinker." (Whitney 1873 : 333)

73 "It is not our intention to give here a comprehensive analysis and criticism of Steinthal's first volume, nor to set forth the general features of his scientific system. We prefer to take up but a single subject or chapter, namely the Origin of

d'avoir abordé cette question particulièrement délicate dès le début de son Introduction et non en conclusion, révélant ainsi une approche de métaphysicien, à l'inverse de la démarche scientifique empirique et procédant par induction à partir des faits attestés[74].

En parcourant le chapitre de Steinthal, on constate qu'il fait un usage massif et contrastif des noms d'action *Entstehung* (apparition, émergence), *Erfindung* (invention), *Erzeugung* (production) et *Schöpfung* (création) désignant diverses modalités de la venue au monde. Steinthal explicite la distinction entre une invention et une production autonome de l'esprit :

> "Die Sprache ist keine Erfindung, sondern eine Entstehung oder Erzeugung im Geiste (…) die Sprache ist geworden, ohne gewollt zu sein. Die unbewusst bleibenden und doch die Elemente des Bewusstseins beherschenden Gesetze wirken und führen die Schöpfung aus". (p.82)[75]

Et le terme *Schöpfung* (création) réapparaît un peu plus bas dans le contexte des expressions *Erzeugnis der Natur* (produit de la nature) et *wachsender Organismus* (organisme en développement) :

> "Die Sprache ist (…) der Art der Entstehung nach, wie ein Erzeugnis der Natur, ein wachsender Organismus zu betrachten. Ein Keim, in gewisser Weise organisirt, in bestimmte Bedingungen physikalischer oder organischer Art gebracht, entwickelt sich, nicht weil er weiß und will, sondern weil das ewige Gesetz der Schöpfung es so bestimmt". (ibid.)[76]

Language, and, by discussing that in detail, to get an impression of the author's way of working." (Whitney 1873 : 334).

74 "(…) he is nothing if not metaphysical, and the metaphysical method requires that one get behind the facts he deals with, and evolve them by a necessity out of some predetermining principle. This is the opposite of the current scientific method, which is proud to acknowledge its dependence on facts, and prefers to proceed by cautious induction backward from the known and familiar to the obscure and unknown." (p.334)

75 "Le langage n'est pas une invention, mais une apparition ou une production dans l'esprit (…) le langage est advenu dans être voulu. Les lois demeurées inconscientes et cependant dominant les éléments de la conscience agissent et exécutent la création".

76 "Selon la modalité de son apparition, le langage est à considérer comme un produit de la nature, un organisme en croissance. Un germe, organisé en quelque sorte, mis dans certaines conditions d'ordre physique ou organique, se développe, non parce qu'il le sait ou le veut, mais parce que la loi éternelle de la création le déterminé ainsi".

Whitney a donc raison quand il attribue à Steinthal la thèse de "l'origine divine du langage" dans la mesure où Steinthal voit dans les organismes vivants le produit d'une "loi éternelle de la création" et en outre assimile le langage à un tel organisme. Et il explicite l'antagonisme fondamental entre cette vision métaphysique et celle de la "science moderne" qu'il représente : pour la science il est évident que la genèse du langage s'est nécessairement développé sur un temps très long pour aboutir aux propriétés sophistiquées que nous lui connaissons, alors que pour Steinthal "les premiers hommes ont été miraculeusement mis par anticipation en possession de ses fruits accomplis"[77].

Whitney et Steinthal ne sont pas en désaccord sur l'origine humaine de l'art, de la science, de la religion ou de la philosophie. Seule l'origine du langage les divise et elle recouvre un antagonisme plus profond entre une vision créationniste – on pouvait difficilement attendre autre chose de la part d'un théologien juif – et une vision évolutionnaire, laquelle n'échappe pas aux préjugés racistes usuels à l'époque[78]. L'ambiguïté réside dans l'objet de la volonté des premiers hommes : Steinthal déclare que "le langage n'a pas été voulu" et Whitney n'affirme pas le contraire, mais pour lui comme actuellement pour le bioanthropologue Terrence Deacon (1997), c'est l'usage de symboles dans la communication linguistique qui définit l'homme moderne en tant qu'*homo symbolicus* (ou *homo culturalis* pour Hombert & Lenclud, 2013). Inversement la thèse de Chomsky (2007) et de Derek Bickerton (1990) selon laquelle le langage humain doté de structures récursives s'est développé en premier lieu pour l'organisation de la

---

77 "The assumption of the divine origin of language (…) implies that, whereas this capacity might be indefinitely or infinitely long in developing itself so as to produce languages like those we know, the first men were miraculously put by anticipation in possession of its perfected fruist" (Withney 1873: 339-340).

78 "Modern science (…) claims to be proving (…) that all the elements of culture – as the arts of life, art, science, language, religion, philosophy – have been wrought out by slow and painful efforts, in the conflict between the soul and mind of man on the one hand, and external nature on the other – a conflict in which man has, in favoured races and under exceptional conditions of endowment and circumstance, been triumphantly the victor, and is still going on to new conquests" (Whitney 1873 341).

pensée et non pour la communication d'affects et d'informations, présente une certaine analogie avec celle de Steinthal. Pour ces linguistes, il n'est pas question d'une origine divine de la faculté de langage, mais bien d'une origine naturelle avec l'hypothèse de la Grammaire universelle appartenant au patrimoine génétique de l'espèce humaine et dont les apprentis locuteurs sont supposés avoir les principes à leur disposition, ce qui leur permet de repérer les paramètres propres à la langue qui constitue leur environnement linguistique.

Pour Whitney "la perfection finale des langues les plus nobles a résulté d'un développement lent et graduel sous l'impulsion de tendances et instrumentée par des processus qui sont actifs dans toute langue vivante, même encore aujourd'hui" (p.398), ce qui préfigure la thèse gradualiste actuelle de Steven Pinker (cf. Pinker & Bloom 1990 ; Pinker & Jackendoff 2005). Et la langue mère ne consistait qu'en "une maigre liste de racines informes, représentant une petite part des actes et des phénomènes les plus immédiatement sensibles en nous-mêmes, les créatures côtoyées et la nature qui nous environne »" (ibid.).[79]

Whitney conçoit le langage comme une institution sociale, un moyen de communication instrumenté. Ce n'est pas un système intégral de reflets naturels et nécessaires de la pensée, inséparables de la pensée ou engendrés spontanément par l'esprit, mais c'est un corps de signes conventionnels, dérivant leur valeur de l'intercompréhension entre les humains[80], une position que Saussure

[79] (…) we have seen that the final perfection of the noblest languages as been the result of a slow and gradual development, under the impulse of tendencies, and through the instrumentality of processes, which are even yet active in every living tongue; that all this wealth has grown by long accumulation out of an original poverty, and that the actual germs of language were scanty list of formless roots, representing a few of the most obvious sensible acts and phenomena appearing in ourselves, our fellow-creatures, and the nature by which we are surrounded" (Whitney 1873 : 398).

[80] (…) our recognition of language as an institution, as an instrumentality, as no integral system of natural and necessary representatives of thought, inseparable from thought or spontaneously generated by the mind, but, on the contrary, a body of conventional signs, deriving their value from the mutual understanding of one man with another;" (Whitney 1873 : 400).

validera dans l'introduction à son *Cours de linguistique générale*[81]. En outre l'histoire de cette institution n'est pas une simple succession de changements tissés sur quelque chose d'invariant dans son caractère essentiel, mais c'est un véritable développement effectué par des forces humaines dont les linguistes peuvent retracer et comprendre les opérations. Ces deux considérations minent tous les fondements sur lesquels reposait la doctrine de l'origine divine du langage. En conclusion, Whitney se distancie curieusement de la doxa évolutionniste en concédant que la « nature humaine » soit une création divine qui a fourni aux hommes les instruments de ses propres réalisations culturelles, y compris le langage[82].

3.3. La critique des prétentions linguistiques de Max Müller

Depuis de nombreuses années, Whitney cherchait à ébranler la notoriété exceptionnelle de Max Müller en Grande-Bretagne, qui lui paraissait injustifiée sur le plan de la théorie de l'évolution des langues (qui occupait le premier volume des *Lectures on the science of language*). À sa parution, il avait engagé une controverse qui allait se développer dans les années suivantes. Mais c'est à l'occasion de la réédition en 1891 des *Lectures* que Whitney, très affaibli par son insuffisance cardiaque, se résout cependant à lui adresser dans *Max Müller and the science of language* une série de critiques dont je retiens les plus décisives à mon sens (1892) (Cf. François 2017 : 189-190).

1. Müller a une conception littérale du caractère "conventionnel" du langage, ce qui l'incite à nier le pouvoir collectif des individus pour modeler le langage. Il suppose que le langage ne serait conventionnel que s'il implique un débat entre usagers et une résolution finale, alors que dans l'esprit de la « main invisible » d'Adam Smith (explicitement appliquée à l'évolution du langage

81 "sur le point essentiel, le linguiste américain nous semble avoir raison : la langue est une convention, et la nature du signe dont on est convenu est indifférente. » (Saussure 1916 : 26).

82 "The origin of language is divine, in the same sense in which man's nature, with all its capacities and acquirements, physical and moral, is a divine creation; it is human, in that it is brought about through that nature, by human instrumentality" (Whitney 1873 : 400)

par Rudi Keller en 1994), la convention linguistique résulte seulement de la diffusion et du renforcement d'une innovation, sans prise de conscience que les usagers en prennent conscience (cf. Whitney 1892 : 9, 19)[83].

2. Müller a un raisonnement contradictoire en rejetant le naturalisme de Schleicher tout en acceptant son assimilation des langues à des organismes. Aux yeux de Whitney la doctrine naturaliste de Schleicher est effectivement fausse, mais cela implique que les langues n'ont pas une vie comparable à celle des espèces biologiques (p.26).
3. Müller se représente la relation entre la pensée et le langage par un syllogisme faux. La première prémisse est "Language is of immense importance to thought »", ce que reconnaît Whitney, la seconde, "No thought is possible without language", ne rencontre pas son adhésion, car il estime que les jeunes enfants et les animaux supérieurs disposent d'une capacité de catégorisation prélinguistique, la conclusion "Thought and language are identical" est absurde, car elle supposerait un recouvrement absolu entre les signifiés des mots lexicaux et grammaticaux dans toutes les langues[84]. La théorie des champs sémantiques a démontré l'inanité de cette thèse et Eugenio Coseriu a justement fait valoir qu'un tel recouvrement est bien l'objectif de la terminologie, mais ne peut s'appliquer à la lexicologie.
4. Müller affirme à tort que depuis la période originelle de formation des racines, on n'assiste plus à la création de nouvelles racines. Whitney donne comme exemple des racines qui résultent de la fusion et dégradation phonétique de deux racines antérieures. Le verbe anglais *preach*, issu du latin *prae-dicare* est la base dérivationnelle du nom *preacher*. De même le verbe *cost* qui vient du latin *con-stare* (se tenir avec) > **costare*, est la base

[83] "... individuals initiate changes, and the community either accepts and uses them, making them language by its use, or rejects and annuls them by refusing to use them; and (...) a recognition of this simple process, the mutual action of invidivual and community, explains everything" (Whitney 1892 : 19).

[84] "(...) there is not, and never was, even in the imaginations of those to whom he gratuitously ascribes the doctrine, a scheme of signs and a scheme of conceptions waiting to be matched with one another." (Whitney 1892 : 16)

de l'adjectif *costly*. Le verbe français *périr*, provenant du latin *per-ire* (passer à travers) fournit la base de l'adjectif périssable et le verbe *cueillir* issu du verbe *con-legere* (rassembler) > *colligere*, d'où dérive le nom *cueillette*.

5. Müller a certes écarté de l'édition de 1891 son "groupe des dialectes touraniens" mais continue à penser à tort que cette hypothèse a fait avancer la science du langage[85].
6. Enfin, Müller pense à tort que le principe de classification généalogique des langues ne s'applique qu'aux langues indo-européennes et aux langues sémitiques[86]. Whitney montre qu'une telle restriction est absurde et affirme qu'on peut espérer classer un jour toutes les langues modernes en familles généalogiques[87].

La conclusion de Whitney tombe comme un couperet :

> "It is, in fact, no scientific work, and the name of 'science' should not appear in connection with it; it ought to be called by some such name as '*Facts and fancies in regard to language and other related subjects*' [...] the book is not science, but literature [...]. He [Müller] is a born littérateur" (p. 75).

On peut s'interroger - au-delà de l'occasion fournie par la réédition des *Leçons sur la science du langage* de Max Müller sur la raison profonde qui a poussé Whitney, deux ans à peine avant sa mort à livrer cette dernière bataille, alors que dans l'entre-temps la renommée de Müller ne tenait plus qu'à ses travaux sur la comparaison entre les religions et les mythologies (le second volume

---

[85] "the classification was always a groundless and unscientific one, a classification of ignorance, or a practical erection of the absence of family likeness into a family tie – a principle which (...) he has not yet given up in theory. (…) He is still, however, apparently under the impression that his labors upon it were a part of the advance of knowledge" (p. 49)

[86] (...) our author declares that there are not more than two or three families of language to be recognized in the world (p.45) ... There is, in fact, no discoverable reason for limiting the name 'family' to Aryan and Semitic, except that these two are such extremely respectable old families, whose fame is spread through all the earth" (p.46)

[87] "(...) they [students of language] are tracing out dialectic affinities, and classifying accordingly, making up just so many families as the facts seem to warrant, but acknowledging that much of their work is provisional only, and that, if even Aryan and Semitic are in some degree doubtful designations, other family names must long, or always, continue such" (p.48).

des *Leçons* et ses *Gifford lectures*, tenues en 1888). Whitney était apparemment ulcéré par l'influence de Müller chez les linguistes anglo-saxons, alors qu'il continuait (comme Humboldt, Schleicher et Steinthal) à se représenter le destin des langues comme dominé par des principes transcendants. Il s'agissait pour lui d'affirmer à l'inverse que le destin des langues ne résulte que du hasard des interactions entre locuteurs tout au long de leur histoire ; et l'évolution de la morphologie de l'anglais depuis les premiers "monument" philologiques du type flexionnel vers un type presque isolant illustre bien cette thèse).

4. Whitney et le mouvement néogrammairien

Stephen Alter, biographe averti de Whitney, fournit dans *William Dwight Whitney and the science of language* (2005) des informations complémentaires sur les relations ambiguës entre Whitney et les principaux représentants du mouvement néogrammairien qui avait démarré en 1878, alors que Whitney résidait précisément en Saxe pour achever sa Grammaire du sanskrit. August Leskien, le spécialiste des langues slaves parmi les néogrammairiens de Leipzig, avait entrepris de traduire en allemand *The life and growth of language* et c'est avec lui que Whitney entretenait ses relations les plus étroites. Mais après son retour aux États-Unis, il entretint une correspondance avec Georg Curtius, dont les vues, notamment le rejet du caractère obligatoire des lois phonétiques, étaient vivement critiquées par son ancien assistant Karl Brugmann, porte-parole du mouvement. Whitney était en accord avec trois thèses essentielles pour les néogrammairiens.

1. La conception "uniformitarienne" de l'évolution des langues, c'est-à-dire l'abandon de la doctrine de Schleicher sur la distinction entre les processus à l'œuvre dans une phase initiale de croissance et dans une phase finale de déclin, au profit d'un principe de continuité et d'homogénéité au long de leur histoire. Conformément à cette conception, Whitney reconfigure la morphologie combinatoire de Franz Bopp en la détachant de toute association avec des stades historiques séparés et en la construisant comme un mécanisme atemporel (cf. Alter 2005 : 219). Il reconnaissait l'existence d'une succession de croissances

et de déclins, mais essentiellement au niveau des micro-processus s'appliquant à la disparition continuelle de mots et à la recombinaison de parties de mots.

2. Une vision extensive de l'échelle de temps applicable aux changements linguistiques. C'est ce qu'on appelle "l'uniformitarianisme gradualiste", une vision qui présuppose non seulement la continuité entre le passé et le présent, mais aussi une abondance de temps durant lequel le changement a pu se produire, comme l'avait démontré Charles Lyell (1863) pour l'origine de l'homme à partir d'arguments géologiques. En étendant le temps d'évolution de l'humanité Lyell et Whitney étayaient la vision d'un développement graduel et linéaire à partir des débuts primitifs. Alter considère enfin que la contribution la plus importante de Whitney au programme néogrammairien a consisté dans son souci d'explorer continuellement les implications de la nouvelle chronologie :

   > An abundance of historical time was even more basic than the stress on uniform change, because in order for linguistic change to be uniform, it needs to be extremely gradual (…) Whitney supplied the theory of essential continuity ("without a break, being of one piece") on which Neogrammarian doctrine would be based and on which historical linguistics has been based ever since" (Alter 2005 : 225).

3. L'idée d'une norme grammaticale incitant les locuteurs à régulariser les paradigmes, à savoir l'analogie. Parmi les néogrammairiens, c'est Leskien qui avait fait l'usage le plus efficace de ce processus de régularisation comme un moyen d'expliquer au moins certaines des exceptions aux lois phonétiques, à condition toutefois d'épuiser auparavant l'exploitation de ces lois : le changement phonologique et l'analogie étaient conçus comme complémentaires, rendant compte ensemble de la plupart des changements linguistiques réguliers (cf. Alter p.221). Alter estime que Leskien a emprunté cette thèse à Whitney, car celui-ci évoquait, précisément dans le livre que traduisait Leskien, l'inclination du système à remodeler les formes devenues exceptionnelles et hors normes à la suite d'une corruption phonétique selon une norme grammaticale reconnue, "la masse des cas dominants exerçant une influence

assimilatrice sur celle des cas marginaux"[88] et il l'illustrait notamment avec des régularisations "sauvages" des apprentis locuteurs telles que *gooder* et *badder* pour les comparatifs adjectivaux, *mans, foots* pour les pluriels nominaux, *goed comed brang*, *thunk* pour les prétérits verbaux (Whitney 1875 : 75).

Cependant deux facteurs de désaccord l'ont marginalisé :

1. Sa méfiance déjà évoquée à l'égard de lois du changement phonétique dénuées d'exception. Whitney restait attaché à la vue traditionnelle, défendue par Jacob Grimm en 1822 à propos de sa loi de mutation des consonnes entre le proto-indo-européen et le proto-germanique (avant que Karl Verner ne la complète en 1876, sauvant ainsi localement le principe de l'application inconditionnelle des lois phonétiques) ainsi que par Schleicher et Curtius[89]. Whitney déclarait notamment en 1874 : "Every student of phonetic history knows that the tendencies of phonetic change work mot irregularly" (cité par Alter 2005 : 221)
2. Son rejet du psychologisme de Steinthal, qui jouait un rôle décisif dans le Manifeste néogrammairien de H. Osthoff & K. Brugmann (1878). Dans leur introduction (p.IV-V), ces auteurs insistent sur la nécessité de prévoir en complément des lois phonétiques la prise en compte du "mode d'action des facteurs psychiques qui interviennent dans d'innombrables changement et innovations phonétiques ainsi que dans toutes les formations par analogie" et ils renvoient à la lecture d'un article de Steinthal intitulé "Assimilation und attraction, psychologisch beleuchtet" (*Zeitschrift für Völkerpsychologie* I, 93-179) qui montre "combien il est important de se rendre compte à quel degré les innovations phonétiques sont d'une part d'une nature purement physique et mécanique et à quel degré elles sont d'autre part les

---

[88] "When phonetic corruption has disguised too much, or has swept away, the characteristics of a form, so that it becomes an exceptional or anomalous case, the is an inclination to remodel it on a prevailing norm. The greater mass of cases exerts an assimilative influence upon the smaller" (Whitney 1875 : 74).

[89] "(...) Jacob Grimm (...) saw the Germanic consonants shit only as a general tendency that allowed for some exceptions. And Schleicher and Curtius, both of whom called for stricter adherence thant Grimm did to the sound law principle, still taught that the known rules did not apply in all cases" (Alter 2005 : 218).

reflets physiques de mouvement psychiques”. Et ils concluent que “l’ancienne recherche linguistique comparative, si elle adoptait et exploitait volontiers les enseignements de la physiologie des sons, ne se souciait presque jamais de cette face psychique du processus de la parole et succombait de ce fait dans de nombreuses erreurs”. Brugmann n’avait donc pas apprécié les critiques acerbes de Whitney à l’égard de Steinthal (cf. §3.2) et dans ce même manifeste de 1878, il ne mentionne que deux pionniers qui ont ouvert la voie des néogrammairiens : Steinthal et Wilhelm Scherer, auteur d’une Histoire de la langue allemande en 1868 ; et non Whitney. Cependant en 1885 (dans l’article sur la philologie comparée de l’Encyclopedia Britannica) Eduard Sievers, principal représentant de la physiologie des sons chez les néogrammairiens (cf. 1876), rééquilibrait la balance en écrivant : “Amongst those who have recently contributed most towards a more correct evaluation of analogy as a motive-power in language, Professor Whitney must be mentioned in the first place”.

5. Conclusion

Au final, le jugement le plus négatif de Whitney sur les grandes figures de la linguistique allemande du milieu du 19e siècle s’applique à Max Müller qui rencontre un succès éminent en Grande-Bretagne et lui fait de l’ombre. Il le poursuit de sa vindicte jusqu’à la veille de sa mort, ne le considérant que comme un littérateur et non un linguiste. Il tient Schleicher pour un très bon descripteur de la variété des langues indo-européennes anciennes et de leur évolution vers les langues modernes. Mais il estime que Schleicher a gâché ses dons en développant sans fondement scientifique valable une vision de la “glottique” comme une science naturelle du langage. Il reconnaît en Steinthal un grand spécialiste de la linguistique générale, mais son raisonnement sur des questions aussi difficiles que l’origine du langage est celui d’un métaphysicien et il estime que Steinthal a tort de mettre d’abord en avant les caractères psychologiques supposés de l'espèce humaine pour expliquer les faits linguistiques.

Whitney se présente – à juste titre – comme l'introducteur en linguistique de la "pratique scientifique courante", empirique et inductive, ce qui explique l'influence qu'il a pu exercer sur Saussure. Il a assisté à Leipzig en 1878 à la naissance du mouvement néogrammairien dont l'un des principaux représentants, August Leskien, a adopté sa vision de la complémentarité entre l'effet primaire des lois du changement phonétique et celui, secondaire, de l'analogie pour régulariser cet effet, afin de soulager la mémoire des locuteurs, quand il conduit à des formes hors normes. Mais il a refusé d'imputer ce principe d'équilibrage entre processus physiologiques et processus psychiques à Steinthal dont la psychologie du langage était selon lui (et le développement ultérieur de la linguistique lui a donné raison) aux antipodes d'une future science du langage basée sur les faits et appliquant une méthode inductive.

Bibliographie

ADELUNG Johann Christoph / VATER Johann Severin (1806-1817), *Mithridates, oder allgemeine Sprachenkunde* [Mithridate, ou science générale des langues], 4 vol., Berlin

ALTER Stephen G. (2005), *William D. Whitney and the science of language*. Baltimore : Johns Hopkins University Press.

BECKER Karl Ferdinand (1827), *Organism der Sprache* [L'organisme de la langue], Frankfurt BICKERTON (1990)

BLOOMFIELD Leonard, (1914, *An introduction to the study of language*, New York, Henry Holt & Co.

BOPP Franz, (1816, *Über das Conjugations-System der Sanskritsprache in Vergleichung mit jenem der griechischen, lateinischen, persischen und germanischen Sprache* [Sur le système de conjugaison de la langue sanskrite, comparé à celui des langues grecque, latine, persane et germanique], Frankfurt

– (1833-1849), *Vergleichende Grammatik des Sanskrit, Zend, Griechischen, Lateinischen, Lithauischen, Altslawischen, Gotischen und Deutschen* [Grammaire comparée du sanscrit, du zend, du grec, du latin, du lituanien, du vieux-slave, du gotique et de l'allemand ; traduit en français par Michel Bréal en 1866], Berlin BRIGGS Ward (1994),

Biographical dictionary of North American classicists. Westport (Conn.) : Greenwood

BRUGMANN Karl, (1904, [fr]1906), *Kurze vergleichende Grammatik der indogermanischen Sprachen*, Strasburg, Trübner ; *Abrégé de grammaire comparée des langues indo-européennes*, trad. par A. Meillet et R. Gauthiot, Paris

CHOMSKY Noam (2007) , "Of minds and languages". *Biolinguistics* 1 : 9-27

COLEBROOKE Henry Thomas (1805), *A Grammar of the Sanskrit Language*. Company's Press.

DEACON Terrence (1997), *The symbolic species : The co-evolution of language and the brain*. New-York : Norton

FRANÇOIS Jacques (2014), "La difficile affirmation de la linguistique générale en Allemagne (1806-1911) et le dépassement de l'obstacle axiologique". *Bulletin de la Société de Linguistique de Paris* n° XXX/1 : 121-154.

– (2017), *Le siècle d'or de la linguistique en Allemagne – de Humboldt à Meyer-Lübke*. Limoges : Lambert-Lucas.

GRIMM Jacob (1822-1826), *Deutsche Grammatik* [Grammaire de l'allemand ; seconde édition en deux vol. 1822 et 1826]. Göttingen

HERDER Johann Gottfried (1772), *Abhandlung über den Ursprung der Sprache*, Berlin, Friedrich Voss [*Traité de l'origine du langage*, PUF 1992]

HOMBERT Jean Michel / LENCLUD Gérard (2013), *Comment le langage est venu à l'homme*. Paris : Fayard

HUMBOLDT Wilhelm von (1836), *Über die Verschiedenheit des menschlichen Sprachbaues*. Berlin [trad.fr. par P. Caussat, 1974 : *Introduction à l'oeuvre sur le kavi*, et autres essais Paris : Seuil]

KELLER Rudi (1994), *On language change : The invisible hand in language*. Psychology Press

LYELL Charles (1863), *Geological Evidences of the Antiquity of Man*. Londres Murray.

MISTELI Franz (1893), *Charakteristik der hauptsächlichsten Typen des Sprachbaues* [Caractérisation des types principaux de structure des langues], Leipzig [vol. 2 de l'*Abriß der Sprachwissenschaft* de H. Steinthal & Fr. Misteli]

MÜLLER Friedrich (1876,) *Grundriß der Sprachwissenschaft* [Fondements de la linguistique], Vienne.

MÜLLER Max (1862/1864), *Lectures on the science of language* (vol.1 ; vol.2), Londres : Longman [réédition en 1891]; (1867/1868), *La science du langage*, 2 vol. Paris

– (1888-1892), *Gifford lectures: natural religion* (1889), *Physical religion* (1891), *Anthropological religion* (1892), *Theosophy, or Psychological religion* (1893), *Collected Works* vol. 1-4, London

OSTHOFF Hermann / BRUGMANN Karl (1878), "Vorwort", *Morphologische Untersuchungen auf dem Gebiete der indogermanischen Sprachen* [Préface, Études morphologiques dans le domaine des langues indogermaniques], Leipzig, Hirzel, vol. 1, p. I-XX

PALLAS Peter Simon (1786-1789), *Linguarum totius orbis vocabularia comparativa Augustissimae cura collecta*, Saint-Petersbourg

PINKER Steven / BLOOM Paul (1990), "Natural language and natural selection". *Brain and behavioral Sciences* 13(4) : 707-784.

PINKER Steven. / JACKENDOFF RAY (2005), "The faculty of language : what's special about it ?" *Cognition* 95 : 210-236

SAUSSURE Ferdinand de, 1916, *Cours de linguistique générale*, éd. par Charles Bally et Albert SecheHeye, Lausanne et Paris, Payot [texte fac-similé depuis 1922[2] ; dernière édition Paris, Payot, 1972]

SCHERER Wilhelm, 1868, *Zur Geschichte der deutschen Sprache* [Sur l'histoire de la langue allemande], Berlin

SCHLEGEL Friedrich von (1808), *Über die Sprache und Weisheit der Indier- Ein Beitrag zur Begründung der Althertusmkunde,* Heidelber : Mohr & Zimmer [trad.fr. 1837, *Sur la langue et la sagesse des indiens*]

SCHLEICHER August (1859), "Zur Morphologie der Sprache" [Sur la morphologie du langage], *Mémoires de l'Académie Impériale des Sciences de Saint-Petersbourg*, Tome I, n° 7

– (1861-1862), *Compendium der vergleichenden Grammatik der indogermanischen Sprachen* [Compendium de la grammaire comparée des langues indogermaniques]. Weimar

– (1863 / [fr]1980), *Die Darwinsche Theorie und die Sprach-wissenschaft – Offenes Sendschreiben an Herrn Dr. Ernst Haeckel* [La théorie de Darwin et la linguistique – Lettre ouverte à M. le Dr. Ernst Haeckel]. Weimar : H. Böhlau

SCHMIDT Johannes (1890), "Schleicher, August", *Allgemeine Deutsche Biographie,* n° 31, p. 402-416

SIEVERS Eduard (1876), *Grundzüge der Lautphysiologie zur Einführung in das Studium der Lautlehre der indogermanischen Sprachen*

[Fondements de la physiologie des sons en introduction à l'étude de la phonétique des langues indogermaniques], Leipzig

STEINTHAL Heymann (1848), *Die Sprachwissenschaft Wilhelm von Humboldt's und die Hegelsche Philosophie* [La linguistique de W. von Humboldt et la philosophie de Hegel], Berlin [thèse d'habilitation]

– (1851), *Der Ursprung der Sprache im Zusammenhang mit den letzten Fragen alles Wissens – Eine Darstellung der Ansicht Wilhelm v. Humboldts, vergleichen mit denen Herders und Hamanns* [L'origine du langage dans le contexte des questions ultimes de tout savoir – Une présentation de la conception de W. von Humboldt comparée à celles de Herder et de Hamann], Berlin

– (1860), *Charakteristik der hauptsächlichsten Typen des Sprachbaues* [Caractérisation des types principaux de structure des langues]. Berlin : Dümmler

– (1871), *Einleitung in die Psychologie und Sprachwissenschaft.* [Introduction à la psychologie et à la linguistique]. Berlin (réédité en 1893 comme vol.1 de l'*Abriß der Sprachwissenschaft*)

– (1880) „Assimilation und attraction, psychologisch beleuchtet". *Zeitschrift für Völkerpsychologie* I, 93-179 [cité par Brugmann & Osthoff, 1878]

VERNER Karl (1876), "Eine Ausnahme der ersten Lautverschiebung" [Une exception à la première mutation phonétique], *Zeitschrift für vergleichende Sprachforschung auf dem Gebiete der Indogermanischen Sprachen*, n° 23-2, p. 97-130

WHITNEY William D. (1867), *Language and the Study of Language: Twelve Lectures on the Principles of Linguistic Science.* Londres : Trübner.

– (1872), "Steinthal and the psychological theory of language". *North American Review* CXIV [cité par St. Alter]

– (1873), *Oriental and linguistic studies*, vol.1 New-York: Scribner, Armstrong & Co.

– (1873a), "Müller's Lectures on language". *Oriental and linguistic studies, vol.1.*, 239-278.

– (1873b), "Schleicher and the physical theory of language", ibid., 298-331

WHITNEY William D. (1873c), "Steinthal and the psychological theory of language", ibid. p.332-375. [réédition de Whitney 1872]

– (1875). *The Life and Growth of Language.* Londres : Trübner

– (1877), *Essentials of English grammar for the use of schools*. Boston : Ginn and Co. [cité par St. Alter]

– (1879), *Sanskrit Grammar*, Boston : Ginn and Co.

– (1892), *Max Müller and the Science of Language*. New-York : Appleton & Co.

WINTELER, Jost (1876), Die *Kerenzer Mundart* des *Kantons Glarus in ihren Grundzügen dargestellt*. Leipzig / Heidelberg: C. F. Winter'sche Verlagshandlung.

Jacques FRANÇOIS
Université de Caen-Normandie
CRISCO EA 4255
jfrancois@interlingua.fr

Les voies de la causasiologie : un aller-retour entre l'Allemagne et l'Amérique ?

Abstract

Germany is willingly presented as the cradle of Caucasiology and therefore of research traditions that focus on the languages of the Caucasus, regardless of the perspective adopted. Indeed, most of the well-known researchers between 1770 and 1970 spoke German or were of German origin. As a result, it is expected that these research traditions will have extended their scope to other regions. This contribution will focus on the extent to which there has indeed been a progression of caucasiology from Germany to North America and the extent to which feedback effects can be observed on caucasiological traditions in Germany. The first two sections will briefly review the history of research on "German Caucasiology", before examining to what extent developments in North America have taken place independently or under the influence of German traditions.

1. Les débuts

Alors que les régions du Caucase étaient incontestablement situées dans l'Antiquité dans l'horizon de perception notamment des élites économiques, politiques et scientifiques en raison des ambitions coloniales des Grecs (surtout dans les régions côtières de la Mer noire), d'études ethnographiques (p.ex. Hérodote, Pline l'Ancien) et d'activités politiques (p.ex. Trajan) autant que pour des raisons d'ordre mythologique (p.ex. Prométhée), elle furent confinées peu à peu à la périphérie de l'espace connu des Européens après le déclin du monde antique.

> Erst mit der Verdrängung tatarischer Macht, dem Entstehen des Russischen Reiches unter den Moscowitern und der Konkurrenz zwischen Safawidischem und Osmanischem Reich seit dem 16. Jahrhundert nahm das Interesse für Kaukasien wieder zu. Mit der Eroberung der südlichen Provinzen Persiens und dem Vordringen venezianischer und genuesischer Händler über das Schwarze zum Kaspischen Meer im 15. und 16. Jahrhundert gewann das Gebiet zwischen Gilan und Širvan erneut europäische Bedeutung für den Seidenhandel, dessen Haupttransportadern über Tiflis oder Derbent jeweils Šemacha/Şämaxi im heutigen Aserbaidschan kreuzten. (Auch 2010: 160-161).

Ainsi dès la Renaissance les langues des arméniens chrétiens et des géorgiens y compris leurs espaces d'implantation furent redécouvertes. Conrad Gessner (1555 :10-11) évoquait déjà l'arménien et p.26 il consacre un bref paragraphe au géorgien. L'arménien gagna ensuite en importance en Europe centrale avec la fondation du monastère arménien-catholique des Méchitaristes San Lazzaro près de Venise (1717) même si cela n'établissait pas encore de relations directes avec le Caucase. La popularisation notamment de l'arménien mais aussi des régions du Caucase est passée par ex. par le jésuite Jacobus Villotte (1656-1743) qui ne s'est pas contenté de relater en détails ses missions entre autres dans le Caucase, mais qui a aussi abondamment publié sur l'arménien classique (p.ex. *Dictionarium novum latino-armenium : ex praecipuis armeniae linguae scriptoribus concinnatum* (Villotte 1714a), *Commentarius in Evangelia, Meknič^c Srboy Awetaranin* (Villotte 1714b)). En faisant abstraction du *Dittionario Georgiano e Italiano* de Stefano Paolini (Paolini 1629), le géorgien était en revanche destiné à rester longtemps quasiment inconnu en Europa – puisque ses locuteurs n'étaient représentés qu'à un niveau négligeable dans la dispora extra-caucasienne, jusqu'à l'époque où Jacob Georg Christian Adler (1756-1834), théologien et orientaliste publia quelques quelques brefs commentaires sur l'écriture géorgienne et sur l'impression en Géorgie et où Franz Carl Alter (1749-1804) édita ses études « sur la littérature géorgienne » (*Über georgianische Litteratur,* Alter 1798) qui incluent un glossaire de 285 mots basé sur les données de Paolini et de Pallas (voir plus bas), comparant le vieux géorgien avec la langue « vernaculaire » géorgienne.

Des relations de voyages et de recherches contribuèrent aussi à une meilleure connaissance du Caucase notamment en Allemagne. Ainsi Adelung (1806 : 437) constate :

> Die meisten dieser Völker waren uns bisher eben so unbekannt, als sie es schon den Alten waren: sonst würden sie nicht mit so vieler Übertreibung von ihnen gesprochen, und, wie Strabo, die hier einheimischen Völker und Sprachen beynahe für unzählig ausgegeben haben. Sie sind uns erst in den neuern Zeiten durch den Fleiß Russischer und Deutscher Gelehrten nothdürftig bekannt geworden.

On mentionnera à titre d'exemples Heinrich Posner (1599-1661), Adam Olearius (1599-1671), et Engelbert Kämpfer (1651-1716) ainsi que Gottlieb Schober (1672-1735) et Johan Christian Buxbaum (1694-1730), avec lesquels commença l'exploration systématique d'aspects particuliers de l'espace caucasien. L'expansion de l'empire russe à partir de Catherine II (1729-1796) en direction du sud jusque dans les régions du Caucase ne déboucha pas seulement sur des rapports évoquant les expériences des militaires allemands qui y stationnaient (p.ex. Johann Gustav Gerber (Gärber), ~1690-1734), mais aussi sur des études plus développées qui provenaient de la plume de participants allemands à des expéditions scientifiques, en particulier à celles des années 1768-1774.

Ici, outre le botaniste Samuel Gottlieb Gmelin (1744-1774), il faut surtout évoquer Johann Anton von Güldenstädt (1745-1781) qui présente des matériaux lexicaux pour 14 langues du Caucase dans ses « Voyages à travers la Russie et le massif du Caucase » (*Reisen durch Rußland und im Caucasischen Gebürge*, Guldenstädt 1791, édité par Peter Simon Pallas, voir le regroupement en (1) (les désignations originelles de langues sont maintenues)[90] :

- dialectes géorgiens (jusqu'à 280 entrées)

  kartvélien ; mingrélien ; svane
- dialectes kistines (jusqu'à 262 entrées)

  tchétchène ; ingouche ; touchète

[90] Je remercie Wolfgang Schulze pour sa recherche efficace des désignations en français des langues et des peuples évoqués [NdT].

- dialectes lezghiens et apparentés (jusqu'à 265 entrées)
  antsoukh ; dzahr ; khunzakh ; dido
- kasikoumuke, akoucha, andi (jusqu'à 260 entrées)
- kabarde, abaza (jusqu'à 280 entrées)

Peter Simon Pallas (1741-1811), un autre participant aux expéditions mentionnées plus haut et zoologue et botaniste de formation, intégra les matériaux linguistiques de Güldenstädt dans son *Linguarum totius orbis vocabularia comparativa* (Pallas 1786), et le compléta de quelques données propres. La collecte de Pallas ne se limite pas au Caucase, elle traite de 200 langues ou dialectes et documente en principe autour de 130 unités lexicales ordonnées de manière taxinomique. Par rapport à Güldenstädt, le nombre des langues documentée se réduit de trois (il en reste 12). La dernière phase de cette approche exploratoire des langues, cultures et facteurs ethnographiques du Caucase est liée au nom de Heinrich Julius Klaproth (1783-1835). Klaproth, à proprement parler orientaliste et surtout sinologue, a publié dans une annexe à son rapport sur un « Voyage dans le Caucase et en Géorgie dans les années 1807 et 1808 » (*Reise in den Kaukasus und Georgien in den Jahren 1807 und 1808*, Klaproth 1812-14) des matériaux linguistiques sur des langues caucasiennes, surtout orientales. Presque simultanément Johann Christoph Adelung (1732-1806) compilait dans son *Mithridates* (Adelung 1806-7 : 420-449) surtout les données de Güldenstädt y compris les matériaux lexicaux de Pallas (1786) en y incluant leur reprise par le poète et diplomate anglais George Ellis (1753-1815) dans son *Memoir of a Map of the Countries...* (Ellis 1788). L'un et l'autre, Klaproth et Adelung, introduisirent un nouveau style de présentation des données linguistiques : au lieu de donner de simples listes d'équivalents lexicaux, ils documentaient ici ici ou là des extraits des langues avec une forme primitive de commentaire interlinéaire, cf. Fig.1 (Klaproth) et Fig.2 (Adelung).

1) Tchar adshal inscha sch zychur *) ba hhätscha
Gott Tod ohne ist Mensch viel lebt

kam. 2) Janer jobu jesby itschalenny, aby bydsma
nicht. Mutter küßt ihre Kinder, ihre Brust in

sche ikod-sch. 3) itle' ma fysyr figoh-sothl'jahu,
Milch viel ist. Männe Weib schön-liebt.

4) My fysyr tl'eschigjà hasch, kko fsaryl' chchura,
Diese Frau schwanger war, Sohn als gebahr

mo-chy-ch tschaah asch. Tschaler sohefyn eder kam.
Tage sechs her ist. Kind saugen will nicht.

My chagebsyr sekor kam, ar syr il'chora i tl'esra
Dieses Mädchen geht nicht, sie als geboren und Jahr

masy ttu ra. 5) My zugur näf-sch, aby ify-yr
monat zwei und. Dieser Mann blind-ist, seine Frau

dtegu-sch, da shit'or sachicher kam. 6) Ep'er nap
blind-ist, wir reden hört nicht. Nase Gesicht

okma üitsch. 7) Dadi ttu sch tl'jar, ah jiabchuamba
mitten steht. Uns zwei ist Fuß, Hand Finger

t'chu rutchu-sch. 8) Schchazyr schcha-ma tjoker.
fünfen zu-ist. Haar Kopf-auf wächst.

9) Edser ebsegur dsha-ma jitsch. 10) ishrabhu ahr
Zunge Zahn Mund-im steht. rechte Hand

fsamag-ma nachtl'ja-sch. 11) Schchazyr kjach-sch i
linke-von stärker-ist. Haar lang-ist und

pfsugoh-sch, tl'yr pl'ish, kubschchar byda-sch mywwa
dünn-ist, Blut roth, Knochen hart-ist Stein

chodago. 12) bdse-ma nna iasch, thakhuma eakom.
gleich. Fische Auge ist, Ohr nicht.

13) My bgar chomgo matl'jata, ar tjotischa-tschy-
Dieser Vogel langsam fliegt, er sitzt Erde-

ma, aby damer bsi fitza-sch, ep'er shan-sch,
auf, sein Flügel Feder schwarz-ist, Nase spitz-ist,

Fig.1 Klaproth 1814 : 235 [Kabarde]

Vater unser, der bist Himmel in
Mamáo tschwéno, roméli char Tzatà
schína,
Heilig sey. Nahme dein;
Tzminda ickawn· Sácheli schéni;
Komme Reich dein;
Mówedin Supéwa schéni;
Geschehe Wille dein wie Himmel in
Ickawe Neba schéni witarza Tzáta schína;
so auch Erde auf;
égretza kwekánasa Szeda;
Brot unser tägliches gib uns
Puri tschwéni arsóbisa mómetz tschwen
heute;
dges;
Und vergib uns Schulden
Da mógwi téwen tschwen Tananádebni
unsere, wie wir vergeben
tschwénni, witarza tschwen mintéwebt
uns;
Tanámdepta mat tschwenta;
Und nicht laſs fallen uns Versuchung
Da nu schémi kwáneb tschwen Gansatz
in:
délsa;
Sondern befreye uns Bösen von.
Áramed gwígsen tschwen Borotísagan.

Fig. 2. Adelung 1806 : 434 [Géorgien]

2. L'établissement de la caucasiologie en Allemagne

Si l'on part des titres des travaux de Gessner (1555) et Adelung (1806-7) on peut désigner la première phase d'exploration linguistique décrite plus haut comme la phase « Mithridate » de la caucasiologie (sur les compilateurs du 18e et 19[E] siècles voir entre autres également Morpurgo Davies 1998 :36-43 et Trabant 2003 : 210-292). Mais les connaissances en accroissement progressif sur la variété linguistique du Caucase ne se fondaient ni sur des descriptions plus détaillées de langues particulières ni sur une institutionnalisation académique. Cela tenait certainement aussi au fait qu'à l'exception du géorgien mis en relation avec l'indo-européen à une époque précoce (Bopp 1847) et de l'arménien, les langues du Caucase ne présentaient aucune attractivité au regard du projet linguistique majeur du 19e siècle, à savoir la découverte des relations de parenté entre les langues indo-européennes. En outre, notamment au début avec Güldenstädt, le centre des recherches se déplaçait de plus en plus de l'Allemagne vers la Russie, pour ce qui concerne le lieu d'exercice des caucasiologues allemands. Toutefois, jusqu'à la fin du 19e siècle peu de choses ont changé par rapport à ce que le médecin et explorateurs anglais Robert Lyall (1789-1831) avait noté durant ses voyages dans le Caucase effectués entre 1821 et 1832 (Lyall 1825 : 42-43) :

> In these days, when so many gentlemen show a disposition for travelling and adventure, one may be justly surprised that no individual from Great Britain ever has travelled far in Caucasus, or given us a good account of the tribes by which this mountain-chain is inhabited, their customs, manners, laws, &c. The greatest part of what we know of the Caucasus and its inhabitants, as well as of Georgia, has been chiefly derived from the Germans, Gmelin, Guldenstaedt, Pallas, Reineggs, Bieberstein, Englehardt [sic!], Parrot, Hàäs [sic!], Klaproth, &c.).

Lyall fait ici référence, en dehors des chercheurs déjà évoqués, au botaniste Friedrich August von Bieberstein (1768-1826), dont la *Flora taurico-caucasica* (Bieberstein 1808-19) avait atteint une certaine renommée, à Moritz von Engelhardt (1779-1842), l'accompagnateur de Johann Jacob Friedrich von Parrot (1792-1841) dans son premier voyage, avec qui il avait publié un rapport en deux tomes sur un « Voyage en Crimée et dans le Caucase (*Reise in die Krym und den Kaukasus* (Engelhardt & Parrot 1815), ainsi qu'au médecin connu à l'époque en Russie Friedrich Joseph Laurentius Haass (1780-1853), qui était membre de la Société de sciences naturelles et de médecine de Moscou et qui avait entrepris deux voyages dans le Caucase en 1809 et 1810 (Haass 1815). Le géologue et zoologue Karl Eduard Eichwald (1795-1876) fournit une contribution complémentaire dans son rapport sur un « Voyage au bord de la mer Caspienne et dans le Caucase » (*Reise auf dem Caspischen Meer und in den Kaukasus,* Eichwald 1834-37), qui était le premier à faire état (en dehors de Parrot, 1834 :180-188 à propos des implantations dans l'Azebaïdjan occidental) d'implantations allemandes dans le Caucase. L'implantation de groupes de piétistes allemands dans la Transcaucasie centrale depuis 1817-18 et l'Ossétie depuis 1880 (par ex Annenfeld et

Helenendorf en Transcaucasie (1819) et Gnadenburg en Ossétie du nord (1880)) n'eut pas de répercussions notables sur la perception de ces territoires en Allemagne.

Mais aucun des auteurs cités plus haut ne fournissait des matériaux linguistiques nouveaux. Une impulsion fut donnée dans ce sens par la Société Géographique Russe, quand fut posée en 1847 la question du classement des Oudines (désignés comme des « Jemoudines ») comme des membres de la communauté des Permiaks finno-ougriens (Votjaks ou Oudmourtes). Pour vérifier cette thèse, la section caucasienne de la Société établit, en puisant dans Klaproth (1812-14) une liste de 432 mots oudiens (publiée en 1853 à Saint-Petersbourg sous le titre *Slovar obščeupotrebitel'neišix terminov kavkazkix Udinov s perevodom na Russkij jazyk :* Dictionnaire des mots en usage général des Oudines du Caucase avec une traduction en russe) qui contenait aussi des matériaux nouveaux. Ces matériaux tombèrent dans les mains du linguiste et ethnologue Anton Schiefner (1817-1879), qui fournit, basé à Tbilisi, les premières descriptions détaillées de langues caucases en dehors du géorgien (Schiefner 1856 sur le batsbi (tsova touch), Schiefner 1863 sur l'oudine). Presque au même moment d'autres voyageurs contribuèrent à l'esquisse au moins d'un tableau des langues du Caucase. Il faut mentionner ici particulièrement Alexandre Dumas, qui dans son récit *Le Caucase. Impressions de Voyage* (Dumas 1859[2006]) introduit quelques mots de l'oudine, « *une langue que non seulement personne ne comprend, mais encore qui n'a sa racine dans aucune langue connue* » (Dumas 1859[2006] : 28) :

> « Je lui demandai de me dire, en langue oudine, quelques-uns de ces mots primitifs qui, presque toujours, ont des racines dans les langues antérieures ou voisines, et je commençai par le mot *Dieu.* Dieu – j'écris, non selon l'orthographe, mais selon la prononciation oudine – se dit *Bikhadzhung* ; pain, *schoum* ; eau, *xhé* ; terre, *khoul.* Ils n'ont pas de mot pour *ciel*, et se servent du mot tatar *gauk.* Étoile se dit *khaboum* ; soleil, *bêg* ; lune, *khâs.* Deux autres mots, qui ont causé les premières guerres de l'Inde, et qui se disent, en hindou, *lingam* pour le masculin, *joum* pour le féminin, se disent en langue oudine, au masculin, *khol*, au féminin, *khnout* ». (376)

Schiefner contribua aussi à la publication en russe et en quelques exemplaires seulement des résultats des recherches d'un général russe et linguiste, le baron Peter von Uslar (1816 - 1875) (sur l'avar en 1872, sur l'abkhaze en 1863, le kasikoumucke (lak) en 1866, le kurine (lezghien) en 1863, l'hyrkanien (dargi) en 1871. Sur la base de ces travaux, Schiefner peut certainement être considéré comme le premier 'caucasiologue' allemand, même si ses centres d'intérêt propres s'étendaient à des aires linguistiques en dehors du Caucase (p.ex. le Tibet, la Finlande, etc).

En Allemagne même, les travaux de recherche de Schiefner et d'Uslar furent à peine pris en compte. On trouve un bon indice d'une perception publique réduite de l'aire linguistique caucasienne dans un passage d'un récit (*Rih*) de l'écrivain Karl May, qui se présentait volontiers comme polyglotte dans ses récits de voyages fictifs et émaillait notamment ses dialogues d'une multitude de formulations en langues étrangères (voir aussi Schleburg 2005). May se procurait les données correspondantes à partir de présentations lexicographiques et autres disponibles dans le domaine public. Il est remarquable que May évoque le Caucase comme faisant partie de ses activités (fictives) de voyageur, mais dans aucun de ses récits il ne met en scène le Caucase ni ses langues. Dans le récit mentionné plus haut il écrit :

> Ich befand mich wieder einmal in Damaskus und hatte die Absicht, von da aus über Aleppo, Diarbekr, Erzerum und die russische Grenze zu gehen, um nach Tiflis zu gelangen. Ein Freund von mir, bekannter Professor und Sprachforscher, hatte es verstanden, mich für die kaukasischen Idiome zu interessieren, und ich hielt es, wie das meine Art und Weise stets gewesen ist, für am vorteilhaftesten, meine Studien nicht daheim, sondern an Ort und Stelle zu machen. (May 1892 : 537f.)[91].

Le faible écho que rencontrèrent les recherches sur les langues du Caucase notamment en Russie et en Allemagne se traduit aussi dans le fait que le champ d'étude correspondant ne s'institutionnalisa dans aucune université allemande, ce pourquoi il n'y a pas eu non plus de relève académique spécifiquement formée. Seul l'arménien (particulièrement à travers les travaux de Heinrich Hübschmann (1848-1908)) et de manière complètement isolée le géorgien, rencontrèrent une certaine attention. Les

[91] « Je me trouvais encore une fois à Dama et j'avais l'intention de gagner Tiflis en passant par Alep, Diarbekr, Erzerum et la frontière russe. Un de mes amis, un professeur de linguistique renommé, avait réussi à m'intéresser aux idiomes du Caucase, et, comme cela a toujours été mon habitude, j'ai considéré comme le plus avantageux de poursuivre mes études non pas au retour, mais sur place ».

recherches concrètes sur d'autres langues du Caucase faisaient presque complètement défaut en Allemagne. C'est seulement une trentaine d'années après la mort d'Anton Schiefner que les langues du Caucase bénéficièrent à nouveau d'un coup de projecteur. Cette étape de la caucasiologie est étroitement associée en Allemagne au nom d'Adolf Dirr (1867-1930). Dirr était un cas classique de « savant privé » qui cherchait à gagner sa vie à travers divers emplois. C'est ainsi qu'il exerça entre autres comme professeur dans des écoles du Caucase et qu'il s'imprégna profondément de langues du Caucase. Pendant sa « période caucasienne » (1900-1913) Dirr entreprit une quantité d'études linguistiques et ethnographiques, les premières ayant conservé leur intérêt le plus longtemps. Jusqu'en 1913, Dirr livra des descriptions de neuf langues caucasiennes, et des travaux sur quatre autres s'y ajoutèrent durant la période où il fut le conservateur du Musée National d'Ethnologie à Munich (toutes relevant du domaine de la famille linguistique du caucasien oriental). Ses connaissances linguistiques sur cette aire linguistique, Dirr les rassembla dans son « introduction à l'étude des langues caucasiennes (*Einführung in das Studium der kaukasischen Sprachen,* 1928a). Avec l'attribution de la dignité de docteur honoris causa de l'université de Munich (à la demande du sémitiste Fritz Hommel (1854-1936) et de l'indianiste et comparatiste Ernst Kuhn (1846-1920)), des recherches sur les langues du Caucase reçurent un premier hommage académique en Allemagne. Au début de l'époque soviétique, les recherches relatives au Caucase furent presque interrompues, pour ce qui concerne la collecte de nouveaux matériaux. Faisait exception le linguiste spécialiste du basque Karl Bouda (1901-1979) qui disposait de bons contacts dans le Caucase dans l'entre-deux-guerres et donna accès en Allemagne à des matériaux importants publiés sur place (spéc. Bouda 1933, 1935, 1949). C'est aussi à la période de l'entre-deux-guerres qu'il faut rattacher les travaux de Gerhard Deeters (1892-1961), dont l'intérêt pour le caucasien (particulièrement le géorgien) lui était venu à l'époque de son internement dans un camp de prisonniers de guerre (1914-1917) en tant que citoyen russe. Avec Deeters, devenu en 1935 professeur « ordinaire » de linguistique comparée à l'université de Bonn, un questionnement de caucasiologie (sur le verbe dans les langues kartvéliennes du Caucase méridional) donna lieu à une thèse d'habilitation (Deeters 1930). Son élève Karl-Horst Schmidt (1929-2012), qui occupa aussi une chaire universitaire à Bonn, associa tout comme Deeters des méthodes et questionnements des études indo-européennes avec celle d'une linguistique centrée sur le sud-Caucase et il les plaça dans une perspective catégoriquement diachronique. Cette option s'exprima dans la thèse d'habilitation de Schmidt sur la « reconstruction de l'état phonétique de la langue primitive du sud-Caucase (*Rekonstruktion des Lautstandes der südkaukasischen Grundsprache*, 1962). Ainsi l'université de Bonn offrait pour la première fois à la tradition de la caucasiologie (complétée par les travaux de Johann Knobloch (1919-2010) sur les langues du Caucase occidental) une patrie, même de courte durée, sans toutefois qu'il en découlât une institutionnalisation officielle. Trois disciples de Karl-Horst Schmidt poursuivirent cette tradition avec des centres d'intérêt variés : Roland Bielmeier (1943-2013), exerçant plus tard à Berne, avec sa thèse sur le lexique de base de l'ossète (Bielmeier 1977), Michael Job (*1948), exerçant plus tard à Göttingen, avec sa thèse sur « la comparaison typologique de systèmes phonologiqures ibérocaucasien et indo-européens dans le Caucase » (*Typologischer Vergleich iberokaukasischer und indogermanischer Phonemsysteme im Kaukasus,* Job 1977) et Wolfgang Schulze (*1953) dans sa thèse sur la synchronie et la diachronie de l'oudine (Schulze 1982) et dans sa thèse d'habilitation sur l'état phonétique de la langue primitive (lezghienne) du Caucase du sud-est (Schulze 1988). Indépendamment de cette tradition, Jost Gippert (*1956), finalement détenteur de la chaire de linguistique comparée à l'université de Francfort, se tourna assez tôt vers les études kartvéliennes sur la base de ses recherches indo-européennes et orientalistes. Sa thèse d'habilitation consacrée à « l'étude des emprunts iraniens en arménies et en géorgien (Gippert 1993) en est un témoignage éloquent. Gippert fut le premier à introduire la philologie caucasiologique dans le monde des *Digital Humanities,* tout en participant activement à des travaux sur la l'écriture des manuscrits en vieux géorgien mais aussi sur la documentation linguistique. En même temps il développa systématiquement les relations entre la linguistique à Francfort et des institutions linguistiques en Géorgie et en Arménie, si bien qu'aujourd'hui l'enseignement du géorgien se poursuit à l'université d'Iéna est dans des conditions à peu près comparables.

Une autre évolution se dessina dans l'ancienne RDA, plus exactement d'abord à Berlin (université Humboldt) puis à Iéna. Dans ces deux universités exerçait après la 2e guerre mondiale Gertrud Pätsch (1910-1994), une élève de l'ethnologue Ferdinand Hestermann (1878-1959) qui fut de 1949 à 1950 professeur ordinaire de sciences générales du langage et de la culture à l'université de Iéna. Pätsch soutint sa thèse auprès de Hestermann (encore à Münster à l'époque) sur le thème du « verbe fini dans la traduction en vieux géorgien de l'évangile de Marc » (*Das Verbum Finitum in der altgeorgischen Übersetzung des Markus-Evangeliums*) et se fit connaître à partir de 1960 en particulier dans le domaine des études kartvéliennes. À l'université de Iéna, elle parvint en 1961 à faire reconnaître la spécialité de caucasiologie dont elle prit la direction. De ce fait la caucasiologie allemande obtint sa première et unique représentation institutionnelle. Les relations étroites entre l'université d'Iéna et l'université d'état de Tbilisi devaient favoriser cette évolution. Le profil catégoriquement philologique et focalisé sur le géorgien de la caucasiologie à Iéna sous la férule de Gertrud Pätsch prit une allure plus historico-comparative, incluant d'autres langues du Caucase à l'époque de son successeur Heinz Fähnrich (*1941), qui fut appelé à la chaire de caucasiologie de Iéna en 1986.

Si l'on cherche à résumer le profil des études de caucasiologie en Allemagne entre 1930 et 1970, on peut dégager les traits suivants :

1. Fort rattachement aux études indo-européennes et par ce biais à la linguistique historico-comparative ;
2. Absence de relations avec la slavistique ;
3. Focalisation explicite sur les langues du sud-Caucase (kartvéliennes)
4. Pratiquement pas de prise en compte de traditions modernes de la linguistique générale ;
5. Pas de recherches de terrain ;

6. Pas de programmes de recherches spécifiques (à l'exception des programmes philologiques de Iéna) :
7. Pas de perspective explicitement interdisciplinaire (en dehors de Iéna).

Ce profil changea cependant assez clairement à partir des années 1980, après l'intégration graduelle de paradigmes de recherche sur le modèle nord-américain. En regroupant les profils des principaux protagonistes d'études sur les langues caucasiennes on obtient l'image suivante :

	DOMAINE	AIRE LINGUISTIQUE	INSTITUTION-NALISATION
Güldenstädt	collecte de données / lexique	général	aucune
Pallas	collecte de données / lexique	général	aucune
Klaproth	collecte de données / lexique	général	aucune
Schiefner	premières descriptions linguistiques	Caucase oriental	aucune
[Uslar]	descriptions linguistiques et lexique	Caucase oriental	aucune
Dirr	descriptions linguistiques et lexique	Caucase oriental	aucune
Bouda	intégration de matériaux soviétiques	Caucase oriental	aucune
Deeters	historico-comparatif	Sud-Caucase	études indo-européennes
Schmidt	historico-comparatif	Sud-Caucase	études indo-européennes
Pätsch	philologie	Sud-Caucase	oui
Fähnrich	philologie; historico-comparatif	Sud-Caucase	oui

3. Y a-t-il eu un transfert vers l'Amérique du nord ?

Contrairement à la réception d'autres traditions de recherches, notamment en philologie indo-européenne, on n'enregistre pas de voies de transmission vers l'Amérique du nord du savoir acquis par les recherches en caucasiologie. Jusque dans les années 1950 les langues du Caucase ne retinrent quasiment pas l'attention dans les cercles académiques d'Amérique du nord. Et on ne trouve aucune indication d'une tradition caucasiologique dans les synthèses de l'histoire de la linguistique en Amérique du nord (p.ex. Dinneen & Koerner 1990, Koerner 2002). Il est probable que cet état de chose tenait au fait que les « pères fondateurs » de la linguistique américaine, p.ex. William Dwight Whitney (1827-1894), Franz Boas (1858-1942), Edward Sapir (1884-1939) et Leonard Bloomfield (1887-1949), s'ils étaient en contact avec la « scène » indo-européenne, n'en ont cependant pas été stimulés pour s'occuper des langues du Caucase, ce qui est un peu étonnant dans le cas de Whitney, puisqu'il avait suivi les cours de Franz Bopp à Berlin. En 1913-14 Bloomfield, suivit p.ex. des cours d'August Leskien, Karl Brugmann, Jacob Wackernagel (tous indo-européanistes), Hermann Oldenberg (en indologie) et Friedrich Carl Andreas (en iranistique). Dans les travaux de ces chercheurs, on ne rencontre que très occasionnellement des indices attestant que l'existence des langues caucasiennes ne leur était pas inconnue. Sapir (1912 : 234-235), s'exprime ainsi :

> It is no doubt true that examples may be adduced of harsh phonetic systems in use among mountaineers, as for instance those of various languages spoken in the Caucasus ; (p. 234).
>
> "Fortis" consonants, i. e., stop consonants pronounced with simultaneous closure and subsequent release of glottal cords, are found not only in many languages of America west of the Rockies, but also in Siouan, and in Georgian and other language's of the Caucasus (p. 235)

Malheureusement Sapir ne mentionne aucune source. En revanche dans l'édition britannique de son livre *Language* (1941), Bloomfield se réfère à Nikolaj Marr (1864-1934) et Fedor Braun (1862-1941), quand il écrit (Bloomfield 1941, complément en p. 70 à l'édition de 1933):

La réception des recherches allemandes sur les langues du Caucase continua à être entravée parce qu'elles étaient rédigées essentiellement en allemand ou en russe. À cela s'ajoutait le problème de l'accessibilité de publications de référence et l'éloignement entre l'Amérique du nord et le Caucase, ce qui ne rendait pas attrayante la perspective de missions de recherche dans le Caucase. Un autre facteur tenait au fait que le nombre, à l'époque encore assez important, de langues indigènes satisfaisait largement les appétits de recherche des premiers ethnographes et ethnologues (comme p.ex. du disciple de Boas, Alfred Louis Kroeber (1876–1960). Bref, le paysage linguistique de l'Amérique du nord couvrait les besoins en « langues exotiques ». Et finalement après 1917 un dernier facteur s'est ajouté, celui de l'intégration de la région du Caucase dans la sphère du pouvoir soviétique. Et après 1945, dans le contexte de la Guerre froide cela signifiait que la région du Caucase était quasiment inaccessible aux nord-américains.

Un facteur inverse, qui était moins présent en Allemagne, atténuait les précédents, à savoir la présence ici et là d'immigrés provenant de la sphère soviétique ou antérieurement de la Russie tsariste. Certes ces migrants isolés n'étaient pas comparables aux grandes ethnies de migrants, mais il pouvait tout à fait arriver qu'un linguiste rencontre dans son voisinage le locuteur d'une langue caucasienne.

C'est pourquoi les débuts de la recherche caucasiologique en Amérique du nord restent largement dans l'ombre, car ils sont fortement liés à la *private history* de chercheurs particuliers, qui n'est pas toujours bien connue. L'un des premiers linguistes à s'être occupé de langues du Caucase était le néerlandais Aert Kuipers (1919-2012), dont la thèse à la Columbia University était intitulée *Contribution to the analysis of the Qabardian language* (Kuipers 1951). Après son retour à Leyde (en 1960) il contribua décisivement à faire de l'université de Leyde le centre de la linguistique des langues du Caucase occidental en Europe. Malheureusement j'ignore ce qui a motivé Kuipers à explorer le kabarde. En Amérique du nord la réception de ses travaux sur cette langue est restée pratiquement nulle (contrairement à ses travaux sur les langues indigènes squamish et shuswap). Robert Austerlitz (1923–1994) a été un autre représentant de ces études : rattaché à la Columbia University, il donna cependant un cours comme *visiting professor* à Berkeley dans l'année universitaire 1968-69 sur les langues de l'Eurasie septentrionale qui incluait une section sur les langues du Caucase. Il ne faut pas oublier John Cunnison "Ian" Catford (1917–2009), angliciste à l'universté du Michigan de

1964 à 1985, mais qui acquit aussi une grande réputation comme phonéticien. De ce point de vue, Catford se distingue clairement de la vision adoptée en Allemagne : il ne s'agit plus de questionnements diachroniques, mais de descriptions purement synchroniques. Catford a étendu cette perspective dans sa célèbre contribution *Ergativity in Caucasian Languages* (Catford 1974) à un mode d'analyse typologique qui n'était guère représentée jusqu'à cette date en Allemagne (sous une forme primitive) que par Gerhard Deeters (1930) et occasionnellement par Karl-Horst Schmidt. L'ouvrage de Catford en 1974 montre qu'à cette époque une certaine ouverture en direction de l'Union soviétique avait eu lieu. Il pouvait p.ex. prendre appui sur des matériaux géorgiens et russes publiés en Union soviétique. Ce qui manque cependant dans cet ouvrage, c'est la prise en compte de matériaux publiés en allemand.

On doit à la période de réchauffement des relations entre les USA et l'Union soviétique, l'institution de l'*International Research & Exchanges Board* (IREX) en 1968, auquel s'associèrent côté américain l'*American Council of Learned Societies*, la *Ford Foundation*, le *Social Science Research Council* et le ministère américain des affaires étrangères. Dans le cadre de ce programme une série de linguistes purent partir en mission d'études en Union soviétique. La plupart d'entre eux étaient des slavistes ou avaient une formation en slavistique. Tbilisi constituait une solution de rattrapage pour certains des étudiants qui voulaient en fait étudier à Leningrad ou à Moscou. L'un d'entre eux était Howard Aronson (*1936) de l'université de Chicago qui, à son retour à Chicago, devint rapidement le « grand seigneur » du géorgien aux USA, ce qui permit à l'université de Chicago de se développer rapidement comme l'un des centres d'études caucasiologiques. Les programmes correspondants furent rattachés au Department of Slavic Languages & Literatures, qui s'étendit à une composante « caucasiologique » avec l'arrivée d'Howard Aronson en 1962. Aronson exerça plus comme enseignant du géorgien que comme chercheur en linguistique, ce qui eut pour effet qu'à cette époque certains des étudiants acquirent une compétence linguistique remarquable en géorgien. Parmi ceux-ci il y avait notamment Dee Ann Holisky (*1950?), qui était partie en mission en Géorgie en 1974 dans la cadre du programme IREX et soutint une thèse sur des questions concernant le verbe en géorgien (Holisky 1981). Elle acquit une plus grande réputation avec une étude approfondie de patrons syntaxiques en batsbi (tsova-touch), une langue du Caucase oriental (du groupe nakh), puisant dans les publications de Schiefner (1865), cf. Holisky (1987). Dans le même contexte de Chicago, on trouve Victor Friedman (*1949) qui a étudié en Union soviétique en 1969 dans le programme IREX, mais pas dans le Caucase. Friedman a appris le géorgien auprès de Howard Aronson, mais n'a pas poursuivi en caucasologie (au profit de ses études en balkanologie) jusqu'au jour où, revenu au début des années 1980 dans sa ville de résidence Chapel Hill en Caroline du nord, il a fait la connaissance d'une émigrée lak (Eleonora Magomedova) et est ainsi entré en contact avec une langue du Caucase oriental. Actuellement Friedman doit être certainement considéré comme le meilleur connaisseur de cette langue en occident. Kevin Tuite (*1954) est également à considérer comme un disciple d'Aronson, il a soutenu sa thèse en 1988 à Chicago sur la question du *Number agreement and morphosyntactic orientation in the Kartvelian languages* et il est certainement l'un des connaisseurs les plus fins non seulement du géorgien, mais aussi de l'ethnologie de la Géorgie. Tuite constitue un exemple typique de l'importation de traditions caucasiologiques américaines en Allemagne, car il a occupé de 2011 à 2014 la chaire ce caucasiologie à l'univertié d'Iéna.

La slaviste Johanna Nichols (*1945) de l'université de Berkeley a également participé au programme IREX, elle a étudié en 1979 en Géorgie et elle y est entrée en contact avec des locuteurs de l'ingouche, une langue sœur du tchétchène. Nichols est assurément l'une des linguistes les plus talentueuses de notre temps, dont les travaux de recherche portent sur des questions qui dépassent le domaine des langues nakh du Caucase oriental. Elle peut cependant être considérée comme une caucasiologue et avec Alice Harris elle est de ceux qui ont le mieux pris en compte les travaux de chercheurs allemands sur les langues du Caucase. Alice Harris (*1947), étudiante à l'époque à Harvard, avait également bénéficié du programme IREX et avait étudié en Géorgie avec Dee Ann Holisky. Elle est restée attachée aux langues du Caucase plus encore que Johanna Nichols. En marge de ses études copieuses sur le géorgien elle s'est intéressée surtout à l'udi déjà exploré par Schiefner (1863) et Dirr (1904, 1928b), une langue du caucasien oriental qui est également l'objet d'étude central de Wolfgang Schulze (université de Munich).

Dans ce bref aperçu on n'a naturellement pas pu évoquer les noms de tous ceux qui, directement ou indirectement, se sont occupés en Amérique du nord du monde des langues caucasiennes ou qui s'en occupent actuellement (p.ex. Maria Polinsky, maintenant à l'university of Maryland (typologie), Bernard Comrie, university of Southern California (typologie) ou John Colarusso (McMaster University Hamilton, Ontario, spécialisé dans les langues du Caucase occidental). Le trait commun à presque tous ces chercheurs, c'est qu'ils adoptent une approche moins philologique des langues du Caucase, mais sont plutôt intéressés par la découverte de données dans ces langues en vue d'analyses et de modélisations plus globales, qu'elles concernent une grammaire universelle ou la typologie fonctionnelle des langues. La composante historique est également assez peu représentée et ne s'exprime guère que dans les travaux de Nichols, Harris et surtout Colarusso. Ce qu'offrent les études caucasiologiques en Amérique du nord, Allemagne (et Europe) est donc moins une poursuite critique de traditions de recherches allemandes (ou européennes), mais l'introduction de perspectives complémentaires qui étaient quasiment inconnues en Allemagne jusque dans les années 1970.

4. Bilan

Les brèves références dans les deux premières sections indiquent que la caucasiologie a certes une longue histoire en Allemagne – pour autant qu'on puisse parler d'une véritable discipline – qui remonte jusqu'au 18e siècle, mais qui n'a développé en fin de compte aucun programme de recherche plus vaste ni des paradigmes scientifiques correspondants. Jusqu'au 20e siècle, le fait que de nombreux explorateurs des langues du Caucase soient venus de l'espace linguistique allemand ou de l'ethnie allemande ne justifie guère l'hypothèse d'une tradition systématique propre à combler des lacunes dans les connaissances déjà acquises dans le milieu des langues caucasiennes et d'en dériver de nouveaux questionnements. Seule la projection des questionnements historiques venant des méthodes et modèles des indo-européanistes peut être considérée comme une idée unificatrice en Allemagne entre 1850 et 1970. Pour ce qui concerne les deux grandes langues écrites, le géorgien et l'arménien, il faut ajouter le facteur philologique de l'exploration des textes, ce qui contribua de manière décisive à élucider des histoires linguistiques et culturelles locales.

La raison pour laquelle en dépit de conditions initiales très favorables, l'Allemagne n'a pas modelé une caucasiologie *sui generis* est certainement à mettre en relation avec le fait que « l'espace d'expérience du Caucase » était volontiers considéré, spécialement en Allemagne jusque dans les cercles académiques comme une dépendance de la Russie et que par suite les langues de cet espace avaient quelque chose à voir avec les langues slaves comme objets d'études autonomes. En outre la question de la délimitation restait toujours ouverte : par *langues caucasiennes* fallait-il entendre toutes les langues représentées dans le Caucase (y compris les « langues de migration », l'arménien, l'ossète, ou les représentants des langues turques, plus tard le russe, etc.) ? Ou bien la notion ne couvrait-elle que les langues autochtones du Caucase (ce qui débouchait immanquablement sur le problème de la détermination de ce qu'« autochtone » signifiait en fin de compte) ? Le caractère flou de la notion de langues caucasiennes fut renforcé plus tard par un facteur qui ne semble pas avoir joué un rôle important en Allemagne : l'anatomiste et anthropologue Johann Friedrich Blumenbach (1752-1840) avait créé la notion de « variété caucasienne » (donc une race), qui devint rapidement un synonyme de « blanc ». Blumenbach justifiant ainsi le choix de la désignation (Blumenbach 1795a : 204, voir aussi Blumenbach 1798 : 213) :

> Nomen huic varietati a Caucaso monte, tum quod vicinia eius et maxime quidem australis plaga pulcherrimam hominum stirpem, Georgianam foveat *s)*; tum quod et omnes physiologicae rationes in eo conspirent, in

> eandem regionem, si uspiam, primos humani generis avtochthones verisimillime ponendos esse.[92]

Blumenbach part donc des géorgiens comme prototype de cette *varietas* et fait ici référence dans une note (avec une fausse pagination) à la traduction d'un passage de la relation très connue à l'époque de l'explorateur orientaliste français Jean Chardin (1643-1713) sur ses *Voyages* (...) *en Perse et autres lieux de l'Orient* (Chardin 1711). Voici le passage original (Chardin 1711 : 123) :

> Le sang de *Georgie* est le plus beau de l'Orient, & je puis dire du monde. Je n'ai pas remarqué un visage laid en ce païs-là, parmi l'un & l'autre sexe : mais j'y en ai vû d'Angeliques. La nature y a répandu sur la plûpart des femmes des graces, qu'on ne voit point ailleurs.

La notion de race caucasienne très appréciée surtout au 19e siècle est donc finalement à mettre sur le compte de la galanterie d'un Jean Chardin qui faisait écho au premier enthousiasme pour l'Orient en France, lequel débuta vers 1669 et atteignit son apogée au début du 18e siècle (cf. Duprat 2010 : 229, Osterhammel 1998 : 32). C'est surtout en Amérique du nord que la catégorisation anthropologique associée à cette notion (*Caucasian* = *White*) s'est maintenue, ce pourquoi le terme *Caucasian languages* tomba ensuite en disgrâce et fut remplacé régulièrement par *languages of the Caucasus*. De ce fait, le flou de la notion évoqué plus haut se renforça et convenait peu pour servir de point de départ pour la dénomination d'une discipline.

On constate donc finalement que les traditions de la caucasiologie allemande n'avaient pas grand-chose à offrir au monde académique de l'Amérique du nord. Il manquait un programme d'ensemble ou un questionnement généralisé qui porterait sur les langues du Caucase, de même qu'on s'efforçait à peine d'orienter l'analyse et l'interprétation de données provenant de langues caucasiennes en tenant compte de modèles linguistiques plus généraux. À elles seules la documentation sur les langues et la

---

[92] « Cette race doit son nom à la montagne du Caucase parce que les pays avoisinants et spécialement la bande en direction du sud, sont habités par la plus belle famille humaine, celle des Géorgiens, et parce que tous les traits physiologiques y convergent de telle sorte qu'on ne pourrait chercher ailleurs la patrie des premiers hommes ».

perspective philologique ou historico-comparative auraient pu avoir un effet stimulant, s'il n'y avait pas eu simultanément le problème des barrières linguistiques. En Amérique du nord, il n'y a eu d'abord presque aucune réception des matériaux allemands (et français), de sorte qu'on peut presque parler d'une variante nord-américaine indépendante des traditions caucasio-logiques de l'Europe centrale. En revanche la recherche nord-américaine sur les langues du Caucase s'est soumise très rapidement à des paradigmes plus globaux de la théorie linguistique et grammaticale. S'il s'agissait initialement de tentatives hésitantes d'adoption de principes génératifs, le gros des études passa rapidement dans le camp des fonctionnalistes et des typologues, et récemment des tenants de la linguistique cognitive. Simultanément, on observe une tendance à l'intrication avec l'ethnolinguistique et l'ethnologie, laquelle fait étonnamment défaut jusqu'à ce jour en Allemagne. Mais il manque encore largement un ancrage institutionnel à ce large éventail de recherches nord-américaines sur les langues du Caucase, tout comme en Allemagne. La transmission des langues caucasiennes et l'entraînement à des analyses scientifique dépendent plus ou moins du bon vouloir de chaque enseignant, comme en Allemagne (à l'exception de Iéna). Aucun profil de recherches n'a donc encore émergé en Amérique du nord pour ce qui concerne les langues du Caucase.

Les répercussions des traditions de recherche actuelles de l'Amérique du nord sur les recherches en Allemagne sont certainement considérables. En ce qui concerne les méthodes et les questionnements, on peut parler en un certain sens d'une américanisation de la caucasiologie allemande. Cela concerne avant tout l'adoption de procédés descriptifs et de questionnements de la typologie des langues et de la *Basic Linguistic Theory* (Dixon 2009), la reprise de terminologies correspondantes et avant tout l'accent mis sur des projets dans le contexte de la *language documentation*, voire de programmes de *language revitalization.* Les vastes efforts récents d'intégration de données caucasiennes dans l'univers des *Digital Humanities* (voir spéc. Jost Gippert à Francfort) sont à considérer à cette lumière.

Actuellement le noyau des études caucasiologiques se déplace de plus en plus vers la Russe, particulièrement à Moscou, tandis que les recherches locales s'accroissent notablement, particulièrement en Géorgie et en Arménie, mais aussi en Azerbaïdjan. De nouveaux centres de compétence s'y constituent, qui vont probablement profiter des deux voies d'évolution, celle de l'Europe centrale et celle de l'Amérique du nord et qui vont peut-être contribuer à ce que les recherches caucasiologiques, aussi bien en Allemagne (et dans toute l'Europe centrale) qu'en Amérique du nord deviennent progressivement partie intégrante de l'histoire scientifique de la caucasiologie, compte tenu d'un ancrage institutionnel défaillant.

Traduit de l'allemand par Jacques FRANÇOIS

Bibliographie

ADELUNG, Johann Christoph & VATER, Johann Severin (1806-17), *Mithridates oder allgemeine Sprachenkunde - mit dem Vater Unser als Sprachprobe in bey nahe fünf hundert Sprachen u. Mundarten.* Berlin: Voss.

ADLER, Jacob Georg Christian (1782), *Museum Cuficum Borgianum velitris.* Romae: Antonius Fulgonius.

ALTER, Franz Carl (1798), *Über georgianische Litteratur.* Wien: von Trattnern.

DUPRAT, Anne (2010), Muslim Heroes in Early Modern French Literature: Inventing History. Gabriele Haug-Moritz & Ludolf Pelizaeus.(Hrsg.), *Repräsentationen der islamischen Welt im Europa der Frühen Neuzeit*, 221-235. Münster : Aschendorff.

AUCH, Eva-Maria (2010), Die Einladung deutscher Funktionseliten, Handwerker und Bauern im Kontext russischer Kolonialpolitik am Beispiel Südkaukasiens. Matthias Theodor Vogt, Jan Sokol, Sienter Bingen, Jürgen Neyer, Albert Löhr (Hrsg.), *Der Fremde als Bereicherung*, 151-182. Frankfurt a.M. etc. : Peter Lang.

BIEBERSTEIN, Friedrich August von (1808-1819), *Flora taurico-caucasica exhibens stirpes phaenogamas : in Chersoneso Taurica et regionibus caucasicis sponte crescentes.* 3 vols. Charkouiae : Typis Academicis,1808-19.

BIELMEIER, Roland (1977), *Historische Untersuchung zum Erb- und Lehnwortschatzanteil im ossetischen Grundwortschatz*. Frankfurt a. M.: Peter Lang.

BLUMENBACH, Johann Friedrich (1795), *De generis humani varietate nativa. Editio tertia. Praemissa est epistola ad virum perillustrem Iosephum Banks*. Göttingen : Vandenhoek & Ruprecht.

BLUMENBACH, Johann Friedrich (1798), *Über die natürlichen Verschiedenheiten im Menschengeschlechte. Nach der dritten Ausgabe und den Erinnerungen des Verfassers übersetzt, und mit einigen Zusätzen und erläuternden Anmerkungen herausgegeben von Johann Gottfried Gruber*. Leipzig : Breitkopf und Härtel.

BOPP, Franz (1847), *Die kaukasischen Glieder des indoeuropäischen Sprachstamms* gelesen in der Königlichen Akademie der Wissenschaften am 11. December 1842. Berlin 1847 : Dümmler.

BOUDA, Karl (1935), *Tschetschenische Texte*. Berlin : Mitteilungen des SOS Berlin.

BOUDA, Karl (1939), Beiträge zur Kenntnis des Udischen auf Grund neuer Texte. *WZKM* 93 : 60-72.

BOUDA, Karl (1949), *Lakkische Studien*. Heidelberg : Winter.

CATFORD, John C. (1974), *Ergativity in Caucasian Languages*. Ann Arbor: University of Michigan, Dept. of Linguistics.

CHARDIN, Jean (1711), *Voyages de Monsieur le chevalier Chardin en Perse et autres lieux de l'Orient*. Tome 1. Amsterdam : J. L. de Lorme.

DEETERS, Gerhard (1930), Das kharthwelische Verbum. Vergleichende Darstellung des Verbalbaus der südkaukasischen Sprachen. Leipzig : Kommissionsverlag von Markert und Petters.

DINNEEN, Francis & Koerner, E.F.K.. (eds.) (1990), *North American Contributions to the History of Linguistics*. Amsertdam/Philadelphia: Benjamins.

DIRR, Adolf (1904), Grammatika udinskogo jazyka. *SMOMPK* XXXIII:1-101.

DIRR, Adolf (1928a), *Einführung in das Studium der kaukasischen Sprachen mit einer Sprachenkarte*. Leipzig : Asia major.

DIRR, Adolf (1928b), Udische Texte. *Caucasica* 5 : 60-72.

DIXON, R.M.W. (2009), *Basic Linguistic Theory*. Volume 1: Methodology. Oxford : Oxford University Press.

DUMAS, Alexandre 1859 [2006], *Le Caucase. Impressions de voyage*. Montreal : Le Joyeux Roger.

EICHWALD, Eduard (1834-37), *Reise auf dem Caspischen Meer und in den Kaukasus*, unternommen in den Jahren 1825–26. 2 Bände. Stuttgart : Cotta.

ELLIS, George (1788), *Memoir of a Map of the Countries comprehended between the Black sea and the Caspian: with an Account of the Caucasian Nations and Vocabularies of their Languages.* London: Edwards.

ENGELHARDT, Moritz von & Parrot, Friedrich von (1815), *Reise in die Krym und den Kaukasus mit Kupfern und Karten*, 2 Teile. Berlin : Realschulbuchhandlung.

GES(S)NER, Conrad (1555), *Mithridates. De differentiis linguarum tum veterum tum quae hodie apud diversas nationes in toto orbe terrarum in usu sunt observationes.* Zurich : Froschoverus.

GÜLDENSTÄDT, Johann Anton (1791), *Reisen durch Rußland und im Caucasischen Gebürge*, herausgegegeben von P.S. Pallas. Zweyter Theil. St. Petersburg : Kayserliche Akademie der Wissenschaften.

HAASS, Frédéric-Joseph de (1811), *Ma visite aux eaux d'Alexandre en 1809 et 1810*, Moscou: Vsevoložskogo.

HOLISKY, Dee Ann (1981), *Aspect and Georgian medial verbs.* Delmar, N.Y. : Caravan Books.

HOLISKY, Dee Ann (1987), The Case of the Intransitive Subject in Tsova-Tush (Batsbi). *Lingua* 71 : 103-132.

JOB, Michael Dieter (1977), *Probleme eines typologischen Vergleichs iberokaukasischer und indogermanischer Phonemsysteme im Kaukasus.* Frankfurt a. M. : Peter Lang.

KLAPROTH, [Heinrich] Julius von (1812-14), *Reise in den Kaukasus und Georgien in den Jahren 1807 und 1808.* zwei Bände. Halle: Hallisches Waisenhaus.

KOERNER, E.F.K. (2002), *Toward a History of American Linguistics*. New York : Rotledge.

KUIPERS, Aert H. (1951), *A contribution to the analysis of the Qabardian language*. PhD dissertation Columbia University.

LYALL, Robert (1825), *Travels in Russia, the Krimea, the Caucasus,* and Georgia. London : Cadell.

MAY, Karl (1892), *Gesammelte Reiseromane* Bd. VI : Der Schut. Freiburg : Friedrich Ernst Fehsenfeld.

MORPURGO DAVIES, Anna (1998), *Nineteenth-Century Linguistics.* London/New York: Longman.

OSTERHAMMEL, Jürgen (1998), *Die Entzauberung Asiens: Europa und die asiatischen Reiche im 18. Jahrhundert*. München : Beck.

PALLAS, Peter Simon (1786). *Linguarum totius orbis vocabularia comparativa. Augustissimae cura collecta. Sectionis primae, Linguas Europae et Asiae complexae*, pars prior. Petropolo: Iohannes Carolus Schnoor.

PAOLINI, Stefano (1629), *Dittionario Georgiano e Italiano - con l'aiuto del M.R.P.D. Niceforo Irbachi Giorgiano*. Roma : Sac. Congreg. de Propaganda Fide.

PARROT, Johann Jacob Friedrich Wilhelm (1834), *Reise zum Ararat. Th. 1-2, unternommen in Begleitung der Herren Candidaten der Philosophie Wassili Fedorov, Stud. der Minaralogie Maximil. Behaghel von Adlerskron, Studiosen der Medicin Julius Hehn und Karl Schiemann.* Berlin : Haude & Spener.

SAPIR, Edward (1912), Language and Environment. *American Anthropologist* 14 : 227-242.

SCHIEFNER, Anton (1856), *Versuch über die Thusch-Sprache oder die Khistische Mundart in Thuschetien.* St. Petersburg: Kaiserliche Akademie der Wissenschaften.

SCHIEFNER Anton (1863), *Versuch über die Sprache der Uden*. St. Petersburg: Kaiserliche Akademie der Wissenschaften.

SCHLEBURG, Florian (2005), "A very famous pleasure!" Sprachwissen und Sprachwissenschaft bei Karl May. *Jahrbuch der Karl-May-Gesellschaft* 2005 : 249–292.

SCHMIDT, Karl-Horst (1962), Studien zur Rekonstruktion des Lautstandes der südkaukasischen Grundsprache. Mainz : Deutsche Morgenländische Gesellschaft.

SCHULZE, Wolfgang (1982), *Die Sprache der Uden in Nordazerbaidzan. Studien zur Synchronie und Diachronie einer süd-ostkaukasischen Sprache.* Wiesbaden : Harrassowitz.

SCHULZE, Wolfgang (1988), *Studien zur Rekonstruktion des Lautstandes der südostkaukasischen (lezgischen) Grundsprache.* Habilitationsschrift Universität Bonn.

TRABANT, Jürgen (2003), *Mithridates im Paradies. Kleine Geschichte des Sprachdenkens*. München: Beck.

TUITE, Kevin (1988), *Number agreement and morphosyntactic orientation in the Kartvelian languages*. Munich : Lincom Europa.

VILLOTTE, Jacobus (1714a), *Dictionarium novum latino-armenium : ex praecipuis armeniae linguae scriptoribus concinnatum.* Romae : Sac. Congreg. De Propaganda Fide.

VILLOTTE, Jacobus (1714b), *Commentarius in Evangelia, Mekknič' Srboy Awetaranin.* Roma : Sacra Congregatio de Propaganda Fide.

VILLOTTE, Jacques (1730), *Voyages d'un missionnaire de la Compagnie de Jésus en Turquie, en Perse, en Arménie, en Arabie et en Barbarie.* Paris : J. Vincent.

Wolfgang SCHULZE
Linguistique générale et typologique
Université de Munich, Geschwister-Scholl-Platz 1
D-80539 Munich
Wolfgang.Schulze@lmu.de

Linguistique et psychologie

Wundt au cœur d'un débat entre Sechehaye et Saussure

Abstract

Known today as the coeditor (with Charles Bally and Albert Riedlinger) of Saussure's posthumous *Cours de linguistique générale* (1916) as well as author of the recently published *Collation Sechehaye*[93], the name of Sechehaye has been associated so tightly to Saussure's one that the historiography of linguistics still interprets Sechehaye's work through the lens of the reconstructed theories of Saussure. How could this confusion happen ? As for the moment there is no global answer to this question implying different levels (personal, theoretical, historical), my purpose in this paper is to outline one problematic treated by both. On the background of the "experimental psychology" of Wilhelm Wundt, whose laboratories spread all over Europe starting from the end of the 19th century on, I will unveil the convergence and divergence between the two linguists about the delimitation of linguistics and psychology. First I will briefly remind the importance of the university of Leipzig, as well in psychology as in linguistics. I will then present the reception of Wundt by Sechehaye in *Programme et méthodes de la linguistique théorique* (1908) before commenting the reflexions of Saussure about the book that Sechehaye dedicated to him. Following this polyphonic dialogue (Sechehaye about Wundt on one side and Saussure about Sechehaye on the other), the respective positions of the two linguists about the delimitation of linguistics and psychology should be clarified.

[93] *La "Collation Sechehaye" du 'Cours de linguistique générale' de Ferdinand de Saussure*, ed. by Estanislao Sofia (Leuven : Peeters, 2015). The transcription of the *Collation* shows how carefully Sechehaye operated in his compilation of the student's notes of Saussure's lectures.

> Linguistique et psychologie : cependant la linguistique ne peut pas s'absorber et se résoudre dans la psychologie comme le prétend Wundt. La psychologie s'est fait une province agréable en linguistique mais elle ne lui a pas rendu de grands services (Saussure, janvier 1907, 2)

La délimitation de la linguistique par rapport aux sciences connexes et en particulier par rapport à la psychologie, discipline alors en plein essor, devient un sujet à l'ordre du jour dans la communauté scientifique européenne dès le milieu du XIXe siècle. En 1900, la publication de deux volumes consacrés à la langue par Wilhelm Wundt, déjà célèbre pour ses travaux en psychologie expérimentale, pousse linguistes, philosophes et psychologues à prendre position à l'égard de sa "psychologie des peuples" (*Völkerpsychologie*). Fournissant un cas intéressant à l'historiographe qui souhaite explorer la circulation des savoirs à l'aube du XXe siècle, le rapport entre les deux sciences, psychologie et linguistique a été étudié de façon panoramique pour l'Allemagne il y a trente ans déjà par Knobloch[94]. Cette problématique n'a rien perdu de son intérêt si l'on considère le développement des sciences cognitives, comme le soulignait Amacker il y a plus de vingt ans dans un article consacré à Saussure et la psychologie[95]. Aussi ne s'étonnera-t-on pas de voir apparaître les noms de Saussure et de Sechehaye dans la somme érudite que William Levelt a consacrée à l'histoire de sa discipline, la psycholinguistique (Levelt 2013).

Notre propos se limitera à mettre en lumière un cas particulier de la réception de Wundt. C'est au début de l'année 1908 que paraît l'ouvrage programmatique du linguiste Albert Sechehaye, dont le sous-titre *Psychologie du langage* laisse pressentir une prise de position envers Wundt. Ferdinand de Saussure, à qui le livre est

---

[94] Knobloch 1988 propose un panorama des conceptions de la linguistique psychologique en Allemagne de 1850 à 1920. Elffers 1991 a analysé la conception du couple sujet-prédicat, au cœur des débats entre linguistique et psychologie, aux 19e et 20e siècles.

[95] Amacker 1994 : 3-13. Cf. également Bergounioux 1995 et en dernier lieu Testenoire 2018.

dédicacé, a rédigé des remarques critiques sur la démarche de son ancien étudiant. La confrontation des positions respectives des deux Genevois par rapport aux hypothèses de Wundt en particulier et à la psychologie en général devrait révéler l'importance du débat à l'heure où on est en pleine quête du statut institutionnel et épistémologique de la linguistique[96].

1. Leipzig, foyer de la psychologie expérimentale et haut lieu de la linguistique indo-européenne

1.1. Le rayonnement de Wundt

Médecin de formation, Wilhelm Wundt se spécialise rapidement en physiologie et devient l'assistant de Hermann von Helmholtz à Heidelberg où il obtiendra une chaire d'anthropologie et de psychologie médicale et où il enseigne la *psychologie du point de vue des sciences naturelles* dès 1862. C'est dans la décennie qui suit qu'il prépare un premier programme de *psychologie expérimentale* intitulé *Éléments de psychologie physiologique* (1873). Parallèlement à ses nombreuses publications dans le domaine de la physiologie, de la psychologie, de la neurologie, de la physique, Wundt rédige des ouvrages philosophiques, une *Logique* (1880), une *Éthique* (1886), un *Système de la philosophie* (1889) et sera appelé à Zurich à une chaire de philosophie inductive (1873-1875)[97] avant d'être finalement nommé à Leipzig à une chaire de philosophie (1875-1917): c'est là qu'il fonde en 1879 l'*Institut de psychologie expérimentale* incluant un laboratoire de psychologie expérimentale, assidûment fréquenté par de nombreux étudiants de tous les pays, européens tels Husserl ou Durkheim, américains comme Sapir, Bloomfield, William James ou encore russes comme Bechterew ou Vigotski[98]. En ce qui concerne la réception de Wundt, du reste peu étudiée de façon systématique en ce qui concerne la linguistique, deux de ses anciens élèves, le Normand Benjamin Bourdon (1860-

[96] Sur le statut institutionnel de la linguistique en Suisse, cf. les intitulés des chaires dans les universités dans Fryba 2013.

[97] Sur l'esprit d'innovation régnant alors à Zurich, cf. Fryba 2013 : 105-111.

[98] La liste des doctorants de Wundt figure dans Tinker 1932.

1943) et le Genevois Théodore Flournoy (1854-1920), occupent une place particulière dans le contexte de la circulation du savoir et plus précisément du transfert des laboratoires de psychologie expérimentale depuis l'Allemagne vers la France d'une part et vers la Suisse d'autre part. Sur la recommandation de Théodule Ribot (1839-1916), Bourdon s'est rendu chez Wundt en 1886, en passant par Heidelberg où il suit des cours d'Osthoff avant d'arriver à Leipzig où il participera aux expériences du laboratoire de psychologie et suivra également les cours du comparatiste Brugmann. Dédicacée au pédagogue Henri Marion, sa thèse de doctorat (*L'expression des émotions et des tendances dans le langage*, 1892) lui ouvrira la voie académique et c'est à Rennes qu'il fondera en 1896 un laboratoire de psychologie et de linguistique expérimentales avec la collaboration des celtisants Loth et Dottin : il s'agit du premier laboratoire associant psychologues et linguistes, comme le souligne Levelt[99]. Théodore Flournoy, quant à lui, a fait des études de médecine, d'histoire et de philosophie des sciences sous la direction de Wundt avant d'être nommé à Genève à une chaire de psychologie expérimentale en 1891, la même année que son parent Ferdinand de Saussure, qu'il avait peut-être côtoyé lors de leurs séjours à Leipzig, est nommé à la chaire d'histoire et de comparaison des langues indo-européennes. Avec la fondation du laboratoire de psychologie, Flournoy va étudier les phénomènes de synopsie ou 'audition colorée' avec l'aide d'un jeune assistant, Edouard Claparède qui consignera les réponses des personnes

---

[99] Levelt 2013 : 146-148. On consultera le site en ligne "Benjamin Bourdon" établi par Serge Nicolas et Christophe Quaireau. Bourdon sera un collaborateur régulier des deux grandes revues de psychologie en France, le *Journal de psychologie normale et pathologie* (1904-1986) fondé par Pierre Janet, professeur au Collège de France (1859-1947) et par Georges Dumas (1866-1946), tous deux anciens élèves de Théodule Ribot et l'*Année psychologique* (1892-) fondée par Alfred Binet (1847-1911). C'est dans la revue fondée par Théodule Ribot, la *Revue philosophique de la France et de l'Etranger* (1876-) qu'on trouvera deux comptes rendus du *Cours de linguistique générale* de Ferdinand de Saussure, le premier est signé Bourdon, le second Sechehaye. Relevons qu'un des derniers numéros de la *Revue philosophique* (2017/4) est consacré au philosophe Franz Brentano, père de la *psychologie empirique* et farouche opposant à la *psychologie expérimentale* de Wundt.

testées, dont Ferdinand de Saussure[100]. S'il est vraisemblable que, dès son séjour à Leipzig (1876-1878), le jeune étudiant en philologie classique et indo-européenne ait entendu parler de Wundt, un des savants le plus productif au monde de son époque, il est tout aussi peu probable qu'il se soit égaré dans les cours de philosophie, de psychologie ou d'anthropologie du père de la psychologie expérimentale.

1.2. Le choix de Leipzig (1876-1878)

Accompagné par son père qu'il avait réussi à persuader du sérieux de son intérêt pour la linguistique indo-européenne, le jeune Saussure s'était rendu à Leipzig pour profiter de l'enseignement des meilleurs savants de son époque[101]. C'est dans ce milieu propice à l'étude qu'il honorera au-delà des espérances la promesse faite à son père en rédigeant, pendant ce séjour, le *Mémoire*[102] qui le rendra célèbre dans le monde des indo-européanistes. Dans ses souvenirs, Saussure commence par reconnaître l'importance de l'université de Leipzig comme "le principal centre, pendant les années 1876 et 1877, d'un mouvement scientifique qui eut d'heureuses conséquences pour la linguistique indo-européenne" avant d'ajouter que le choix de Leipzig serait plutôt dû "*au hasard*, simplement parce que mes amis de Genève : Lucien Gautier, Raoul Gautier, Edmond Gautier et Edouard Favre, y poursuivaient leurs études, partiellement dans les facultés de théologie et de droit. Mes parents préféraient, comme je n'avais que 18 ans et demi, une ville étrangère où je serais entouré de compatriotes"[103].

---

100 Cf. Joseph 2012 : 392-397. Edouard Claparède (1873-1940), cousin, élève puis collaborateur de Théodore Flournoy, est célèbre pour son ouvrage *Psychologie de l'enfance et pédagogie expérimentale*, paru en 1905.

101 Joseph 2012 : 184-192.

102 Le *Mémoire sur le système primitif des voyelles dans les langues indo-européennes* a été imprimé en décembre 1878 et publié à Leipzig chez Teubner. Sur la date de 1879, cf. Joseph 2012 : 221-225.

103 Saussure 1960 : 15 et 20n. Cf. également les lettres de Leipzig publiées dans le *Cahier de l'Herne* consacré à Saussure ainsi que le chapitre concernant Leipzig dans Joseph 2012 : 184-199. Jäger 2018 vient de retracer le parcours théorique de Saussure à Leipzig.

À quelle date Saussure a-t-il pris connaissance des travaux de Wundt sur la langue ? D'après le répertoire établi par Gambarara, le livre du psychologue leipzigois ne se trouve pas dans les rayons de la bibliothèque du linguiste genevois et son nom n'apparaît qu'à deux occasions : dans le premier cours de linguistique en janvier 1907 et dans les notes concernant le livre de Sechehaye[104].

1.3. La lettre de recommandation à Brugmann (1893)

Dix-sept ans après le séjour de Saussure à Leipzig, le maître confie à un jeune auditeur genevois souhaitant approfondir ses connaissances dans le domaine des "particularités syntactiques" des langues indo-européennes une lettre de recommandation adressée à Karl Brugmann[105].

> Geehrte Colleg (*sic*) und lieber Freund,
>
> Erlauben Sie mir meinen zweijährigen Schüler, Herrn Albert Sechehaye (licencié ès-lettres de l'Université de Genève) an Sie zu empfehlen.
>
> Seine Absicht in Leipzig ist nicht gerade indogermanische Forschung weiter zu treiben, sondern einerseits die classischen Sprachen etwas tiefer im Allgemeinen zu studieren, andererseits und speziell, die *syntactischen* Eigenheiten dieser Sprachen auf dem Grunde indogermanischer Ergebnissen (*sic*), oder überhaupt auf dem Grunde einer historischen Methode, ergründen zu können.
>
> Es war fast allein die Ankündigung Ihrer Vorlesung über lateinische Syntax, die Herrn Sechehaye nach Leipzig bewegte, so dass es mir auch von voraus erlaubt und geeignet schien, denselben an Sie ganz besonders zu richten.
>
> Die einzige indogermanische Sprache, die Herr Sechehaye ausser griechisch und lateinisch kennt, ist Sanskrit ; er möchte seine Sanskritstudien fortführen und vervollständigen – als Punkt ausserhalb der classichen Sprachen – ohne desshalb über die ganze Familie zu schweifen zu haben.
>
> Besten Dank für Ihre Karte, bei Gelegenheit des Leskien-Bandes ; ich war sehr froh so unerwartet, durch die Abwesenheit Streitbergs, etwas direckt von Ihnen zu erfahren.

---

[104] Gambarara 1972 : 366.

[105] Maria Pia Marchese, à qui l'on doit l'édition des manuscrits de Saussure sur la théorie des sonantes et sur la phonétique, a publié le texte de cette recommandation. Cf. Marchese 2007 (nous avons corrigé de petites erreurs de lecture).

Mit bestem Grusse und vorzüglicher Hochachtung. FdS

À ce brouillon de lettre pour Brugmann, Saussure a joint des recommandations en demandant expressément à Albert Sechehaye (1870-1946) de "ne parler aucunement et à personne de [ses] théories, par exemple sur la valeur d'une distinction entre la tranche synchronique et diachronique de la langue"[106]. Révélant la profonde méfiance de Saussure à l'égard de ses collègues allemands, ce document atteste l'emploi des termes de synchronie et diachronie dans les cours que Sechehaye a suivis à Genève (1891-1893). À Leipzig, Sechehaye se rendra chez Brugmann et suivra également les cours de Sievers et de Windisch pendant un semestre avant de poursuivre ses études à Göttingen (1897-1901) où, après avoir enseigné dans une école de commerce en Bohême de 1894-1897, il exerce la fonction de lecteur[107]. La recommandation de Saussure est un témoignage précieux de l'intérêt porté, dès 1893, par Sechehaye aux évolutions syntactiques et révèle, en creux, l'importance des entretiens privés accordés par Saussure aux étudiants[108], entretiens qu'il serait intéressant de réévaluer sur la base des témoignages connus, de documents publiés ou de manuscrits tels qu'ils sont conservés dans les fonds de la Bibliothèque de Genève. En ce qui concerne Sechehaye, la seule dédicace de *Programme et méthodes* permet, à elle seule, d'affirmer que la dizaine d'années passées en Allemagne n'a pas distendu ses rapports avec Saussure et qu'il est probable, voire certain, que Sechehaye tenait son maître régulièrement au courant de l'avancement de son travail[109]. Durant

---

[106] Marchese 2007 : 218-219.

[107] Sechehaye avait suivi, à Genève, les cours chez Saussure (hiver 1891 : phonétique grecque et latine, sanscrit ; été 1892 : phonétique grecque et latine, sanscrit ; hiver 1892 : phonétique grecque et latine, verbe indo-européen, sanscrit; été 93 : phonétique grecque et latine, sanscrit, verbe indo-européen), cf. Fryba 1994 : 189-190. Par ailleurs il est inscrit au cours de gotique et moyen haut allemand (hiver 1903), cf. Linda 2001 : 192.

[108] Cf. Amacker 2000 : 228 n.44 qui cite le témoignage de Sechehaye dans sa présentation de l'"École genevoise de linguistique générale".

[109] La dédicace révèle que Saussure avait bien suivi la recherche en cours de Sechehaye. Nous reproduisons le texte intégral : "A mon maître Monsieur Ferdinand de Saussure. Monsieur, C'est vous qui avez éveillé en moi l'intérêt que je porte aux problèmes généraux de la linguistique, et c'est de vous que j'ai reçu plusieurs des principes qui ont éclairé ma route dans ces recherches. Bien que ma

les deux semestres passés à Leipzig, Sechehaye suivra les cours de Brugmann ainsi que ceux de Sievers et de Windisch[110] et mettra en chantier le travail qui aboutira en 1902 à une thèse de doctorat soumise au romaniste Stimming à Göttingen[111]. Si le nom de Wundt n'y figure pas encore, c'est, d'après son propre témoignage, dans ces années qu'il prend connaissance des deux premiers volumes du tome I de la *Völkerpsychologie* intitulés *Die Sprache*: "Préoccupé de trouver une méthode vraiment rationnelle pour l'étude des transformations syntactiques, nous avons ouvert l'ouvrage de Wundt dans l'espoir d'y découvrir une solution, ou du moins des éléments d'une solution au problème que nous nous étions posé, et nous avons été déçu dans notre attente" (Sechehaye 1908 : 22). Déception qui aura en tout cas eu le mérite de pousser le jeune linguiste à préciser son point de vue.

---

pensée se soit, par la suite, engagée dans des voies personnelles, mon ambition a été, en écrivant chacune de ces pages, de mériter votre approbation. L'ouvrage achevé, vous avez bien voulu l'examiner et m'encourager dans mon entreprise par le bienveillant appui que j'ai toujours trouvé auprès de vous. J'ose donc espérer que j'ai, en quelque mesure atteint mon but, et je suis heureux de pouvoir vous dédier cet essai comme un hommage et comme un témoignage de profonde gratitude" (Sechehaye 1908 : v).

[110] On ignore si Sechehaye a suivi les cours de Wundt : figurent au programme des cours, un cours d'histoire de la philosophie moderne au semestre d'hiver 1893 ("Geschichte der neueren Philosophie, mit einer einleitender Uebersicht über die Geschichte der älteren Philosophie") et un cours de psychologie au semestre d'été 1894 ("Psychologie").

[111] *L'Imparfait du Subjonctif et ses concurrents dans les hypothétiques normales en français. Esquisse de syntaxe historique* (1905). Sujet de cette thèse, le *modus irrealis* "constitue un élément syntactique, c.a.d. le signe grammatical d'une idée spéciale. L'idée, dans le cas particulier, est celle d'un mode, et le signe est un élément syntactique de flexion, c.a.d. qu'il est formé d'un ensemble de formes fléchies, coappartenantes et interchangeables exprimant toutes la combinaison de l'idée du mot avec une certaine idée constante" 1905 : 321. Sechehaye appliquerait-il ici une approche onomasiologique partant d'une "idée" (le mode) pour étudier toutes les manifestations grammaticales correspondant à cette "idée", le tout dans une perspective diachronique ? C'est au cours de cette recherche en tout cas qu'il se rendra compte de "l'énorme importance qu'avait pour la connaissance et la compréhension des destinées d'un élément de syntaxe *la connaissance de ses relations avec ses concurrents*" (Sechehaye 1905 : 322).

2. La psychologie de Wundt : la “mise au point” proposée par Sechehaye en 1908

“Essayer de tirer de la psychologie moderne une linguistique théorique” est l’objectif déclaré de *Programme et Méthodes* (Sechehaye 1908: 20). Retraçant les acquis de ses prédécesseurs, Sechehaye souligne l’importance qu’a eue la découverte des lois phonétiques en donnant un soubassement théorique à la science des faits et en faisant progresser la grammaire comparée. Il s’agit à présent, dit-il, d’établir une science des lois ou “science des valeurs” qui rendrait compte du versant “psychologique” de la langue.

> On comprend que la grammaire comparée qui ne s’occupe que des sons et des formes déterminées par leur qualité matérielle, est incomplète, et qu’elle a besoin d’être doublée d’une science des valeurs. Or le problème de l’évolution des valeurs est un problème essentiellement psychologique” (Sechehaye 1908 : 18).

D’où l’intérêt porté aux premiers volumes de la *Völkerpsychologie*, qui sont à la pointe de la science de l’époque et que Sechehaye considère comme “la première tentative de donner un exposé de cette science des lois, avec toutes les ressources dont dispose actuellement la psychologie” (Sechehaye 1908 : 20). Son admiration affichée envers la grande synthèse scientifique de Wundt et “la vigueur intellectuelle de l’homme” ne l’empêchera pas de lui opposer le point de vue de la linguistique :

> Telle que Wundt l’a créée, peut-elle [cette “nouvelle science” qu’est la psychologie du langage], être d’emblée un auxiliaire utile de la linguistique des faits, ou n’a-t-elle pas besoin d’une mise au point qui la transforme dans une plus ou moins grande mesure ? (Sechehaye 1908 :21).

Résumée dans la célèbre formule (en italique dans le texte ! “*il* [Wundt] *n'a pas compris l'importance du problème grammatical*”, Sechehaye 1908 : 23), l'objection faite à l’auteur de la *Völkerpsychologie* s’articule en six points.

Le premier point de désaccord porte sur l'aspect systématique du phénomène linguistique. Wundt négligerait en particulier l'“ensemble d'habitudes ou de dispositions linguistiques” pour valoriser de façon excessive l'influence de l'individu sur la langue. Ainsi

> il se désintéresse de la création ou de la modification acquises à partir du moment où, passées à l’état d’habitude, elles sont incorporées à l’ensemble

> de nos dispositions linguistiques. *C'est pourtant grâce à cet ensemble d'habitudes ou de dispositions linguistiques que nos pensées les plus complexes trouvent une expression spontanée et comme automatique.* C'est donc là l'objet sinon unique, du moins principal de la linguistique théorique (Sechehaye 1908: 23, *nous soulignons*).

La deuxième critique concerne la place accordée à l'étude des sons. Si Wundt entrevoit que le son fait partie d'un système phonologique, il n'a pas pour autant tiré les conséquences de cette constatation pour situer la discipline étudiant les sons de façon systématique (la *phonologie*, d'après la terminologie de Sechehaye) par rapport à celle étudiant les sons dans leur évolution (la *phonétique*) alors que c'est précisément l'influence que l'évolution phonétique peut avoir sur le système des sons qui est, aux yeux de Sechehaye, "un problème des plus intéressants".

> Dans toutes les pages que Wundt consacre aux évolutions des sons, nous ne voyons jamais qu'on s'occupe de savoir comment ces transformations se comportent à l'égard du système phonologique admis. Car il y a évidemment une antinomie entre ces deux faits de linguistique également avérés : l'existence d'un système fixe des sons, d'une gamme d'articulations, et la propriété qu'ont les sons d'évoluer ; résoudre cette antinomie et montrer comment le système phonologique s'accommode de l'évolution phonétique, c'est un des problèmes les plus intéressants (Sechehaye 1908 : 29).

En troisième lieu, Sechehaye relève l'absence d'une définition proprement grammaticale du mot. Tout en reconnaissant l'intérêt de l'analyse psychologique du mot proposée par Wundt, Sechehaye souligne la nécessité d'une "traduction en langage grammatical" (Sechehaye 1908 : 30) de la définition du mot. En ce sens, la classification purement associative des différents types de composés montre à quel point Wundt néglige l'aspect linguistique du problème.

> Or, si nous désirons, comme nous en avons le droit, donner du mécanisme syntactique d'une langue une description scientifique basée sur des principes certains, nous avons besoin d'une définition du mot en grammaire qui soit la traduction en langage grammatical de la définition psychologique que Wundt nous fournit (Sechehaye 1908 : 30).

Quatrièmement, le chapitre sur les catégories grammaticales, tout intéressant qu'il est selon Sechehaye, manquerait singulièrement de méthode. Se présentant sous la forme d'un commentaire psychologique, le traitement des quatre classes (substantif, adjectif, verbe et particule) se limiterait en réalité à une énumération des déterminations propres à chaque catégorie sans même effleurer le problème du support linguistique. Éloquente à cet égard : la confusion constante entre l'implicite ou *innere Form* et l'explicite ou *äussere Form*. Ainsi le morphème allemand *ich* évoque trois éléments (pronom personnel, première personne du singulier, nominatif) alors que *willst* peut être analysé en deux morphèmes, le suffixe *-st* indiquant la seconde personne du singulier. En langage sechehayien, *ich* a une valeur grammaticale complexe et n'est pas analysable en éléments matériels correspondant à sa détermination de valeur, alors que dans *willst* il y a un signe extérieur, le suffixe, qui correspond à sa fonction (Sechehaye 1908 : 33). D'où cette conclusion en ce qui concerne la démarche incomplète de Wundt.

> On voit donc que Wundt ne s'intéresse qu'aux valeurs et non aux signes des valeurs ; il pense pouvoir considérer les catégories grammaticales *in abstracto* dans leur entité psychologique et logique en dehors de la nature des signes qui les portent (Sechehaye 1908: 34).

La cinquième critique met en lumière les dangers liés à l'occultation du point de vue linguistique. L'exclusivité du point de vue psychologique et logique amène Wundt à projeter sur d'autres langues des catégories grammaticales spécifiques à nos langues. Ainsi dans les phrases suivantes : *porter moi* et *mon porter* au sens de "je porte", Wundt identifie *moi* et *mon* à des pronoms, personnel et possessif. Erreur d'appréciation, dit Sechehaye, puisque ces langues[112] ne possèdent pas la catégorie du pronom telle que nous la concevons.

> N'est-ce pas une erreur d'appréciation de considérer dès l'abord ces mots primitifs comme de véritables substantifs au sens que nous donnons à ce mot, nous qui possédons des langues beaucoup plus parfaites au point de vue logique ? Et n'est-ce pas une autre erreur toute semblable de raisonner sur les particules qui servent à construire ces formes verbales, comme si elles représentaient pour les sujets parlants, exactement ce que les mots *moi* et *mon* représentent pour nous ? (Sechehaye 1908 : 35).

Sixièmement, la part d'automatisme dans la construction des phrases est passée sous silence au profit de la seule spontanéité, alors que,

---

[112] L'exemple en question proviendrait des langues dravidiennes, d'après Wundt 1904, II : 154 qui renvoie à Friedrich Müller, *Grundriss der Sprachwissenschaft* III, 1, 198.

souligne Sechehaye, l'automatisme reste un des deux facteurs constitutifs de la production de toutes nos phrases.

> En réalité, ajouterons-nous, toutes nos phrases sont des produits de l'activité de ces deux facteurs : l'automatisme et la spontanéité libre, qui se combinent dans des proportions infiniment variables (Sechehaye 1908 : 39).

La dernière critique émise par Sechehaye concerne l'agencement même de la *Psychologie du langage* : alors que Wundt démontre avec justesse que "le mot est [...] un produit de l'analyse de la phrase et [que] la syllabe ou l'articulation est abstraite du mot" (Sechehaye 1908 : 43), il choisit, paradoxalement, de disposer la matière de son livre d'après le modèle de la grammaire traditionnelle qui part du son pour aller vers la phrase en passant par le mot et la flexion.

> On a pu voir par l'analyse ci-dessus qu'il a sérié ses chapitres en s'inspirant visiblement de l'ordre traditionnel familier aux grammaires : le son, le mot, la flexion, la phrase. Cela ne semble pas très indiqué dans un ouvrage où l'auteur nous démontre avec force et clarté que les phrases n'ont pas été faites par l'addition de mots et de formes préexistants, que les mots n'ont pas été fabriquées en ajoutant des lettres et des syllabes (Sechehaye 1908 : 43).

On aura relevé, en creux des critiques adresssées à Wundt, d'une part l'insistance particulière sur l'aspect systématique de la langue tant au niveau des sons qu'à celui des formes, de l'autre la valorisation de l'importance de l'automatisme au détriment de la part exagérée donnée à l'individu dans le fonctionnement de la langue, ces deux principes annonçant le programme de la linguistique théorique dont Sechehaye entend jeter les bases.

3. Saussure, lecteur de Sechehaye

C'est dans ce contexte qu'il convient de relire les remarques que Ferdinand de Saussure a consignées lors de sa lecture du livre d'Albert Sechehaye. Les sept pages du Ms. fr. 3951 (numérotées de 1 à 6), signalées par Robert Godel qui en propose une première édition partielle sous le sigle de N. 21 (Godel 1957 : 51-52) seront ensuite reproduites dans le CLG/E (1968 et 1974/3330) avant d'être finalement reprises dans l'édition des *Écrits de linguistique générale* (Saussure 2002 : 258-261). Ces réflexions, comportant de nombreuses ratures et des blancs, ont certainement été rédigées au cours de l'année 1907, peut-être même au début de l'année lorsque Saussure ouvre son premier cours de linguistique générale en s'interrogeant sur la délimitation de la linguistique. À qui ces lignes étaient-elles destinées ? On l'ignore, même si on a pris l'habitude, après Godel, de les caractériser comme une esquisse de compte rendu. Il nous paraît toutefois improbable que Saussure ait envisagé de faire part publiquement de ses réserves sur un livre comportant une dédicace élogieuse à son égard. Dans le prospectus de son livre reproduit en appendice, Sechehaye cite une appréciation de Saussure qui aurait considéré les thèses en question comme "pouvant être combattues", tout en saluant l'ouvrage comme "un effort capital" (cf. *infra*).

On distinguera, dans la note 21, trois types de critique. La première, la plus connue peut-être, concerne l'absence du nom de Broca en particulier et des études sur l'aphasie en général ; la deuxième touche à la délimitation de la linguistique ; la dernière porte sur la définition du signe linguistique.

3.1. Les diverses formes de l'aphasie

Occupant le feuillet 4 du manuscrit qui porte l'annotation en grec "allo", les réflexions concernant l'aphasie ont fait l'objet d'une mise au point méticuleuse par Jäger qui a montré que Saussure, loin de les confondre, distingue nettement l'aphasie de Broca des autres formes d'aphasie : "M. Sechehaye n'aurait pas dû, semble-t-il, se dispenser de parler de la localisation cérébrale de Broca et des observations pathologiques sur les diverses formes d'aphasie". En d'autres termes, Saussure insiste ici sur la nécessité de traiter de l'aspect psycho-physiologique dans un ouvrage qui se veut explicitement *Psychologie du langage*. La raison en est simple : l'analyse des différentes formes d'aphasie est un passage obligé pour qui veut cerner le fonctionnement de la langue et délimiter la spécificité de la linguistique par rapport à la psychologie. Aussi ne s'étonnera-t-on pas que Saussure considère les études sur l'aphasie comme "du plus haut intérêt pour juger <non seulement> des rapports de la psychologie <avec [], mais ce qui a une autre portée> avec la grammaire <elle-même>" (CLG/E 1968, 184/ 3330). Ce sont encore ces faits qui mènent Saussure à établir la distinction capitale entre la faculté de proférer des sons d'une part et la faculté d'évoquer des signes (ou *facultas signatrix*) de l'autre, puisque seule la faculté de proférer des sons, seuls les "méchanèmes", sont concernés par une lésion du centre de Broca[113].

3.2. Arpenter le terrain de la linguistique et situer la sémiologie

"Situer d'abord la linguistique vis-à-vis des autres sciences qui peuvent la regarder" (Ms. fr. 3951/f.3, CLG/E 1974: 3330) est une interrogation récurrente chez Saussure et à laquelle Sechehaye propose, en 1908, une réponse en s'appuyant sur le principe d'emboîtement. Inspiré du troisième précepte *Du Discours de la méthode* de Descartes[114], l'emboîtement classant les objets par leur complexité croissante permet à Sechehaye de faire d'une pierre deux coups : éclairer les domaines respectifs de la psychologie et de la linguistique d'une part, préciser le champ de chaque discipline constituant la linguistique théorique de l'autre. Sans entrer dans le détail de ce découpage[115], rappelons que, pour Sechehaye, la psychologie individuelle étudie l'individu en tant qu'organisme psycho-physiologique alors que la psychologie collective s'intéresse à l'individu comme être social. Ce découpage se reflètera dans la linguistique elle-même emboîtée dans la psychologie. D'où la division de la linguistique théorique en deux parties : une linguistique dont l'objet est d'ordre psychophysiologique, donc individuelle, appelée "science du langage affectif" englobera la

---

[113] "Eine Méchanème-Störung ist also für Saussure — wie für die gesamte aphasiologische Forschung im Anschluss an Broca — als Störung der 'faculté du langage articulé' *keine* Störung der 'faculté du langage', und zwar deshalb nicht, weil sie lediglich einen peripheren Teil des zerebralen Sprachsystems Langue betrifft, einen Teil, der — wie sich noch zeigen wird — nicht als autonomes Teil-System der Langue betrachtet werden kann: die zerebrale Steuerung der Physiologie des Vokaltraktes" (Jäger 2001: 315). Sur la problématique de l'attitude de Saussure envers l'école clinique de Broca et de Charcot, cf. les publications de Bergounioux, en particulier 1995 et 1999.

[114] Dans le ch.5 ("Le principe d'emboîtement", 1908 : 55-65), Sechehaye cite Descartes : "Le troisième (précepte est) de conduire mes pensées, en commençant par les objets les plus simples et les plus aisés à connaître, pour monter peu à peu comme par degrés jusqu'à la connaissance des plus composés, *et supposant même de l'ordre entre ceux qui ne se précèdent point naturellement les uns les autres*" (Sechehaye 1908 : 55).

[115] Cf. à ce propos, Fryba 1994 : 144-151.

linguistique dont l'objet est de l'ordre du collectif ou social, la "science du langage organisé" dont le problème essentiel, "c'est le problème grammatical" (Sechehaye 1908 : 103).

Saussure trouve la délimitation proposée par Sechehaye nettement insuffisante et manquant de clarté :

> Cela ne devient que doublement nécessaire si l'on pose, comme M. Sechehaye, la linguistique comme un pur et simple embranchement (ou <même emboîtement) <je laisse ici de côté [ ] >, de la psychologie, individuelle ou collective. Dans ce cas on peut réclamer encore plus formellement que toute lumière nous soit donnée pour voir la *filiation directe, sans interposition quelconque de limite*, entre un phénomène précis comme celui du langage et celui de l'ensemble des phénomènes psychologiques (*nous soulignons*. CLG/E 1974 : 3330).

Détacher le phénomène spécifique ("précis") du langage des phénomènes psychologiques, c'est à ce prix seul que la linguistique pourra se hisser au rang de discipline autonome. Si l'on en croit les notes de Riedlinger, Saussure s'est empressé de déclarer, dès la première séance de son cours de linguistique générale en janvier 1907 que "la linguistique ne peut pas s'absorber et se résoudre dans la psychologie comme le prétend Wundt", laissant entendre qu'il était grand temps de mettre fin à cette colonisation scientifique : "La psychologie s'est fait une province agréable en linguistique mais elle ne lui a pas rendu de grands services" (Saussure 1996 : 2). C'est toujours dans cet esprit que Saussure souligne la présence d'une "énorme ligne de démarcation" entre la psychologie générale et les sciences de la valeur, même si ces dernières sont "parfaitement réductibles *en dernier ressort* à la psychologie" (CLG/E 1974 : 3330). Bien connues des étudiants qui ont suivi ses cours, mais aussi de ses collègues genevois, les réflexions subtiles de Saussure sur la spécificité de la linguistique et sur le rôle à attribuer à la psychologie avaient déjà trouvé un écho chez le philosophe Naville en 1901, et, bien plus tard, chez le médecin et psychologue Claparède qui présente dans sa revue, les *Archives de psychologie*, un compte rendu du CLG: "Bien que Saussure reconnaisse que 'tout est psychologique dans la langue', il distingue cependant de *façon absolue* la linguistique et la psychologie" (Claparède 1917: 94).

C'est en tout cas une des tâches de la linguistique, annonce Saussure en ouverture du troisième cours de linguistique générale à ses étudiants en octobre 1910, “de se définir, de reconnaître ce qui est dans son domaine. Dans les cas où elle [la linguistique] dépendra de la psychologie, elle en dépendra indirectement, elle restera indépendante” (Saussure 1993 : 4). L'enjeu de cette délimitation des sciences a visiblement pour objectif de mettre en évidence l'autonomie de la linguistique, même dans les cas de dépendance indirecte de la psychologie. Saussure en aurait-il pour autant fait toute la lumière sur cette “filiation directe, sans interposition quelconque de limite, entre un phénomène précis comme celui du langage et celui de l'ensemble des phénomènes psychologiques” ? Non, puisque le maître genevois va préciser peu à peu les rapports entre les deux disciplines. Alors qu'il venait de faire allusion à l'article de Sechehaye (la langue a pour siège le cerveau seul, Saussure 1993 : 69)[116], le maître genevois traite, le 28 avril 1911, de la définition de la langue par opposition à la parole et attire l'attention de ses auditeurs sur le fait que, tout en “reposant sur des images acoustiques”, la langue n'en est pas moins un système de signes au même titre que d'autres systèmes de signes, tels les signaux maritimes ou la langue des sourds-muets. Ces systèmes de signes sont du ressort de la psychologie sociale dont ils forment un compartiment, dit Saussure : “Compartiment dans la psychologie : la sémiologie (études des signes et de leur vie dans les sociétés humaines)” (Saussure 1993 : 71). La filiation directe recherchée se trouverait-elle dans cet intermédiaire ou compartiment nommé la sémiologie, soigneusement calé (ou “emboîté” pour parler avec Sechehaye ?) dans la psychologie sociale ? Situé au cœur de la sémiologie, le système de signes linguistiques joue un rôle prépondérant qui se répercutera au-delà de la sémiologie sur la psychologie elle-même. Dans une note *item*, qui daterait de la même période que la rédaction de la *Double essence du langage*, soit dans les années 1890, Saussure n'avait-il pas envisagé un renversement des rapports entre les deux sciences, déclarant que la linguistique n'était plus simplement une branche de la psychologie, mais sa sève

---

[116] Intitulé “La stylistique et la linguistique théorique”, l'article en question se trouve dans les *Mélanges de linguistique offerts à M. Ferdinand de Saussure*, Paris, Champion, 1908. 155-187.

même. De simple province exploitée, la linguistique se trouverait désormais projetée au centre de la sémiologie[117].

> Pour aborder sainement la linguistique, il faut l'aborder du dehors, mais non sans quelque expérience des phénomènes prestigieux du dedans. Un linguiste qui n'est que linguiste est dans l'impossibilité à ce que je crois de trouver la voie permettant seulement de classer les faits. Peu à peu la psychologie prendra pratiquement la charge de notre science, parce qu'elle s'apercevra que la langue est non pas une de ses branches, mais l'ABC de sa propre activité (CLG/E 1974 : Notes item 3315.3).

Ce terme de "sémiologie", on le sait, est mentionné par son collègue philosophe Naville qui en fait une partie essentielle de la sociologie et dont l'objet serait "les lois de la création et de la transformation des signes et de leurs sens" (Naville 1901 : 103-4). Citant Saussure, Naville accorde à la linguistique ou "science des lois de la vie du langage" un statut particulier au sein de la sémiologie, le "langage conventionnel des hommes" étant le plus important et le mieux étudié parmi les systèmes de signes. Pourquoi Sechehaye a-t-il renoncé à l'emploi du terme sémiologie en 1908 ? S'il est probable qu'il n'avait pas accès aux notes manuscrites du maître, il devait nécessairement connaître le terme, ne serait-ce que par *La Nouvelle classification des sciences* de Naville, à qui il fait explicitement référence dans *Programme et méthodes*[118]. Sans donner, pour l'instant, de réponse définitive à cette interrogation, on trouvera une piste de réflexion dans le compte rendu que Sechehaye fait du CLG, document précieux s'il en est pour comprendre le regard de Sechehaye sur Saussure. La présentation des thèses saussuriennes s'ouvre en effet sur la distinction langue-parole considérée comme "la pierre angulaire de tout l'édifice" (Sechehaye 1917 : 11). Cette distinction qui a permis à Saussure de prévenir "une confusion sans cesse renaissante entre ce qui dans le langage est du

---

117 Cf. Amacker 1994 et en dernier lieu l'article de Testenoire 2018. Cette sémiologie linguistique, Saussure l'appelle aussi, dans ses notes *item*, la *signologie*. On consultera à ce propos les réflexions instructives de Linda 2001, en particulier au ch. 8 ("Grundzüge der Semiologie").

118 "Nous empruntons cette terminologie à l'ouvrage de M. Adrien Naville, *Nouvelle classification des sciences*, Paris, Alcan, 1901. Nous avons adopté non seulement quelques-uns des termes employés dans ce livre, mais aussi la plupart des idées judicieuses qui y sont émises, et les principes fondamentaux si simples et lumineux sur lesquels ces idées reposent" (Sechehaye 1908: 2n).

ressort de la psychologie individuelle (la parole) et ce qui est du ressort de la psychologie collective et sociale (la langue)" (Sechehaye 1917 : 13). Serait-ce là l'aveu d'une confusion qu'il aurait faite lui-même dans *Programme et méthodes* ? Peut-être. Mais l'important, aux yeux de Sechehaye, est de faire comprendre au lecteur du CLG comment Saussure, le premier, est arrivé à délimiter la linguistique en évitant les deux écueils suivants: 1. le manque de netteté dans la séparation entre les deux psychologies, individuelle et sociale, 2. la confusion "non moins courante et non moins fatale" (Sechehaye 1917: 13) que la précédente, à savoir celle commise par Whitney qui n'a pas su saisir le caractère spécial de la sémiologie, qui "*dépasse en complication* la psychologie collective" pour la simple raison que "*toute sémiologie est essentiellement science des valeurs*" (Sechehaye 1917 : 13, en italique dans le texte). Si, en 1908, il est abondamment question de *valeur* et que, par ailleurs, il a dès sa thèse une conscience aiguë du mécanisme de la concurrence des formes syntactiques, il est tout aussi clair, comme nous l'avons souligné plus haut, que la "science des valeurs" envisagée comme science étudiant l'évolution des valeurs est un "problème essentiellement psychologique" (Sechehaye 1908 : 18).

Somme toute, les deux linguistes semblent s'accorder sur la nécessité d'une réflexion générale sur la langue et sur le rattachement de la linguistique à la psychologie collective. Un point de désaccord concerne "la filiation directe" entre psychologie et linguistique opérée par Sechehaye sur la base de critères logiques, en fonction de la complexité croissante de leur objet et qui se voit élégamment articulée par Saussure qui prédit à la sémiologie, science des valeurs, un bel avenir. Ce qui n'empêche pas ce dernier de mettre ses étudiants en garde sur la difficulté de l'entreprise consistant à arpenter le terrain de la linguistique.

> Il arrive souvent que le domaine respectif de deux sciences n'apparaît pas avec une grande clarté dès le premier moment ; en tout premier lieu, il faut citer les rapports entre la linguistique et la psychologie – qui sont souvent difficiles à délimiter. C'est une des tâches de la linguistique de se définir, de reconnaître ce qui est dans son domaine. Dans les cas où elle dépendra de la psychologie, elle en dépendra indirectement, elle restera indépendante (Saussure 1993 :4).

3.3. Le fait grammatical et les actes psychologiques

Poser le *fait* grammatical *en lui-même*, voilà, selon Saussure, ce que Sechehaye n'a pas fait, dans la mesure où il n'a pas réussi à distinguer le fait grammatical de "tout autre *acte* psychologique ou en outre logique". La critique est sévère, d'autant plus qu'elle reprend les termes même du reproche adressé par Sechehaye à Wundt.

> J'ai indiqué mes critiques. En somme, M. Sechehaye, après avoir reproché à Wundt, avec raison, d'avoir méconnu le problème grammatical, arrive lui-même à ne pas s'en faire une idée suffisante. Car la seule idée suffisante serait de poser le fait grammatical en lui-même, et dans ce qui le distingue de tout autre acte psychologique, ou en outre logique. Plus l'auteur prend de peine à abattre ce qui lui semble une barrière illégitime entre la forme pensée et la pensée, plus il nous semble s'éloigner de son propre but ; qui serait de fixer le champ de l'expression, et d'en concevoir les lois, non dans ce qu'elles ont de commun avec notre psychisme en général, mais dans ce qu'elles ont au contraire de spécifique et d'absolument unique, dans le phénomène de la langue (CLG/E 1974, 3330).

Avant d'examiner de plus près ce passage, précisons son support matériel. Situé à la fin du manuscrit (Ms.fr. f. 6), il occupe la première moitié de la page et ne contient, dans les seize lignes qui le composent, que deux ratures et pas un seul blanc. En outre les phrases sont toutes complètes, ce qui est loin d'être la règle dans les notes manuscrites de Saussure. Annoncée par "en somme", c'est bien d'une conclusion qu'il s'agit ici et qui a été rédigée, soulignons-le, d'un seul jet et sans aucune trace d'hésitation. Si le ton catégorique de l'assertion indique sans aucun doute une critique à l'égard de la démarche de Sechehaye, on pourra se demander si elle ne dissimule pas la formulation nette d'un objectif que Saussure, lui-même à la recherche de l'objet propre à la linguistique, s'est fixé, mais qu'il n'a pas encore atteint, le choix du conditionnel, et non de l'indicatif ("la seule idée suffisante *serait* de poser le fait grammatical en lui-même") étant à cet égard éloquent.

L'utilisation des termes de *forme-pensée* et de *pensée* permet de situer le passage problématique selon Saussure : il s'agit de la partie dans laquelle Sechehaye précisent les articulations des "disciplines" constitutives de la linguistique théorique, disciplines qui reposent sur une double distinction (*forme* ou *forme-pensée* vs *convention* dans laquelle cette forme s'imprime d'une part et *statique* vs *évolutif* de l'autre) et dont découlent quatre domaines de recherche, la morphologie et la phonologie (toutes deux statiques)[119], la morphologie évolutive et la phonétique (toutes deux évolutives).

Il convient de mettre en garde le lecteur contre la terminologie extraordinairement fluctuante, voire fuyante de ces quelques pages consacrées à distinguer "la convention d'avec la pensée qui se revêt de cette convention" (Sechehaye 190 8: 109-110), telle que, par exemple, l'utilisation des termes *symbole* et *signe*[120]. Dans la perspective génétique, le terme de *signe* change de "nature" dès le moment où la marque linguistique 'subjective', le cri de douleur par exemple (qui se situe dans le prégrammatical) se transforme en symbole 'objectif' (qui fait partie du grammatical):

> Il [le signe] a changé de nature, et à la place d'un signe nous avons un *symbole*, c'est-à-dire *l'idée d'un signe associée à une idée de valeur*, ce que l'on pourrait représenter par la formule : idée *a* = signe *b* (Sechehaye 1908 : 81).

Dans la perspective synchronique, les deux aspects du "symbole" sont absolument solidaires : il est en effet impossible de séparer

> le contenant, c'est-à-dire la forme, le procédé, du contenu, c'est-à-dire de la valeur. Il y a solidarité entre ces deux aspects du phénomène. Le parallélisme psychophysiologique demeure un principe absolu et nous présente une seule chose dont nous voyons deux faces. La pensée sans la forme et la forme sans sa pensée n'intéressent plus la linguistique. Ce qui resterait après cette opération d'analyse ne serait rien pour elle; l'objet même de son étude serait détruit (Sechehaye 1908: 110).

Tout délicat qu'il est à interpréter, ce passage est crucial dans la mesure où on perçoit, à chaque ligne, que le raisonnement de Sechehaye se construit contre Wundt à qui il reproche d'appliquer à la langue une grille d'explication externe, d'ordre strictement psychologique et fondée sur une conception erronée de la forme linguistique, puisqu'elle dissocie ce qui est indissociable, à savoir

---

[119] Je rappelle en passant que Vilem Mathesius et Roman Jakobson ont souligné l'importance de cette imbrication de la phonologie dans la morphologie en la considérant comme le point de départ de leur conception et de leur terminologie (*Acta linguistic*a 1, 1939 : 125).

[120] On sait que Saussure critique cet emploi de symbole (Saussure 1993 [1910-1911]: 76). Bally corrige son ami à ce propos en 1914 (Fryba 2001: 436) et Sechehaye rappelle plus tard que "nous appelions 'symbole' le signe de langue" (1926: 220).

les deux faces du signe linguistique. Invoquant le parallélisme psychophysiologique (soit l'existence d'un ensemble de dispositions langagières acquises et enregistrées chez chaque individu), l'insistance sur le caractère indissociable des deux faces du signe (appelées ici *contenant*, *forme*, *procédé* versus *contenu*, *valeur*, *pensée*) implique l'articulation des deux niveaux, celui de l'entité bifaciale (désignées tantôt par *forme-pensée*, tantôt par *forme-valeur*) et celui de la matière phonique "dans laquelle cette forme s'imprime" (1908 : 110). Articulation qui a échappé à Wundt qui oppose simplement la forme au sens. L'insistance de Sechehaye sur l'indissociabilité constitutive du signe linguistique n'est pas sans rappeler certains passages de la *Double essence du langage.* Dans un feuillet portant l'inscription "Préface", Saussure déclare qu'"il est faux (et impraticable) d'opposer la *forme* et le *sens*. Ce qui est juste en revanche c'est d'opposer la *figure vocale* d'une part, et la *forme-sens* de l'autre" (Saussure 2011 : 72). Un peu plus bas, Saussure oppose à la "façon facile et pernicieuse" de concevoir le dualisme *forme-sens* le dualisme *intérieur-extérieur*, 'signe' et 'signification' étant indissolublement liés dans le "domaine intérieur, psychique" :

> Ce dualisme réside dans la dualité du phénomène vocal COMME TEL, et du phénomène vocal COMME SIGNE — du fait physique (objectif) et du fait physico-mental (subjectif), nullement du fait 'physique' du son par opposition au fait 'mental' de la signification. Il y a un premier domaine, intérieur, psychique, où existe le signe autant que la signification, l'un indissolublement lié à l'autre ; il y en a un second, extérieur, où n'existe plus que le 'signe', mais à cet instant le signe réduit à une succession d'ondes sonores ne mérite pour nous que le nom de figure vocale (Saussure 2011: 87).

N'est-ce pas ce dualisme *intérieur-extérieur* qui permettrait de distinguer, en langage sechehayien, une "forme abstraite du langage organisé qui est la forme même de la pensée" des "sons conventionnels par lesquels cette forme abstraite se réalise", soit la "morphologie générale" et la "science des sons" ?

> Nous admettons donc qu'il y a une forme abstraite du langage organisé qui est la forme même de la pensée, et qu'il y a des sons conventionnels par lesquels cette forme abstraite se réalise, comme une forme géométrique se réalise dans une matière quelconque. À ces deux parties du langage correspondent deux sciences rationnelles que nous appellerons *morphologie générale* et la *science des sons* (Sechehaye 1908 : 122).

Si Sechehaye paraît ici très proche de Saussure, et ceci en dépit du peu de soin mis dans l'emploi des termes, la délimitation entre *forme pensée* et *pensée* évoquée par Saussure pose problème. C'est bien à ce propos que ce dernier s'interroge sur l'acharnement de Sechehaye à vouloir abattre une barrière légitime entre 'forme pensée' et 'pensée' et sur l'abandon de l'objectif fixé, à savoir la définition du domaine propre à la linguistique. Pensée et langue sont identiques, répète Sechehaye à l'envi, sans préciser toutefois ce qu'il entend par 'pensée' ("la conformité de la pensée avec la langue repose sur cette identité foncière de leurs éléments respectifs", Sechehaye 1908: 111), "il y a identité entre les deux termes: la pensée et la grammaire" (Sechehaye 1908: 114), "il y a identité absolue entre la pensée et la grammaire" (Sechehaye 1908: 120), "il y a une forme abstraite du langage organisé qui est la forme même de la pensée" (Sechehaye 1908: 122). Cette insouciance (ou négligence ?) dans l'utilisation de termes techniques a, force est de le reconnaître, de quoi déconcerter le lecteur le plus bienveillant, à commencer par Saussure qui était, on le sait, un remarquable orfèvre en la matière et pour qui il y a évidemment une barrière légitime entre trois domaines : domaine non linguistique de la pensée pure, domaine linguistique de la pensée, domaine linguistique du son pur[121].

Une nouvelle critique à l'égard de Wundt, qui a illégitimement dissocié le psychologique du linguistique alors qu'il est question de phénomènes linguistiques, est l'occasion pour Sechehaye de préciser ce qu'il entend par identification de la pensée et de la langue[122].

---

[121] Dans l'"Essence double du langage", Saussure distingue trois domaines : "I. Domaine non linguistique de la pensée pure, ou sans signe vocal et hors du signe vocal. […] II. Domaine linguistique de la pensée qui devient idée dans le signe ou de la figure vocale qui devient signe dans l'idée : ce qui n'est pas deux choses, mais une […] III. Domaine linguistique du son pur ou de ce qui sert de signe considéré en lui-même et hors de toute relation avec la pensée = PHONÉTIQUE" (Saussure 2011 : 100-102).

[122] Y aurait-il ici une "forme subtile de nomenclaturisme" comme le suppose Amacker 2000 : 242 dans la mesure où l'identification revendiquée de la pensée et de la grammaire préexisterait à sa réalisation linguistique ? Il nous paraît difficile de nous rallier à cette interprétation, toute fondée et séduisante qu'elle

C'est la question de l'expression du génitif et des quatre "procédés" exprimant "au point de vue strictement logique" (Sechehaye 1908 : 117) une seule "idée", celle du sens attributif, mais porteurs tous quatre d'une différenciation psychologique. Ce sont 1. la simple juxtaposition des termes ou ordonnance comme dans beaucoup de langues primitives ou chez les enfants (*Chapeau Charles* pour *le chapeau de Charles*), 2. la composition (*Kirchturm*), 3. la flexion (*Karl's Hut*), 4. la préposition (*le chapeau* de *Charles*). Reprochant à Wundt d'avoir entièrement ignoré le rattachement des valeurs au "procédé grammatical" par lequel elles s'expriment, Sechehaye insiste sur le fait que la valeur exprimée est indissociable du procédé et inversement. Ainsi les deux premiers cas indiquent que toute "idée nominale" est rattachée indistinctement (c'est-à-dire sans marque explicite) à la catégorie de la substance ou à celle de l'attribut (1.)[123], la différence entre 1. et 2. résidant dans le degré de figement. Les deux autres exemples ont en commun une expression linguistique propre au "génitif attributif", synthétique dans le cas de la flexion qui marque le terme attribut grâce au suffixe et analytique dans le cas de la préposition qui cristallise, à elle seule, l'idée du sens attributif[124].

Saussure l'avait bien compris : le refus de séparer "le procédé grammatical de l'acte de pensée auquel il correspond" (Sechehaye 1908, 119) s'inscrit de façon délibérée et explicite contre la théorie wundtienne qui, aux yeux de Sechehaye, ignore l'aspect linguistique du problème et établit des lois psychologiques en faisant abstraction

---

est. Le problème majeur du passage traité réside dans l'emploi du terme *forme* chez Sechehaye, tantôt synonyme de signifié, tantôt de signe, tantôt encore de "innere Sprachform".

123 "La distinction logique [l'attribution] n'est encore sentie qu'à la faveur d'une différence d'aspect psychologique ; une des idées nominales apparaît comme principale, l'autre subordonnée dans l'ordre de l'imagination [= sur le plan psychologique]; [...] et ceci se traduit [sur le plan linguistique] en vertu d'une habitude psychologique par l'antéposition ou par la postposition du terme subordonné suivant ce que veut la règle d'ordonnance" (Sechehaye 1908 : 118).

124 "Nous avons alors affaire à une idée claire et distincte qui n'existe plus seulement dans son union avec un substantif, mais pour elle-même dans sa catégorie logique confondue avec une catégorie grammaticale (la préposition)" (Sechehaye 1908 : 119).

du mécanisme linguistique. C'est ainsi que pourrait s'expliquer cette insistance sur

> l'*identité absolue entre la pensée et la grammaire*, que l'on considère son lexique, ses procédés grammaticaux dans leur valeur ou leur mécanisme, ou encore son procédé fondamental qui est l'emploi de symboles pour les idées (Sechehaye 1908, 120).

Cette "identité absolue" révèle pour le moins le souci, si ce n'est l'obsession, de mettre en évidence *la non matérialité* des éléments constitutifs du signe linguistique. Auquel cas Sechehaye n'est pas en contradiction avec la théorie du signe saussurien. Mais plutôt que de "poser le fait grammatical en lui-même, et dans ce qui le distingue de tout autre acte pychologique, ou en outre logique", comme le remarque Saussure, Sechehaye s'est surtout appliqué à montrer en quoi réside la dimension psychologique et logique du signe linguistique.

Sans aucun doute, la vaste synthèse de Wundt a fait l'objet de débats entre Sechehaye et Saussure au cours de l'élaboration de *Programme et méthodes*. La lecture approfondie de Wundt a amené Sechehaye à formuler un certain nombre de critiques et à se distancier de la psychologie du langage du point de vue du psychologue en lui substituant une psychologie du langage du point de vue du linguiste. Chemin faisant il assimile les acquis de la psychologie dans le domaine du "langage affectif" ou "prégrammatical". Cette dette envers Wundt, il la reconnaît explicitement dans les termes suivants :

> Cette science du langage affectif est accessible aux psychologues, qui sans changer de méthode, peuvent en aborder tous les problèmes principaux et l'ont déjà fait avec succès. Nous n'en voulons qu'une preuve toute pratique. Lisez les chapitres que Wundt consacre aux mouvements expressifs, au langage par gestes, au parler des enfants, à tous ces sujets en un mot, et vous verrez que sauf réserves toujours possibles, vous les trouverez lumineux et de tous points satisfaisants pour ceux qui veulent sous la direction d'un maître s'initier à la connaissance de cet ordre de faits. On n'y éprouve point ce que nous avons ressenti en étudiant le reste de l'ouvrage ; là où l'on se heurte au problème grammatical, au langage organisé, il nous a semblé que les problèmes étaient à demi posés et à demi résolus" Sechehaye 1908 : 92).

Sechehaye s'est exprimé à plusieurs reprises sur *Programme et méthodes.* On trouvera dans l'Appendice la reproduction du prospectus de Champion annonçant la parution de son livre ainsi qu'une lettre adressée à Hugo Schuchardt en novembre 1909. Dans le prospectus, Sechehaye confirme son positionnement par rapport à l'influence de la psychologie de Wundt et insiste sur la nécessité d'établir une "science théorique du langage". Dans un autre registre, celui de la lettre, on découvre un Sechehaye qui reconnaît certaines faiblesses et une forme de prétention dans le titre, probablement suite à des critiques suscitées par ses thèses, avant de réitérer l'importance qu'il accorde au principe d'emboîtement comme garant de l'articulation des disciplines linguistiques.

Saussure, quant à lui, oppose à Wundt une fin de non-recevoir, sans contester toutefois l'importance du facteur psychologique dans le fonctionnement de la langue comme l'a démontré Amacker dès 1994. Le 4 juillet 1911, lors de la dernière séance de son dernier cours de linguistique générale, Saussure s'interroge, une fois de plus, sur le fait linguistique :

> Psychologiquement, que sont nos idées, abstraction faite de la langue ? Elles n'existent probablement pas. Ou sous une forme qu'on peut appeler amorphe. [...] Par conséquent, prise en elle-même, la masse purement conceptuelle de nos idées, la masse dégagée de la langue représente une espèce de nébuleuse informe où l'on ne saurait rien distinguer dès l'origine. Aussi donc réciproquement pour la langue, les différentes idées ne représentent rien de préexistant (Saussure 1993 : 137-138).

Cette nébuleuse informe ne ferait-elle pas écho, à sa manière, à l'image de Sechehaye comparant "la pensée à une ombre projetée qui se compose d'un noyau parfaitement dessiné et d'une pénombre plus ou moins grande tout autour" (Sechehaye 1908: 121), le noyau symbolisant en l'occurrence "les pensées claires qui vont trouver leur expression correcte dans la grammaire", la pénombre désignant "des choses plus pressenties que pensées, de vagues associations, des concepts en gestation, des mouvements émotifs qui ne se traduisent pas en idées bien définies" (Sechehaye 1908: 121) ? Bref une masse amorphe.

On aura ainsi mesuré la proximité, mais aussi le fossé qui sépare les deux points de vue que révèlent ces comparaisons apparemment semblables : chez Saussure, la séparation de principe entre l'amorphe et la forme, chez Sechehaye, la relation génétique entre l'amorphe et la forme.

Références

AMACKER, René. 1994. "La théorie linguistique de Saussure et la psychologie". *Cahiers Ferdinand de Saussure* 48. 3-13.

—. 2000. "Les idées saussuriennes chez Bally et Sechehaye". *Historiographia linguistica* 27. 205-264.

BERGOUNIOUX, Gabriel. 1995. "Saussure ou la pensée comme représentation". *LINX* 7, 121-138.

—. 1999. "La langue et le cerveau. Esquisse d'une histoire de l'aphasiologie d'un point de vue linguistique (XIXe-XXe siècle). *CFS* 51. 165-184.

BUSS, Marieke et al.(eds) 2003. "Lettres de Leipzig 1876-1880". *Cahiers de l'Herne* 76. 323-350.

CAUSSAT, Pierre. 1989. "Une autorité verrouillante : Wilhelm Wundt (1832-1920)". *HEL* 11. 67-90.

CLAPAREDE, Edouard. 1917. "Ferd. de Saussure : Cours de linguistique générale". *Archives de psychologie* 16. 93-95.

ELFFERS-VAN KETEL, Els. 1991. *The Historiography of grammatical concepts.19th and 20th Century Changes in the Subject-Predicate Conception and the Problem of their Historical Reconstruction.* Amsterdam : Rodopi.

ESPAGNE, Michel. 1998. "Wilhelm Wundt. La 'psychologie des peuples' et l'histoire culturelle". *Revue germanique internationale* 10. 73-91.

FRYBA-REBER, Anne-Marguerite. 1994. *Albert Sechehaye et la syntaxe imaginative. Contribution à l'histoire de la linguistique saussurienne.* Genève : Droz.

—. 2001. "De la cohésion et de la fluidité de la langue. Textes inédits (1908-1943) de Charles Bally et d'Albert Sechehaye". *Cahiers Ferdinand de Saussure* 54. 429-487.

—. 2013. *Philologie et linguistique romanes. Institutionnalisation des disciplines dans les universités suisses (1872-1945).* Leuven - Paris - Walpole, MA : Peeters.

FRYBA-REBER, Anne-Marguerite – SWIGGERS, Pierre. 2017. "'Autour des principes de la linguistique'". La correspondance Albert Sechehaye – Hugo Schuchardt (1909-1926)". *Vox Romanica* 76. 1-23.

GAMBARARA, Daniele. 1972. "La Bibliothèque de Ferdinand de Saussure", *Genava* 20. 319-368.

GODEL, Robert. 1957. *Les sources manuscrites du Cours de linguistique générale de F. de Saussure.* Genève: Droz.

KNOBLOCH, Clemens. 1988. *Geschichte der psychologischen Sprachauffassung in Deutschland von 1850 bis 1920*. Tübingen : Niemeyer.

JÄGER, Ludwig. 2001. “Neurosemiologie. Das transdisziplinäre Fundament der saussureschen Sprachidee”. *Cahiers Ferdinand de Saussure* 54. 289-227.

—. 2018. “Saussure in Leipzig: die Genese seines sprachtheoretischen Denkens aus dem Horizont von Philologie und komparatistischer Sprachwissenschaft”. *Romanische Studien* 4, 241-257.

JOSEPH, John E. 2012. *Saussure*. Oxford : Oxford University Press.

LEVELT, William J. M. 2013. *A history of psycholinguistics. The Pre-Chomskyan Era*. Oxford: Oxford University Press.

LINDA, Markus. 2001. *Elemente einer Semiologie des Hörens und Sprechens. Zum kommunikationstheoretischen Ansatz Ferdinand de Saussures*. Tübingen: Narr.

MARCHESE, Maria Pia. 2007. “Tra biografia e teoria: due inediti di Saussure del 1893 (AdS 377/8 et 377/13)”. *Cahiers Ferdinand de Saussure* 60. 217-235.

NAVILLE, Adrien. 1888. *De la classification des sciences. Etude logique*. Genève- Bâle : Georg.

—. 1901. *Nouvelle classification des sciences. Etude philosophique*. 2e édition entièrement refondue. Paris : Alcan.

SAUSSURE, Ferdinand de. 1916. *Cours de linguistique générale*. Publié par C. Bally et A. Sechehaye avec la collaboration de A. Riedlinger. Lausanne – Paris : Payot. (=CLG)

—. 1968. *Cours de linguistique générale*. Édition critique par Rudolf Engler. Tome 1. Wiesbaden : Harrassowitz. (=CLG/E)

—. 1974. *Cours de linguistique générale*. Édition critique par Rudolf Engler. Tome 2: Appendice. Wiesbaden : Harrassowitz. (=CLG/E)

—. 1993. *Troisième Cours de linguistique générale (1910-1911) d'après les cahiers d'Emile Constantin / Saussure's Third Course of Lectures on General Linguistics (1910-1911). From the notebooks of Emile Constantin*. French text ed. by Eisuke Komatsu. English transl. by Roy Harris. Oxford – New York – Seoul – Tokyo: Pergamon Press.

—. 1996. *Premier Cours de linguistique générale (1907) d'après les cahiers d'Albert Riedlinger / Saussure's First Course of Lectures on General Linguistics (1907). From the notebooks of Albert Riedlinger*. French text ed. by Eisuke Komatsu. English transl. by George Wolf. Oxford – New York – Seoul – Tokyo: Pergamon Press.

—. 1997. *Deuxième Cours de linguistique générale (1908-1909) d'après les cahiers d'Albert Riedlinger et Charles Patois. / Saussure's Second Course of Lectures on General Linguistics (1908-1909). From the notebooks of Albert Riedlinger and Charles Patois*. French text ed. by Eisuke Komatsu. English transl. by George Wolf. Oxford – New York – Seoul – Tokyo: Pergamon Press.

2003. *Wissenschaft der Sprache. Neue Texte aus dem Nachlass*. Hrsg. und mit einer Einleitung versehen von Ludwig Jäger. Frankfurt a/Main: Suhrkamp.

—. 2005. *Scritti inediti di linguistica generale*. Introduzione, traduzione e commento di Tullio De Mauro. Roma - Bari: Laterza.

—. 2002. *Écrits de linguistique générale*. Texte établi et édité par Simon Bouquet et Rudolf Engler. Paris: Gallimard.

—. 2011. *Science du langage. De la double essence du langage et autres documents du ms.* BGE *Arch. de Saussure* 372. Édition critique partielle mais raisonnée et augmentée des *Écrits de linguistique générale* établie par René Amacker. Genève : Droz.

SECHEHAYE, Albert. 1908. *Programme et méthodes de la linguistique théorique. Psychologie du langage*. Pari s: Champion.

—. 1914. "Les règles de la grammaire et la vie du langage". *Germanisch-Romanische Monatsschrift* 6. 288-303 et 341-351.

—. 1917. "Les problèmes de la langue à la lumière d'une théorie nouvelle". *Revue philosophique de la France et de l'Étranger* 42/7, 1-30.

—. 1926. *Essai sur la structure logique de la phrase*. Pari s: Champion.

TESTENOIRE, Pierre-Yves. 2018. "Procédés et opérations des sujets parlants chez F. de Saussure". *Histoire Épistémologie Langage* 40/1. 13-29.

TINKER, Miles A. 1932. "Wundt's doctorate students and their theses 1875-1920". *American Journal of Psychology* 44. 630-637.

WUNDT, Wilhelm. 1900 [1904]. *Völkerpsychologie. Eine Untersuchung der Entwicklungsgesetze von Sprache, Mythus und Sitte*. Band I : *Die Sprache*, 2 Theile. Leipzig : Engelmann.

Appendice

1. Nous reproduisons le prospectus de la maison d'édition Honoré Champion annonçant la parution de *Programme et méthodes*. D'après la correspondance adressée à Honoré Champion, Sechehaye a rédigé ce prospectus entre la mi-janvier et la mi-février 1908, date de la parution du livre.

On ne saurait nier que depuis l'apparition de la *Psychologie du langage* de Wundt, en 1900, il y a une question nouvelle à l'ordre du jour. En aucun temps les linguistes ne se sont complètement désintéressés des questions générales et de la partie spéculative de leurs recherches ; les noms de Humboldt, Steinthal, Jespersen, Paul, Bréal et beaucoup d'autres en font foi. Mais Wundt, en s'efforçant d'unir dans une vaste synthèse les résultats de la linguistique moderne avec ceux de la psychologie expérimentale, dont il est un des représentants les plus éminents, a posé de nouveau, et dans des termes plus précis, un problème dont les linguistes, trop souvent, tendaient à se désintéresser.

Les critiques de Delbrück, de Sütterlin et d'autres témoignent du mouvement d'idées provoqué dans le camp des grammairiens par cette mise en demeure. Reconnaissant que la tentative du psychologue est légitime, ces linguistes demandent à être entendus dans le débat et apportent leurs réserves et leurs théories propres comme autant de contributions à une œuvre commune.

D'autres, plus ambitieux, ont considéré l'ouvrage de Wundt comme un premier essai, extrêmement méritoire et utile, mais qui ne saurait être définitif. Instruits par l'expérience d'un maître, ils ont cru qu'ils pouvaient reprendre son œuvre et tenter de faire mieux. Nous faisons allusion aux travaux considérables de O. Dittrich et de Van Ginneken, qui, de manières très diverses, abordent cependant le même problème. L'un et l'autre sont à la fois linguistes et psychologues. La langue est pour eux une matière psychologique dont les phénomènes, décrits par la linguistique, doivent être expliqués selon toutes les lois qui président à la vie psychique.

Si l'on considère le but que M. Sechehaye s'est proposé en écrivant son essai intitulé *Programme et Méthodes de la Linguistique Théorique*, on peut ranger cette œuvre, malgré ses proportions plus restreintes, à côté de celles que nous venons de nommer. L'auteur cherche d'abord à situer la science théorique du langage en général dans la hiérarchie des sciences à la place qui lui revient de droit ; puis il organise cette science en la divisant en un certain nombre de disciplines qui se succèdent en s'"emboîtant" les unes dans les autres, et avec lesquelles on passe par une progression naturelle du problème le plus simple au problème le plus complexe. Dans ce but, il analyse le fait de langage en ses facteurs constitutifs. Il distingue la part qui est du ressort de la psychologie individuelle et la part qui est du ressort de la psychologie collective. Il montre comment par ses attaches organiques avec ces deux sciences, l'étude du langage devient partie intégrante de la science de l'homme et des sociétés humaines. Continuant son analyse, M. Sechehaye s'attache à formuler nettement certaines distinctions essentielles dans l'étude du langage organisé. Il oppose d'une part les états du langage à leurs évolutions, et d'autre part son aspect matériel ou phonique à ce qu'il appelle sa "forme abstraite". Chemin faisant, il présente une critique de l'ouvrage de Wundt, à l'égard duquel il formule des réserves fondamentales et précises, et il aborde tous les problèmes essentiels qui préoccupent les linguistes. Sur une série de points il expose des vues intéressantes et propose des solutions originales. La classification des disciplines linguistiques qu'il donne comme conclusion est réellement neuve, elle force l'attention par la rigueur avec laquelle elle se déduit des principes que l'auteur s'efforce constamment de mettre en lumière.

Cet ouvrage ne fait cependant que tracer un programme complet autant que possible, mais succinct. L'auteur, en parcourant le champ entier de la linguistique théorique, ne s'attarde à des questions de détail que dans la mesure où cela est nécessaire pour établir ses thèses. Si, par la nature même de son sujet, il est forcé de se mouvoir parfois dans l'abstraction et de demander à son lecteur un certain effort de pensée, il développe cependant ses idées sur un plan très clair qu'on suit sans effort de chapitre en chapitre. Les exemples dont il illustre son exposé sont pour la plupart empruntés au français, et il n'est nullement nécessaire de posséder une érudition spéciale pour pouvoir les comprendre. Ce livre s'adresse à tous les esprits que la question du langage intéresse. Tout en apportant des solutions nouvelles aux linguistes, il initiera le lecteur profane aux principaux problèmes de la science du langage organisé.

M. Ferdinand de Saussure, dont M. Sechehaye est un élève, a apprécié cet ouvrage en disant qu'il le considérait comme "remarquable à plusieurs égards et en tous cas intéressant d'un bout à l'autre" et il ajoute : "Les solutions que propose M. Sechehaye pourront être combattues ; elles sont en tous cas parmi celles qu'il ne sera plus permis d'ignorer dans le débat qui ne fait que commencer entre la psychologie et la linguistique. Je salue en elles un effort capital vers le but commun qui est dès à présent reconnu par les adeptes des deux sciences" [12 avril 1907].

2. Extrait d'une lettre de Sechehaye à Schuchardt datée du 7 novembre 1909. Pour l'édition commentée de la correspondance, cf.

Swiggers/Fryba 2017. La consultation en ligne de la correspondance est accessible sur le site du *Hugo Schuchardt Archiv* à Graz.

Me permettez-vous encore, Monsieur, puisque vous avez été un lecteur bienveillant de mon ouvrage, d'ajouter quelques mots à son sujet. J'estime actuellement que j'ai été un peu prétentieux en l'intitulant Program*me* & Methodes [*sic*] de la Ling. théorique. Ce qui concerne les méthodes n'est souvent qu'une esquisse un peu hâtive, assez faible sur certains points, mais nécessaire pour remplir un cadre qui est pour moi de beaucoup la partie la plus importante du livre. Sans ces esquisses ce cadre, ou ce programme, serait resté vide et abstrait. Mais ce qui n'avait de valeur que secondairement et d'une façon indirecte n'aurait pas dû paraître sur le titre.

Le but primordial de mon livre est de montrer comment un principe d'ordonnance doit et peut être appliqué aux disciplines de la linguistique et comment il faut, en prenant les choses d'aussi haut que possible situer d'abord cette science dans « la science ». Parmi les thèses les plus importantes que j'ai voulu défendre, je compte tout ce qui concerne les divers « emboîtements » — chacun en particulier et l'ensemble systématique qu'ils forment. Celui qui subordonne la syntaxe évolutive à la sémantique me semble, s'il est admis, d'une grande portée pratique immédiate pour toutes les recherches de syntaxe historique et je ne crois pas qu'un seul critique l'ait mentionné pour le critiquer ou l'approuver serieusement [*sic*]. Celui qui parle des sciences des sons et des sciences des formes, en définissant ces dernières et en les faisant préceder [*sic*] les sciences des sons, n'a pas non plus été sérieuse<ment> discuté. Je sais que j'ai défendu mon opinion sur ce point d'une façon imparfaite, et que des critiques topiques sur ce point seraient probablement fort utiles. Il n'en est pas moins vrai que la question est centrale, vitale pour l'organisation et le progrès des sciences linguistiques, et pour cela je crois que celui qui reprendrait le débat sur la question que j'ai voulu poser rendrait service à la science.

Anne-Marguerite FRYBA-REBER
Université de Berne
anne-marguerite.fryba@rom.unibe.ch

Language Gathering and Philological Expertise:
Sigismund Koelle, Wilhelm Bleek, and the Languages of Africa[125]

Abstract

In the 19th century, many non-Eurasian languages – especially African languages – were studied in detail for the first time. Most of the language material was gathered by missionaries, and some by explorers and British colonial administrators. But to study these languages comparatively, and to make them the subject of linguistic taxonomies and classifications, was another step, that required specific training and expertise. Focusing on the work of Sigismund Koelle (1820-1902) and Wilhelm Bleek (1827-1875), this article analyses the complex relation of 'fieldwork' and expertise in how African languages were made part of the emerging 'science of language'.

A coloured map of Africa is folded into the covers of Robert Needham Cust's (1821-1909) *A Sketch of the Modern Languages of Africa* (1883). It consists of two parts, conveniently meeting near the Equator, and measures 107x96 cm in total [Figure 1]. Drawn by Ernest Ravenstein of the Royal Geographical Society, it divides the languages of Africa into six groups and families, with six corresponding colours: Semitic Family (pink), Hamitic Family (yellow), Nuba-Fulah Group (orange), Negro Group (grey), Bántu Family (green), and Hottentot-Bushman Group (brown). While four

[125] Research for this article was supported by a Vossius Junior Research Fellowship of the Vossius Center, University of Amsterdam, and a Postdoctoral Fellowship from the FWO Research Foundation - Flanders

of these denominations have fallen into disuse or have become politically incorrect, the borders between the areas are still recognizable on today's language maps: 'Hamitic' covers Berber and Cushitic, 'Negro' applies to Niger-Congo languages of West Africa (putting Bantu speakers in a different ethnolinguistic category), and 'Hottentot-Bushman' is what we would now call Khoisan, although Cust also applied it to a range of Pygmy languages. 'Nuba-Fulah' refers to two distinct ethnic groups, the one clustered in southern Sudan, the other scattered across the southern edges of the Sahara; lumping them together had more to do with ethnic/racial theories than with lexical/grammatical comparison.

All these categories stemmed straight from Austrian linguist/ethnologist Friedrich Müller (1834-1898), whose *Grundriß der Sprachwissenschaft* (1876-88) was the first attempt to offer a classification and overview of the world's languages according to professional linguistic standards, with sound system, word formation, and the elements of grammar. Cust had no such aspirations. A retired colonial administrator, he humbly described himself as a mere 'compiler' and his work as a 'sketch'; he had previously made a similar overview of the languages of the East Indies in order to "do something for India" (Cust 1878: pp. vii-ix). What is surprising about Cust's language map of Africa is the degree of detail, given that it was drawn before the 1884-85 Berlin Conference and the subsequent scramble for Africa – that is, before there was a structural presence of Europeans in most of the continent beyond the coast. A comparison of two maps of Africa from 1856 and 1880 by the Andriveau-Goujon firm[126] [Figures 2, 3] makes the difference clear at one glance: the European sphere of influence below the Sahara has not expanded that much, but the interior is now filled with rivers, mountains, and lakes. For Cust, linguistics, together with ethnology, was part of geography: he held to the principle that "I do not admit the existence of a Language to be an established fact, unless I can indicate on the Map from actual

[126] The 1856 map is signed J. Andriveau-Goujon but could also be by his son, Gilbert-Gabriel. The 1880 map is by Gilbert's son Eugène and based on the plate of the earlier one.

knowledge, or reasonable presumption, the place where it is spoken" (Cust 1883: p. 7).

Cust's map, and his *Sketch,* are a document of how fast knowledge about the languages of Africa had amassed in Europe especially since mid-century. Although Adelung & Vater (1812) and Balbi (1826) listed ca. 91 and 114 African languages respectively in their global linguistic overviews, the bulk of these were then known in Europe only by name or through brief vocabularies. Arabic, Coptic, Amharic, and Geez had a longwritten tradition that had been studied by early modern theologians; otherwise, most of Cust's information came from 19th-century missionaries and explorers. But from the 1850s onward, that information was increasingly mediated, or directly gathered, by trained linguists/philologists.

This article is concerned with how the languages of Africa were turned into an object of study between the 1850s-1870s – that is, how they became part of the emerging 'science of language'. Part of that story has already been told by Hair (1962, 1963, 1967), Irvine (1995, 2008), Gilmour (2006), Bank (2006), Pugach (2012), and others. My focus in this article is specifically on the materials of that science of language, and the relations between 'fieldwork' (a term not then used) and philological expertise. The main issues here are epistemic: what constituted 'expert judgement' in the study of language, and what happens to a language when it becomes an object of study?

With regard to expert judgement, there was a tension between training – and thus the mastery of certain procedures, techniques, and jargon, as well as of several dead languages – and autopsy. On a conceptual level, treating African languages as an object of study required acknowledging that they had a complex phonetic and grammatical structure and were perhaps not that 'primitive', as well as applying the methods of a science that was typically historical-comparative to 'people without history'. On a practical level, it required data. Identifying language families meant making generalizations and formulating hypotheses over a larger range of languages than even the most globe-trotting polyglot could learn to speak. Thus, 'language gathering' was a multi-layered process of compilation and reformulation. By tracing how information was transmitted via 'language material' such as notes, word lists, grammars, (Bible) translations, and transcripts of oral literature, and how that material in turn became linguistic data that figured in overviews and classifications, we can observe a growing divergence between the language that people speak and its linguistic analysis.

The main examples of this process are the works of Sigismund Koelle (1820-1902) and Wilhelm Bleek (1827-1875) – especially Koelle's *Polyglotta Africana* (1854) and Bleek's *Comparative Grammar of the South African Languages* (1862-67). In their works, we can find all the hallmarks of 19th-century professional philology: phonetic alphabets, vowel diagrams, sound shift laws, classifications of language families, and folklore collections. Both acquired part of their expertise *in situ,* Koelle as a missionary in Freetown, Bleek as a librarian in Cape Town. But their trajectories were different. Bleek was already an expert before he set steam to the Cape: the son of a theology professor in Bonn, he had been the first person to do his PhD about African languages, had collated a series of vocabularies compiled in Mozambique by the naturalist Wilhelm Peters, and had written or drafted further works on the subject. In effect, his main opinions were formed before he touched African soil. Koelle, through his Protestant seminary training, knew Latin, Greek, and Hebrew and was informed about developments in linguistics, and he briefly studied Arabic in Tubingen. Still, it was only through his work in Sierra Leone that he became a linguist proper, and only in the few years after his return that he participated in expert debates.

Bleek and Koelle are among the dominating figures of Cust's *Sketch;* they are on the first page of his portrait gallery of figures who contributed to the study of African languages. The other portraits on that page are of Richard Lepsius (1810-1884), the leading Egyptologist of his days, who studied languages of the Nile region in order to compare them with Old Egyptian, and who devised the phonetic alphabet first employed by Koelle; James Frederick (Friedrich) Schön (1804-1889), Koelle's predecessor in Freetown; Friedrich Müller; and the British philologist/ethnologist Robert Gordon Latham (1812-1888), who had written a landmark paper on 'Ethnographical Philology' concerning Africa (Latham

1847), but whose authority Cust otherwise held in much lower esteem.

For Cust, and for many of his sources, studying indigenous languages was linked to David Livingstone's 'three Cs': the spread of Christianity, commerce, and civilization. The paradoxes of that agenda become painfully apparent in the dedication of his work to Leopold II of Belgium, "who for his services in the cause of Equatorial Discovery, both on the East and Western Coast, well deserves the proud title of 'Africanus'" (this was before the mass murders of the Congo Free State). It stands in ironic contrast to his special praise for Samuel (Ajahi) Crowther (1809-1891), one of the first graduates of Fourah Bay College in Freetown, as "one of the earliest explorers of a great River, the revealer of several previously unknown languages, the first Negro Bishop, and the first proof that Equatorial Africa can produce able, enlightened, honest, courteous, and God-fearing men" (Cust 1883 : pp. 212-3). The professional agendas of Bleek and his peers, as we shall see, presented equally painful paradoxes between objectifying people and treating them as human beings. Through these paradoxes, we also get an unusual perspective on colonial history through the lens of language study.

1. Koelle the missionary

Freetown was one of the most curious products of British colonialism. Established in 1787 as a private initiative for the 'repatriation' of black veterans who had fought on the English side in the American War of Independence, and of former slaves who had been emancipated by the momentous 1772 Somerset case that ruled slavery illegal on the British Isles, the colony had been taken over by the British Crown after the scheme turned into a humanitarian disaster (Asiegbu 1969: pp. 1-37). In 1807, British Parliament banned the transatlantic slave trade, and the British Navy actively started hunting down slave ships, capturing some 1,000-1,200 men-of-war in the ensuing decades (Daget 1989: p. 78). Most of the people liberated in this way, who came from all over Western Africa, were brought to Freetown. It became the main outpost of the Church Missionary Society, who founded Fourah Bay College there in 1827 with the aim of educating African missionaries – also because the mortality rate among Europeans in the 'White Man's Grave' was insanely high. By the 1840s, half of Fourah Bay's staff was black, including the principal (Paracka 2003). The Europeans, like most C.M.S. missionaries, were predominantly German, and had had philological training in seminary like Koelle, whose tasks at Fourah Bay included 'inaugurating courses in Hebrew and Arabic' (Hair 1962: p. 10). The study of African languages was crucial to missionary work – although learned pursuits were also seen as "a snare and hindrance" to it (Koelle 1849: p. v) – and the Freetown area housed "individuals from more than two hundred different tribes and countries" (Koelle 1963 [1854a]: p. iii) from West and Sub-Saharan Africa. This made Freetown something of an unintended linguistic laboratory (Hair 1962, 1963).

In *Polyglotta Africana,* Koelle offered a comparative vocabulary of 280 words in 156 languages. He divided these into XI language families and regional groups – and a XIIth set of 'unclassified or isolated languages' – with further subdivisions, numbered I.A.1 to XII.F.1.d. The vocabulary was preceded by a language map of Africa from the Sahara to Angola [Figure 4], and by short biographical information for each of Koelle's informants. Most languages, naturally, were from the West African coast and hinterland, but there were also clusters of names on the map around Lake Chad, Congo/Angola, and Mozambique. For the Congo basin, the map was guesswork, and some languages were mislocated by hundreds of kilometres. Still the map, drawn by leading geographer August Petermann (1822-1878) of the R.G.S., represented the cartographic state of the art; Koelle added significant new geographic information by listing stations along major routes (pp. 22-24).

How Koelle could locate 156 languages becomes clearer from the biographical notices about his informants, which describe where they lived before they were sold or captured, near what river, how many days from the coast, and how long they had been in Freetown. These notices are also a fascinating source of information about the 19th-century slave trade. Most had been captured or kidnapped by slave hunters, while others had been sold on account of debts or on charges of adultery; one man had offered himself as a slave in lieu of his son, who had gone to bring a slave that then died in an accident. Thirty-one of Koelle's informants had not been slaves at all, but had come to Freetown as traders or seamen.

Koelle insisted on autopsy. He claimed that "Living natives were the only source from which the information was derived: no book or vocabulary of any sort was consulted" (p. iv) - even though his fellow missionaries Schön and Crowther had already published works about Hausa and Yoruba. This was Koelle's way to warrant uniformity. He was aware of the shortcomings of his vocabulary; many of his informants had lived in Freetown for decades, and some had not spoken their mother tongue since then, or spoke little or no English. His word lists were compiled over a period of only six months; a comparison of "Pronouns, Verbs, Adjectives, Adverbs, Prepositions, and Conjunctions" would have taken much more time, and was "impracticable under my circumstances" (p. v). Still, this material already permitted him to draw inferences about language relatedness, since "glossarial and grammatical affinities keep pace with each other" (p. iv). By collecting plurals, he could see that 'South African Languages' (no. VIII-XI) were 'distinguished by an initial inflection' – the same prefixing structure of the Bantu languages that was being analysed in the same years by Appleyard (1850) and Bleek (1856). Moreover, he concluded that the 'North-West Atlantic Languages' (no. I) spoken in Sierra Leone and surrounding countries displayed a similar structure; and this similarity, too, had been noted by others as well.[127]

With its title, tables, and language map, *Polyglotta Africana* is obviously modelled after Julius Klaproth's *Asia Polyglotta* (1823). The analogy goes further: like Klaproth, Koelle made lexical comparisons across language families, through a list of "Bornu roots which are evidently cognate with either Indo-European or Semitic roots" at the beginning of his *Grammar of the Bornu or Kanuri Language* (Koelle 1854b: pp. 3-8) and a similar list in his grammar

---

[127] "The close relationship between [the Sierra Leone branch of] languages and those of the Kaffir kindred was discovered almost at the same time, but independently, by Rev. O.A. Vidal, afterwards Lord Bishop of Sierra Leone; by Edwin Norris, esq., of the Royal Asiatic Society, and by Dr. Wm.H.I. Bleek; about 1851" (Bleek 1858-59: p. 223)

of Vai (Koelle 1854c: pp. 5-10). For Koelle, these resemblances had to be either universalia or due to genealogical relations, and together with "the inflectional development and the whole grammatical structure of the Bornu language", this amounted to philological proof of "the genuine humanity of the Negroes" (Koelle 1854b: p. 1).

Kanuri was the language to which Koelle devoted most of his work in Freetown, in accordance with his instructions to select one language which could become "a sort of key to the study of other languages" (Ibid.: p. iv). It was the language of the once-powerful slave-trading Bornu Empire, and one for which he could find a particularly good informant in Freetown, his Fourah Bay student Ali Eisami, who told Koelle his life story, Kanuri fables, and accounts of Bornu Kings and the Bornu-Fula wars (Koelle 1968 [1854d]). Koelle's grammar divides into three sections: sounds, 'etymology' (i.e. morphology), and syntax; the latter is illustrated by a large number of sample sentences for each syntactic phenomenon, so that the grammar is also something of a primer and an ethnological document. Moreover, many grammatical peculiarities are elucidated through comparisons with a range of other languages, for which Koelle used his Tubingen teacher Heinrich Ewald's Hebrew and Arabic grammars but also browsed Adelung and Vater's *Mithridates.* The most lengthy of these elucidations deals with ergativity, or what Koelle terms "objective inflection of the transitive verb", a phenomenon for which he found analogies in American languages, in Georgian, in Hungarian, but most of all in Basque (Koelle 1854b: pp. 99-101).

The use of Hebrew as a point of reference, and the cross-family comparisons, may seem out of date by mid-century – though Bleek and others, as we will see, made wilder comparative claims in the same years. In another regard, Koelle's status as a trained amateur and his awareness of his limitations as a linguist had an epistemic advantage in making him circumspect about avoiding easy projections and careful in testing his own judgement.

> But I must confess, that in spite of my honest wish not to *make* a grammar for the Kanuri, but modestly and diligently to *learn* the grammar which the Kanuri has long ago made for itself, it from time to time required fresh exertion to keep my mind free from prejudice and preconceived notions;

> and whenever a new feature in the language came under my notice for the first time, the sensation it produced in me was generally that of suspicion, and a desire to attribute it to incorrectness in my interpreter, till a frequent recurrence of the same convinced me of its reality. (Ibid: p.ii)

For his Vai grammar, his mode of proceeding was to transcribe what native speakers told him and only then to translate it with the aid of informers who knew some English, rather than to translate sample sentences. (Koelle 1854c: pp. i-ii) All this is sound fieldwork procedure, and it is regrettable that Koelle did not adopt similar restraints in describing social structures. As a missionary, he was firmly convinced that Africans had souls that could be saved, and in teaching them, "any other idea never crossed my mind but that I had to do with *real men"* (Koelle 1968 [1854d]: p. vii); but their culture, in his eyes, was all barbarism and superstition. His *Narrative of an Expedition into the Vy* [Vai] *Country* (1849) reads like colonial slapstick. Travelling to a region now part of Liberia in search of the native speaker who had invented a syllabary writing system for the Vai language, Koelle got caught up in a civil war between local defenders and opponents of the slave trade. He found lodgings with "an American trader, a man of colour", who was separated from his wife and lived with 'concubines'; so he reproached his host because "his mode of life was quite contrary to the Word of God", even though the man shared his last rice with him. From his window, Koelle had to witness 'war-palavers' and 'shocking war-dances'; later on in his journey, he complained that his breakfast came too late (Koelle 1849: pp. 7-9, 14). The Vai in general he called "a very sensual and carnal people, the females especially unchaste and shameless", with "no other god, than their belly" (p. 25). What is striking about the tone of these observations is not so much Koelle's Victorian sentiments as his sheer naiveté and lack of interest.

It was not that Koelle had no ethnological perspective whatsoever. After all, he collected the tales of Ali Eisami as *African Native Literature,* and his selection of words for *Polyglotta Africana* was partly motivated by motives which one could call ethnological:

> So, *e.g.,* the names of God, heaven, hell, sacrifice, &c., afford a good opportunity for judging to what extent Mahommedanism has become rooted in Africa; the names for onion, rice, maize, horse, &c., show that in many countries these articles have been introduced by foreigners; the names for different kinds of clothing, for bed, mat, for weapons, &c., give some

> idea on what degree of civilization certain tribes still stand. (Koelle 1963 [1854a]: pp. iv-v)

But it was a narrow perspective, and one which was primarily linguistic; the introductory paragraph of his Vai grammar, for instance, in which he traced back to Babel "the affinity of Vei roots to roots of other languages" is titled "Ethnological relationship of the Vei language" (Koelle 1854c: p. 3).

Koelle's four major works – the *Polyglotta,* the Vai and Kanuri grammars, and *Native Literature* – were all published in 1853-54, within 18 months after his return to Europe. One obvious sign of recognition as an expert is that he was awarded the 1856 Volney Prize. A more complicated example of his expert credentials is Koelle's use of Lepsius' Standard Alphabet in the Kanuri grammar and *Native Literature*, and the role he played in the formulation and ratification of it. A straightforward challenge to his authority, finally, came a decade later from the classicist/explorer Heinrich Barth, who had travelled to Lake Chad and Timbuktu in the same years that Koelle was in Freetown. In the following sections I will briefly discuss the latter two cases, which also connect Koelle to Bleek.

2. The London Conference and the Standard Alphabet

Uniform transcription of non-Latin alphabets and unwritten languages was a pressing problem for both linguists and missionaries. Friedrich Schön, together with a Cambridge Don, had formulated a set of *Rules for Reducing Unwritten Languages to Alphabetical Writing*[128] in 1848 at the instigation of C.M.S. secretary Henry Venn (1796-1873); but they lacked theoretical underpinning and universal appeal, and Koelle, for one, only followed them grudgingly, and with his own modifications, in the *Polyglotta* and Vai grammar (Spencer 1966; Kemp 1981: pp. 26-28). Early in 1854, Venn and Prussian ambassador Christian Bunsen (1791-1860) convened four meetings at Bunsen's London residence, where Lepsius and Oxford professor/émigré orientalist Max Müller (1823-

[128] Schön & Lee (1848); included in Spencer (1966), pp. 89-91

1900) presented competing proposals. Both Lepsius and Müller had received crucial support from Bunsen at earlier points in their careers, enabling Lepsius' Egyptian expedition (1842-45) and Müller's edition of the Rig Veda (1849-62), and both had research agendas that fitted into Bunsen's own eccentric linguistic-historical theories. Lepsius was the living embodiment of scientific rigour in the study of Ancient Egypt, and for the language, that meant making it part of comparative philology, with Old Egyptian as the oldest branch of the 'Hamitic' family. Müller entertained a theory in which all non-inflecting (i.e. non-Indo-European/Semitic) languages of Asia were related as part of the 'Turanian' family, a theory which he first published as part of Bunsen's *Outlines of the Philosophy of Universal History* (Müller 1854a). For Bunsen, Turanian and Hamitic each represented an earlier stage in world-historical development, reflected in grammatical complexity and religious awareness (Bunsen 1854).

Both proposals sought to classify all the possible sounds in human languages on a physiological (rather than auditive) basis, and to give a sign for each; both were published, together with Bunsen's report of the proceedings, as an appendix to Bunsen (1854). Lepsius demonstrated his system by arranging the vowels and consonants of eleven languages into diagrams, both in his Standard Alphabet and in the original alphabet of that language. (The first example, tellingly, was Egyptian.) [Figure 5] Müller included a huge comparative table in which his 83 sounds (numbered and with Latin names) were laid against extant transcription systems for Sanskrit, Zend [Avestan], Persian, Hindi, Hebrew, and Arabic. The main difference was that Lepsius rigorously insisted that "I. Every simple sound ought to be represented by a simple sign; […] II. Different sounds are not to be expressed by one and the same sign" (Lepsius 1854: p. 405), while Müller felt that "no harm is done if principles are sacrificed to expediency" (Müller 1854b: p. 465). So Lepsius excluded combinations like *ng, ch, th,* and instead used diacritics for each phonetic alteration. The result was avowedly complete and consistent but also, according to all sources, 'a printer's nightmare' because the possible combinations of diacritics required some 200 new type heads.

The London 'Alphabetic Conference' was a crucial nodal point in the professionalization of ethnolinguistics, even though the result was not an enduring standard as intended (cf. Irvine 2008: p. 335). Lepsius' proposal had previously been endorsed by a committee of the Berlin Academy which included Franz Bopp, Jacob Grimm, and *Monumenta Germaniae Historica* editor Friedrich Pertz, and which reserved funds to have type cut; Pertz, as a representative of the Academy, also attended the London conference. It is unclear whether Koelle was there: he does not occur in Bunsen's proceedings but is prominently mentioned as a participant by Lepsius in the later German and English editions of the Standard Alphabet. At any rate, Koelle had discussed the transcription problem with Venn, Bunsen, and other participants at length (Spencer 1966: p. 93). The resolutions adopted at the London conference, though largely in line with Lepsius' recommendations, did not unambiguously choose between the two proposals. Some reservations were stipulated: a 'scientific alphabet' should be "checked and reduced by linguistic observation" (i.e. the sounds should actually be found somewhere), and "each *Missionary Alphabet* shall draw its resources from the same, with due consideration for the greatest economy of signs" (Bunsen 1854: vol. II pp. 388-90). Lepsius himself had granted that simpler forms with less diacritics could be used for the sake of convenience. Thus, his Standard Alphabet became a standard against which to measure orthography rather than a standard orthography; and since he had sought to accommodate the C.M.S. *Rules,* the practical difference was not that large. This explains the footnote in Koelle (1968 [1854d]):

> I much regret that this System was not propounded sooner, so that I might also have adopted it in my Vei-Grammar and Polyglotta Africana. Happily, however, the Orthography which I employed in those books already so nearly approaches the System of Prof. Lepsius, as to only require some minor alterations. (p. xi)

Eventually, the 1855 English edition of the *Standard Alphabet* opened with letters of approval from the C.M.S. and seven other leading Protestant missionary societies, and now included vowel and consonant charts for 50 languages, of which 21 African; in the second edition (Lepsius 1981 [1863]), this grew into a 210-page *raisonné* overview of writing systems and unwritten languages which in turn formed the basis for Friedrich [not Max!] Müller's *Grundriß*.

3. Barth the explorer

Heinrich Barth's criticism of Koelle and Schön is the only false note in the reception of Koelle's work. It came at a point (1862 and after) when Koelle was in Istanbul and no longer taking part in linguistic debates; Schön, for his part, only found time to reply when Barth was already dead. Barth's fundamental argument was simple: Schön and Koelle "do not represent the languages, such as they live in the mouth of the people, but such as they are spoken in one peculiar dialect of more or less circumscribed limits by a few individuals, who, we must well remark, *have long been worked upon* by the intellectual influence of the missionaries" (Barth 1862-66: vol. I p. xiii; his italics). Barth, on the other hand, claimed to have used Kanuri as his main language of communication for two years while travelling in present-day Northern Nigeria, Niger, and Chad, as well as Hausa for half a year while in Timbuktu.

Barth's training had been both specialist and broad. He had obtained his PhD in philology at the University of Berlin with August Boeckh, and then his Habilitation, with studies on the economic history of the ancient Mediterranean, for which he had travelled extensively in North Africa and the Near East. Like Max Müller and Lepsius, he was a protégé of Bunsen; it was through Bunsen's mediation and support that he joined an ill-fated British Sahara expedition, of which he was the sole European survivor (Barth 1857-58). He was, among other things, the first European to consult the libraries of Timbuktu, and to write about African history from indigenous sources. His considerable achievements as an explorer, however, failed to secure him academic tenure, and his highly detailed five-volume travel account was received lukewarmly. There was, then, some rancour in his criticism of 'the missionaries'. He bore a personal grudge against Schön after two Hausa-speaking boys, Dorugu and Abbega, who had accompanied Barth back to England, eventually stayed with Schön rather than following him to Germany, either of their own accord (Schön 1876:

pp. iv-vi) or through 'artifice and violence' (Barth 1862-66: vol. I p. xvii) (cf. Hair 1967: pp. 46ff).

Barth formulated his criticism in an unfinished *Collection of Vocabularies of Central-African Languages* (1862-66), written in German and (less precisely formulated) English so as to address "nicht allein den Sprachforscher von Fach" (p. ii) and covering nine West-African languages. Like Koelle, he adopted Lepsius' orthography, though with some additions; and equally, long columns of word lists were the core of his work. But Barth's overview is significantly more *raisonné* than Koelle's (which he described as a *Musterkarte* or 'paper of patterns', pp. iv-v): introductory commentaries take up half the three volumes, and the pages with word lists are half filled with footnotes – which mainly contain remarks about morphology and corrections to Koelle and Schön. Also, they are arranged in grammatical order: pronouns, particles, numbers, verbs, nouns. (Adjectives, adverbs, and phrases were to follow later.) Throughout, Barth asserted the tone of an expert who is in the position to correct the works of others. He blamed some of the differences in spelling on Koelle's 'South German ears' (Barth was from Hamburg), but he also argued that Koelle misrepresented the structure of words (e.g. detaching the verb from the verb phrase), so that Barth could find back the words corresponding to his own list only with difficulty. Even more pedantically, he put his own rendering of Matth. II in Hausa next to that of Schön and the Greek text. In short, his argument against 'the missionaries' was one from authority as well as from autopsy. His own work, however, was hardly less well received by later experts: Lukas (1936) rejected it as 'incomplete, especially phonetically' (p. 322) for missing the role of tone. Hair (1967) rightly points out that Barth's observations *in situ* are not necessarily preferable to intensive work with a skilled informant such as Ali Eisami.

There were limits, too, to the authority Barth asserted for himself. He used his vocabularies to establish historical and genetic links between languages, and made occasional comparisons to Old Egyptian (a nod to Lepsius), but he left more wide-ranging theoretical comparisons to 'linguists of a higher order': "Mein Standpunkt ist der des Geographen und Ethnographen und ich halte mich nur an Fakten" (p. xxxii). This is a surprising self-description given that there were then at most a few dozen of such 'linguists of a higher order', of whom only three – Pott, Lepsius, and Steinthal – deigned African languages worthy of their attention, but it is obvious that Barth had an infinitely much better ethnological understanding than Koelle or Schön. Indifferent to the commercial and missionary aims of the Sahara expedition, he saw the people he was surrounded by not as souls to be saved but as people worth studying, and managed to get to Timbuktu disguised as a mullah while Koelle was complaining about polygamy and late breakfasts. There is a similar schematism, though, in his ethnographic arrangement of the vocabulary,

> the list of nouns commencing from the terms of the most general import, such as God and the principal natural phenomena, then by way of the animal and vegetable kingdom proceeding to describe man, first with its physical and mental operation and further on in his domestical, political and other relations. (p. xxiii)

4. Bleek the librarian

Barth's *Collection* was not the only running commentary on Koelle's *Polyglotta.* The other was the overview of *The Languages of Mosambique* (1856) compiled by Wilhelm Bleek, based on materials gathered by the naturalist Wilhelm Peters (1815-1883) as a side product of his botanical/zoological fieldwork. Though Mozambique is on the other side of Africa from Freetown, four of the nine languages covered in Bleek (1856) are also in the *Polyglotta,* coming from speakers who had been on intercepted Portuguese slave ships. The material that Bleek had to work with was much more uneven than that of Barth and Koelle, drawn up by Peters from Portuguese-speaking as a well as native-speaking informants and/or copied from earlier Portuguese and English sources, varying in reliability and (Portuguese/English/German) orthography. The proofs of the *Polyglotta,* passed on to Bleek by Bunsen before they were published, functioned as a check-up; throughout Bleek (1856), 'K.' is used as a marker for variants and cross-references. There is no direct criticism of Koelle in Bleek (1856) (a small, oblong booklet with 18 pages of introduction and

1,741 numbered words); after all, Bleek's information was second or third-hand.

Still, Bleek (1851) and (1856) mark the point where it had become possible to make professional statements about African languages and even to add new knowledge about them without leaving Europe - or *before* leaving Europe. He had written his PhD thesis in Bonn with the aid of texts from the Gospel in Xhosa, Herero, and Nama – largely forwarded by the nearby *Rheinische Missions-Gesellschaft* – and the recent work of Appleyard (1850); even his tract *On the Origin of Language* (1868/69) was drafted before he departed to South Africa in 1855.[129] While based on much slighter information than he would later have in Cape Town, his published works already contained his analysis, and schematic representation, of the prefixing structure of what he first called the Bantu languages [Figure 6], as well as the hypothesis that Khoikhoi ('Hottentot') languages, as 'sex-denoting' languages, belong to a different family related to Hamitic and to gender-marking languages in general.

This hypothesis, for Bleek, had far-reaching implications. In Bleek (1868/69), submitted for the Volney Prize fifteen years earlier, he argued that sex-denoting gives the "power of seizing poetically the constitution of things" (Bleek 1869: p. xxiii); that languages which lack it limit its speakers in poetic imagination and abstract thought; and that Khoikhoi and Bushman languages, as rudiments of an African ancestor language, provided a key to the origin of language. It is not hard to detect traces here of both Friedrich Schlegel's (1808) distinction between 'organic' and 'mechanic' languages (cf. Irvine 1995) and of Bunsen's philosophy of universal history. Bleek never significantly revised these tenets, even though he subsequently travelled among Zulus, catalogued the then-largest collection of African / Australian / Oceanic language materials, and finally, took Bushmen prisoners into his own home. The odd result is that dissecting a highly complex and utterly foreign grammatical structure led him to describe Bantu speakers as

129 There was an earlier episode in May-July 1854 in which Bleek joined a West African expedition in search of Barth, but had to return due to malaria and general unfitness of his health to the Tropical climate.

mentally restrained, and that Khoikhoi and Bushmen were of special interest as an object of study because of their presumed proximity to primeval man. He asked his cousin Ernst Haeckel (1834-1919), then well on his way to become the leading German biologist, whether gorillas also made click sounds (Bleek 1969: p. 52n; cf. Bank 2006: p. 39). When cousin Ernst saw Bleek (1868) through press, his editor's preface spoke of Bushmen and Khoikhoi as

> those lower races of men, who in every respect remind us of our animal ancestors, and who, to the unprejudiced comparative student of nature, seem to manifest a closer connection with the gorilla and chimpanzee of that region than with a Kant or a Göthe. (Bleek 1869: p. v)

It would be wrong to view such over-the-top racism simply as personal vice or 'a product of its time'. Racial classifications were ingrained into 19th-century linguistics as a way of going beyond surface phenomena, not as a tacit assumption but as an open debate with conflicting positions. Müller (1876-88), for instance, arranged the world's languages by hair type, with Khoisan and Papua falling into the plucky variety of woolly-haired races [*Büschelwollhaarige*] – purportedly a more clear-cut category than distinctions by skin colour or skull shape. For Bleek, what mattered were parallels between language evolution and ethnic descent (cf. Di Gregorio 2002; Gilmour 2006: ch. 5). Bantu prefixes and Khoisan clicks were indications of how language came into being through grammaticalization and phonetic differentiation. Linguistic comparison could fill holes in the historical record, tracing "the descent and mixture of the different nations inhabiting South Africa" and how what was later called the Bantu migration had marginalized Khoisan languages and peoples. Accordingly, he argued in his comparative grammar, "a deeper study of the primitive forms of language such as the Kafir and Hottentot exhibit" would be of equal importance for the science of language as the study of Sanskrit (Bleek 1862-69: vol. I pp. i-ix).

The term 'fieldwork' is only partially to Bleek's work in South Africa. Apart from his first year spent travelling in the service of the newly created Bishop of Natal, most of it was carried out at the governor's library in Cape Town and later at his home. The bulk of the material for his comparative grammar came from the personal collections of Governor George Grey (1812-1898), a trove of 1,523 volumes, fascicles, bound periodicals, and manuscripts, documented in minute detail in Bleek's (1858-59) catalogue. The informants for the collection of Bushman folklore on which he worked until his death from tuberculosis were recruited from the Breakwater Prison in Cape Town. Like Koelle, he was in the right place, which was neither in Europe nor 'in the field', but with an institutional basis and privileged access to oral and written sources. One could speak of fieldwork at a distance.

In the first fascicle of Bleek (1858-59), the part on South Africa, one can see his comparative grammar developing. It contained diagrams of previous notations of clicks (p. 6) and of sounds shifts between Xhosa, Zulu, Tsonga, and Tswana (p. 40) [Figures 7, 8]; throughout, he referred to himself in third person but put his own publications and manuscripts at the beginning of each section, and started cataloguing from his distinction between 'sex-denoting' and 'prefix-pronominal'. How to classify Bushman languages was left as an open problem, and remained so in Bleek (1862-69), for sheer lack of information – what he had were two word lists from travel accounts and his own notes. He therefore singled this out as a subject for further research. Through his commentaries, Bleek's *catalogue raissonnée* became much more than an inventory of a collection; it was a critical overview of the state of knowledge, with Bleek asserting an impersonal authority.

The majority of the grammars, vocabularies, and biblical texts in Grey's library had been printed at local missionary presses; Grey was collecting them both as a personal passion and for the sake of government, just as he had previously done as governor of South Australia and New Zealand. While Grey's recommended colonial policy was one of voluntary or forced assimilation with civil rights (Grey 1841: ch. xvii), he was unique in the lengths he went to understand his would-be subjects. Maori, the language that Grey had studied most extensively, accounted for one-quarter of printed matter and two-thirds of the manuscripts, including addresses by and to Grey in Maori (fasc. II.4 nos. 115-20), registrations of Maori songs and legends in his own hand or commissioned by / addressed to him (nos. 134-56), and various editions of this material (124-7, 130, 132-3). Likewise, much of the Australian manuscripts bore his stamp. Bleek's role as Grey's 'interpreter', then, was to expand Grey's collection and to scientifically approve and process the outcomes of Grey's learned pursuits. While Grey was a stern and difficult man, something of a caricature of the ideal colonial administrator, on the level of knowledge production their relation can be described as symbiotic.

As an editor, grammarian, and folklore collector, the model that Bleek was emulating was primarily that of Jacob Grimm (1785-1863). Xhosa, Nama, and !Xam were his Old High German. In his pursuit of Ur-forms and ancestor languages, he treated oral literature as cultural relics. He even used the title *Reynard the Fox in Africa* (1864) for the Khoikhoi fables he obtained from missionaries at Grey's request; and he presented them, like the Grimm brothers' *Hausmärchen,* as tales for children.[130] Grimm, however, did not need to cross a deep cultural or linguistic boundary with Dorothea Viehmann. Bleek did. Together with his sister-in-law, Lucy Lloyd (1834-1914), he spent years filling notebooks with records of //Kabbo, Dia!kwain, and other !Xam Bushmen, using broken Dutch/Afrikaans as an interlanguage. Officially convicted as 'cattle thieves', effectively these men were prisoners / survivors of a guerrilla war against Boers who were taking their land and hunting them down. As Bleek euphemistically put it, the realization that "the Bushmen in this Colony seemed to be rapidly dying out" (Bleek 1873: p. 152) made him set aside his comparative grammar for more urgent tasks.

The Bleek/Lloyd archive of Bushman folklore is now registered as UNESCO Memory of the World, and since the end of Apartheid, it has become the subject of exhibitions, documentaries, monographs, and two bulky scholarly/artistic edited volumes (Skotnes 2007; Deacon & Skotnes 2014). Only 28 of the notebooks are by Bleek compared to 131 by Lloyd (and 32, of a later period, by his daughter Dorothea). That figure itself is a sobering reminder that trained linguists do not necessarily possess greater language skills, even granted that Lloyd had more time to spend with their 'guests'; she used the same system of phonetic notation and parallel

---

[130] On Jacob Grimm's edition of *Reineke Fuchs,* see Leerssen (2013)

transcription/translation. It was Lloyd, too, who carried on the project after his death, carried the notebooks to Europe, and saw the *Specimens of Bushman Folklore* (1911) through press. Initially, she was allowed to take over Bleek's post as a librarian at half pay, a post she later lost to a missionary's son with a PhD from Halle. The Honorary Doctorate that Lloyd received from Cape Town in 1913 was a late compensation.

5. Conclusions

Gilmour (2006: pp. 169ff) aptly sums up Bleek's work as going 'from languages to language'. Bleek's diagrams of the Bantu prefix system present this process of abstraction *in nuce.* They distinguish up to 19 noun classes, singular and plural, for humans/animate beings, animals, plants etc., marked by a particular prefix (e.g. *ba-ntu,* 'people'). With this as their defining trait, hundreds of languages, and *in extenso* their speakers, became instantiations of that system. Bleek saw such defining traits reflected everywhere: in his first reports from Natal, he linked clicks and gender-marking to styles of dress, weapons, utensils, and even the design of huts (Bleek 1857).

The process of abstraction follows the general trajectory by which the languages of Africa, and other non-European languages, were turned into objects of study: from language to language material to linguistic data, and from speakers via missionaries, explorers, and colonial administrators to linguists. Cust (1883: pp. 62-3) describes that trajectory when distinguishing between "four classes of contributors to our knowledge", from 1) the travellers who have recorded vocabularies, via 2) the authors of grammars and dictionaries, to 3) "the two or three great Scholars, masters of the principles of Comparative Philology", and finally, 4) the popularizers, or dishers-up. It is a trajectory with clear-cut centre-periphery relations, with London as the centre of power and German universities as centres of knowledge. Within this trajectory, expertise functioned like a correction mechanism: to be an expert was not just to know things but also to draw conclusions from it, to present something as knowledge, and especially to be able to correct others. The speakers, on the other hand, were heard only if their stories were being recorded (which is still better than not being heard at all).

But that is not the whole story, and not only because of grey areas or local knowledge. The nature of the expertise itself entailed all kinds of double binds. To learn a people's language you had to treat them as human beings; but the very reasons for which one would want to do so in a (pre)colonial context – missionary, administrative, or scientific – made them less than wholly so. Applying methods that were learned studying venerable dead languages to living but unwritten ones both lifted the philological prestige of the latter and invited taking them out of context and treating them as relics. Expertise required specialist training; but expert judgement (for instance Lepsius') flouted arbitrary disciplinary boundaries. It was at once protocolled and highly subjective; it involved minute observation and notation along with broad hypotheses and judgement at a distance. This was a difficult balance. Some brands of idiosyncrasy – Bunsen's and Max Müller's – thrived better on British soil than in German academia.

Studying largely unwritten languages presented typological challenges on all levels, from phonetics to linguistic descent. Two problems are singled out by Cust (1883): the near-impossible distinction between 'languages' and 'dialects', and determining what was a single word. Without reference to literary languages, the study of language became more narrowly 'linguistic' and less 'philological' – two things which then still overlapped in English usage, and started to grow apart in German – while being corroborated by ethnographic and geographic data instead. Travel accounts with maps like Barth's and biographies of Koelle's and Bleek's informants replaced philological commentaries; 'Bushman folklore' and 'African native literature' provided a corpus. Genealogies of the Indo-European and Semitic language families were built on very old texts; hypotheses about links with Egyptian, about Khoisan languages as relics, and about Xhosa as the Bantu ancestor language, provisionally filled the gap.

Finally, mid- to late 19th-century African studies were also a story of Anglo-German knowledge transfer. Even the cartographers who drew Koelle's, Barth's, and Cust's maps were German migrants; so was Bleek's, Barth's, and Cust's London publisher, Nicholas Trübner (1817-1884). Squarely put, the British Empire imported German experts, at least until Germany became a *Reich* and started its own colonial adventures. Still, as the catalogues of Bleek (1858-59) and Cust (1883) clearly show, information flowed both ways. Deferential as he was in his attitude towards the German 'masters', Cust still felt confident enough to differ with Bleek's and Lepsius' Khoisan-Hamitic hypothesis (p. 435), to demote Hamitic to a 'group', and to exclude four languages mentioned by Koelle and 27 by Barth as insufficiently attested (pp. 528-9). His status as a non-expert was even something of an article of pride:

> All the hard technical terms, which set the teeth on edge in German books, are deliberately avoided, as the object is to popularize, though the result may be that the compiler will have a 'Nicht' attached to his name in German Reviews, as a compliment to his entire absence of training in any school of Comparative Philology. (p. 15)

References

ADELUNG, J.Ch. & VATER, J.S. (1812), *Mithridates oder allgemeine Sprachenkunde mit dem Vater Unser als Sprachprobe in bey nahe fünf hundert Sprachen und Mundarten.* Vol. III.1. Berlin: Voss

APPLEYARD, J.W. (1850), *The Kafir Language: Comprising a Sketch of Its History; which Includes a General Classification of South African Dialects, Ethnographical and Geographical; Remarks Upon Its Nature; and a Grammar.* King William's Town: Wesleyan Missionary Society

ASIEGBU, J.U.J. (1969), *Slavery and the Politics of Liberation, 1787-1861: A Study of Liberated African Emigration and British Anti-Slavery Policy.* London : Longmans, Green &co.

BALBI, A. (1826), *Atlas ethnographique du Globe, ou Classification des Peuples anciens et modernes d'après leurs Langues.* 1+1 vols. Paris: Rey&Gravier

BANK, A. (2006), *Bushmen in a Victorian World: The remarkable story of the Bleek-Lloyd Collection of Bushman folklore.* Cape Town: Double Storey

BARTH, H. (1857-58), *Travels and Discoveries in North and Central Africa. 5 vols. London: Longmans et al.*

- (1862-66), *Sammlung und Bearbeitung Central-Afrikanischer Vokabularien / Collection of Vocabularies of Central-African Languages.* 3 vols. Gotha: Perthes

BLEEK, W.H.I. (1851), *De nominum generibus linguarum Africae australis, Copticae, Semiticarum aliarumque sexualis.* PhD thesis, Bonn

- (1856), *The Languages of Mosambique.* London: Harrison

- (1857), "Researches into the Relations between the Hottentots and Kafirs", *Cape Monthly Magazine* 1: 199-208, 289-296

- (1858-59), *The Library of his Excellency George Grey: Philology.* 6 fasc. London: Trübner

- (1862-67), *A Comparative Grammar of the South African Languages.* 2 vols. London: Trübner

- (1864), *Reynard the Fox in Africa; or, Hottentot Fables and Tales.* London: Trübner

- (1868), *Über den Ursprung der Sprache.* Ed. E. Haeckel. Weimar: Böhlau

- (1869), *The Origin of Language.* Tr. of Bleek (1868). New York: Schmidt

- (1873), "Scientific Reasons for the Study of the Bushman Language", *Cape Monthly Magazine* 7: 149-153

- & LLOYD, L.C. (1911), *Specimens of Bushman Folklore.* London: Allen

BUNSEN, Ch.C.J. von (1854), *Outlines of the Philosophy of Universal History applied to Language and Religion.* [*Christianity and Mankind* Pt. IV] 2 vols. London: Longmans et al.

CUST, R.N. (1883), *A Sketch of the Modern Languages of Africa.* 2 vols. London: Trübner

DAGET, S. (1989), "The Abolition of the Slave Trade", in J.F.A. Ajahi (ed.), *General History of Africa. VI: Africa in the Nineteenth Century until the 1880s.* Paris/Oxford: Unesco/Heinemann

DEACON, J. & SKOTNES, P. (2014) (eds.), *The Courage of //kabbo: Celebrating the 100th anniversary of the publication of Specimens of Bushman folklore.* Cape Town: UCT Press

DI GREGORIO, M.A. (2002), "Reflections of a Nonpolitical Naturalist: Ernst Haeckel, Wilhelm Bleek, Friedrich Müller and the Meaning of Language", *Journal of the History of Biology* 35:1: 79-109

GREY, G. (1841), *Journals of two Expeditions of Discovery in North-West and Western Australia, during the Years 1837, 38, and 39.* 2 vols. London: Boone

GILMOUR, R.H. (2006), *Grammars of Colonialism: Representing Languages in Colonial South Africa.* London: Palgrave

HAIR, P.E.H. (1962), "The Contribution of Freetown and Fourah Bay College to the Study of West African Languages". *Sierra Leone Language Review* 1: 7-18

- (1963), "Koelle at Freetown: An Historical Introduction", in Koelle (1963 [1854a]): 7*-17*

- (1967), *The Early Study of Nigerian Languages: Essays and Bibliographies.* Cambridge UP

IRVINE, J.T. (1995), "The Family Romance of Colonial Linguistics: Gender and family in nineteenth-century representations of African languages", *Pragmatics* 5.2: 139-153

- (2008), "Subjected Words: African Linguistics and the Colonial Encounter", *Language & Communication* 28: 323-343

KLAPROTH, H.J. (1823), *Asia Polyglotta.* 1+1 vols. Paris: Schubart

KEMP, J.A. (1981), "Introduction to Lepsius's 'Standard Alphabet'", in Lepsius (1981 [1863]): 1*-97*

KOELLE, S.W. (1849), *Narrative of an expedition into the Vy country of West Africa, and the discovery of a system of syllabic writing, recently invented by the natives of the Vy tribe.* London: Seeley et al.

- (1854b), *Grammar of the Bórnu or Kanuri language.* London: Church Missionary House

- (1854c), *Outlines of a Grammar of the Vei Language, together with a Vei-English Vocabulary.* 2nd ed. London: Church Missionary House

- (1963 [1854a]), *Polyglotta Africana.* Ed. P.E.H. Hair. Graz: Academische Druck- u. Verlagsanstalt

- (1968 [1854d]), *African Native Literature, or Proverbs, Tales, Fables, & Historical Fragments in the Kanuri or Bornu Language.* Ed. D. Dalby. Graz: Academische Druck- & Verlagsanstalt

LATHAM, R.G. (1847), "On the Present State and Recent Progress of Ethnographical Philology. Part I: Africa", *Reports of the British Ass. for the Advancement of Science* 17: 154-229.

LEERSSEN, J. (2003), "A cross-country Foxhunt: Claiming Reynard for the national literatures of nineteenth-century Europe", in P. J. Geary, & G. Klaniczay (eds.), *Manufacturing Middle Ages: Entangled history of medievalism in nineteenth-century Europe. Leiden: Brill*

LEPSIUS, K.R. (1854), "Succinct Exposition of his Universal Standard Alphabet", in Bunsen (1854), Vol. II: 399-435

- (1981 [1863]), *Standard Alphabet for Reducing Unwritten Languages and Foreign Graphic Systems to a Uniform Orthography in European Letters.* [Reprint of the 2nd ed.] Ed. J.A. Kemp. Amsterdam Studies in Theory and History of Linguistic Science I.5. Amsterdam: John Benjamins

LUKAS, J. (1936), "The Linguistic Situation in the Lake Chad Area in Central Africa", *Africa* 9.3: 332-349

MÜLLER, Fr.M. (1854a), "The Last Results of the Researches respecting the Non-Iranian and Non-Semitic Languages of Asia and Europe, or the Turanian Family of Languages", in Bunsen (1854), Vol. I: 263-521

- (1854b), "Proposals for a Missionary Alphabet", in Bunsen (1854), Vol. II: 437-488

MÜLLER, Fr. (1876-88), *Grundriß der Sprachwissenschaft.* 4 vols. Vienna: Hölder

PARACKA, D.J. (2003), *The Athens of West Africa: A History of International Education at Fourah Bay College, Freetown, Sierra Leone.* New York & London: Routledge

PUGACH, S.E.B. (2012), *Africa in Translation: A History of Colonial Linguistics in Germany and Beyond, 1814-1945.* Ann Arbor: University of Michigan Press

[SCHÖN, J.FR. & LEE, S.] (1848), *Rules for Reducing Unwritten Languages to Alphabetical Writing in Roman Characters.* London: Church Missionary House

SCHÖN, J.FR. (1876), *Dictionary of the Hausa Language.* London: Church Missionary House

SKOTNES, P. (2007) (ed.), *Claim to the Country: The archive of Lucy Lloyd and Wilhelm Bleek.* Johannesburg: Jacana

SPENCER, J. (1966), "S.W. Koelle and the Problem of Notation for African Languages, 1847-1855", *Sierra Leone Language Review* 5: 83-105

Floris SOLLEVELD
KU Leuven, Department of History /
Centre for the Historiography of Linguistics
floris.solleveld@kuleuven.be

FIGURES

Figure 1: Ravenstein's *Language Map of Africa,* from Cust (1883)
https://www.loc.gov/resource/g8201e.ct001441/

Figure 2: Africa in 1856, by J. [or G.-G.] Andriveau-Goujon.
https://catalog.princeton.edu/catalog/4798766

Figure 3: Africa in 1880, by E. Andriveau-Goujon. Note the Great Lakes and the outline of the Congo Basin.

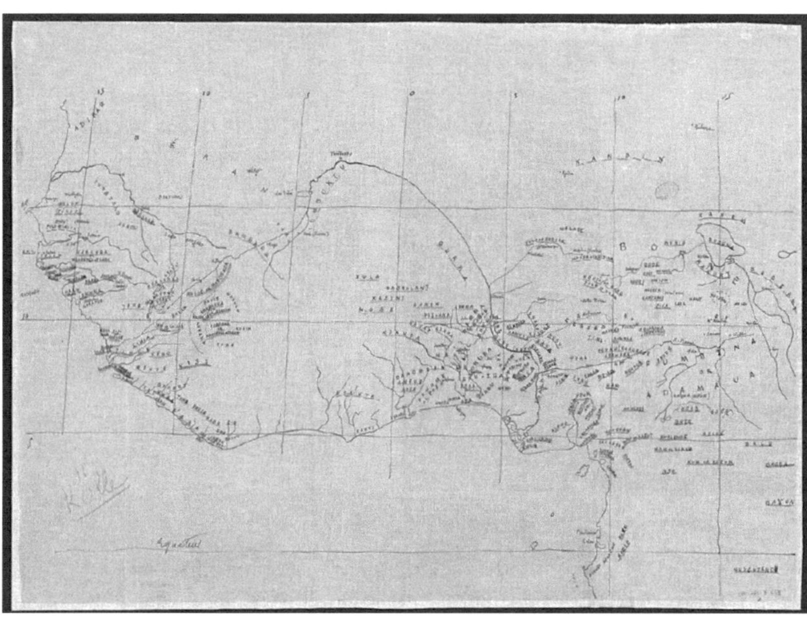

Figure 4: Design for Petermann's *Map of the Tropical Regions of Africa,* West African section. Municipal Library, Chambéry.

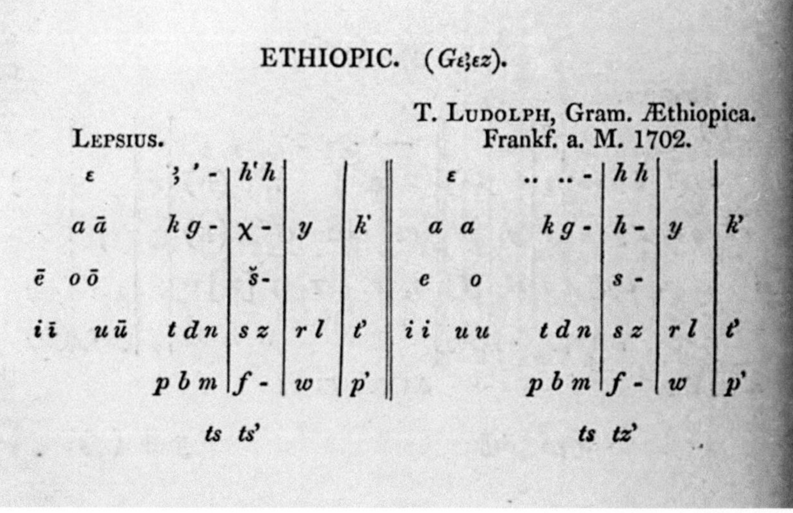

Figure 5: Lepsius's *Standard Alphabet* applied to Geez, from Bunsen (1853)

Singular	1. MU-	3. MU-	5. LI-	7. KI-	9. N-	11. LU-	13. KA-	14. BU-	15. KU-
Plural	2. BA- 6. MA	4. MI-	6. MA-	8. PI-	10. TA-N- 6. MA-N-	12. TU- 10. TA-N- 6. MA-	12. TU- 14. BU-	6. MA-	6. MA- 12. (TU-)
		16. PA-		17. ?(KO-)		18. ?(MO-)			

Out of these, in the Herero language, the following forms have assumed a greater regularity in their correspondence. They are given here, as they are usually found, connected with the prefixed demonstrative particle *o*-, which has the force of an article.

Figure 6: 'Ur-form' of the prefix system of the Bantu languages, from Bleek (1856)

6 *Hottentot Language.*

PUBLICATIONS AND MANUSCRIPTS.				CLICKS.			
Nos.	TITLES.	Date.	Catal.	Dent.	Lat.	Gutt.	Pal.
1	Sir Thomas Herbert, Bart.,...	1638	28.	i s t			
2	G. Fr. Wrede, Compendium,...	1664	✱30.				
3	God. Guil. Leibnitii, Collect...	1717	35.	t?		k?	
4	M. P. Kolbe's Travels	1719	33.	∩ (or) ∼			
5	Andrew Sparrmann, M.D.,......	1782	23.	t'			
6	C. P. Thunberg, M.D.,..........	1789	24.	a	A	á	
7	F. Le Vaillant, Travels.........	1790	25.	ʌ	V		△
8	John Barrow, F.R.S.,...........	1801	26.	—		∪	
9	Dr. van der Kemp, Catech.....	1805	✱21.	By 6 differ. Numer.			
10	H. Lichtenstein, M.D.,.........	1808	18. 19.	t'¹	t'²		t'³
11	Kafir and Zulu Books, since...	1824	43.216.	c	x	q	(qc)
12	Will. J. Burchell, Travels......	1824	20.	ɔ	ʗ	ʗʗ	
13	Joh. Leon. Ebner, Travels	1829	✱	——			
14	J. H. Schmelen, Manu., before	1830	10.	—	⊃	|	∩
15	H. C. Knudsen, Spell.-book.....	1842	5. 6.	·	ɔ	ɔɔ	:
16	H. C. Knudsen, Luke's Gospel	1846	15.7.4.	·	ɔ	⊂	:
17	C. F. Wuras, Catech., before...	1848	21.	·	ɔ		ʗ
18	C. F. Wuras, Grammar.........	1850	16.	f	y	q	v
19	H. P. S. Schreuder, Zulu Gr...	1850	178.	ϟ	ξ	·ξ·	
20	R. Lepsius, Manuscript.........	1853		ıc	ıx	ıʞ	ıɔ
21	Rich. Lepsius, Stand. Alphab...	1854		ǀ	ǁ	ǃ	¦
22	F. H. Vollmer, Spelling-book..	1854	8. 12.	v	q	f	x
23	Rhenish Mission Conference...	1856		/	//	⊬	≠
24	Henry Tindall, Grammar, &c.	1856	2. 3.	c	x	q	v
25	Wm. H. I. Bleek, Resc., &c....	1857	215.36.	c	x	q	ɔ
26	C. F. Wuras, Manuscript.......	1857	16.21.d	ʌ	π		∩
27	Manuscript Notes................		6.	ts	kl	gkt	kt
28	J. W. Gibbs, Remarks, &c......	1852	174.	□	[]	⊟	

Figure 7: Earlier notations of clicks, 1638-1852, from Bleek (1858-59)

40 *Bántu Family, South African Division,*

	KAFIR.			TEGEZA.			SE-TSHUANA.
The	*k*	corresponds	to	*k*	and	to	*gh*
,,	*nk*	,,	,,	(—)	,,	,,	*kh*
,,	*ng*	,,	,,	*ng*	,,	,,	*k*
,,	*ty*	,,	,,	*bdsh*	,,	,,	*y*
,,	*sh*	,,	,,	*h*	,,	,,	*sh*
,,	*s*	,,	,,	*s*	,,	,,	*s*
,,	*s*	,,	,,	*tsh*	,,	,,	*ts*
,,	*z*	,,	,,	*t*	,,	,,	*ts*, or *hl*
,,	*zi*	,,	,,	*te*	,,	,,	*li*, or *ri*
,,	*nz*	,,	,,	*t*	,,	,,	*ts*
,,	*nz*	,,	,,	*mf*	,,	,,	*p*
,,	*p*	,,	,,	(—),or *h*	,,	,,	*f* or *h*
,,	*p*	,,	,,	*bz*	,,	,,	*p*
,,	*b*	,,	,,	*b* or *v*	,,	,,	*b*
,,	*mb*	,,	,,	*mb*	,,	,,	*p*
,,	*ʃ*	,,	,,	*f*	,,	,,	*f*, or *h*
,,	*v*	,,	,,	*f*	,,	,,	*b*, or *r*
,,	*v*	,,	,,	*f*	,,	,,	*ku*, or *tshu*
,,	*mv*	,,	,,	*nf*	,,	,,	*p*
,,	*t*	,,	,,	*r*	,,	,,	*r*
,,	*nt*	,,	,,	*n*	,,	,,	*th*
,,	*d*	,,	,,	*l*	,,	,,	*l*
,,	*nd*	,,	,,	*nd*	,,	,,	*t*
,,	*l*	,,	,,	*l*	,,	,,	*l*
,,	*li*	,,	,,	*ri*, or *dzi*	,,	,,	*le*
,,	*n*	,,	,,	*n*	,,	,,	*n*
,,	*ni*	,,	,,	*nyi*	,,	,,	*n*
,,	*ny*	,,	,,	*ny*	,,	,,	*n*
,,	*-ni*	,,	,,	*-ne*	,,	,,	*-ng*
,,	*m*	,,	,,	*m*	,,	,,	*m*
,,	*ml*	,,	,,	*n*	,,	,,	*mol*
,,	*mb*	,,	,,	*mob*	,,	,,	*m*

N.B. (—) indicates here the א [Aleph] of the Hebrew alphabet, or the Hiatus occasioned by the disappearance of a consonant.

Figure 8: Sound shifts between Xhosa, Tsonga, and Tswana, from Bleek (1858-59)

La grammaticalisation et la circulation internationale des idées linguistiques

Abstract

Research into grammaticalization has an established genealogy, which records the birth of the term "grammaticalization" in more or less its present-day sense with Antoine Meillet (1866–1936), but recognizes an intellectual lineage extending back to at least the Enlightenment. Among the immediate predecessors of Meillet, Georg von der Gabelentz (1840–1893) is accorded a significant place in this genealogy for proposing an account of the emergence of grammatical forms that prefigures Meillet's in its key features. In this paper, we look at the movement of ideas between Gabelentz, Meillet and the broader international context in which they were situated. The focus of the paper lies on the emergence of the spiral conception of linguistic history and the opposing forces that are taken to drive this spiral by respectively wearing down and renewing linguistic forms. In addition to the widely known connection of these ideas to agglutination theory in its various versions, we briefly examine the contribution of aesthetically oriented "idealist" approaches to language study that were current at the time.

1. Introduction[131]

La recherche sur la grammaticalisation a un pedigree établi, d'abord certifié par Christian Lehmann (2015[1982], pp.1-9) dans son livre fondateur *Thoughts on Grammaticalization*, et confirmé, avec divers ajouts, dans des manuels standard dans le domaine, tels

[131] Le présent article est basé sur l'article du blog McElvenny (2016b). Des éléments de cette recherche sont également présentés dans McElvenny (2017a, §4) à propos de la vie et de l'œuvre de Georg von der Gabelentz.

que ceux de Heine et al (1991, pp.5-23) et Hopper & Traugott (2033[1993], pp.19-38), tous deux portant le titre disciplinaire *Grammaticalization*. La généalogie reçue enregistre la naissance du terme 'grammaticalisation' dans son sens plus ou moins actuel avec Antoine Meillet (1866-1936), mais reconnaît une lignée intellectuelle s'étendant au moins jusqu'au Siècle des Lumières. Parmi les prédécesseurs immédiats de Meillet, Georg von der Gabelentz (1840-1893) se voit accorder une place importante pour proposer un récit de l'émergence des formes grammaticales qui préfigurent Meillet dans ses caractéristiques clés.

Le récit standard est sans doute correct, mais en même temps excessivement étroit et présentiste. Dans cet article, nous examinons le contexte historique plus large dans lequel Gabelentz a formulé les idées qui semblent anticiper la grammaticalisation de Meillet. Nous montrons que Gabelentz a simplement réuni une série de lieux communs dans l'érudition linguistique de son temps, et que la propagation de ces lieux communs représente un cas paradigmatique de la circulation internationale des idées linguistiques. En outre, nous explorons les aspects fondamentaux de la théorie de Gabelentz - et en fait aussi celle de Meillet - qui sont obscurcis dans le récit standard. Nous soutenons que ces points de vue ont été ignorés parce qu'ils ne peuvent pas être alignés directement sur les attitudes et les approches acceptées dans le courant dominant de la linguistique actuelle.

2. La grammaticalisation et l'agglutination

Le *locus classicus* de la grammaticalisation est le papier de Meillet (1921[1912]) « L'évolution des formes grammaticales ». La grammaticalisation est ici décrite comme l'« attribution du caractère grammatical à un mot jadis autonome » (Meillet, 1921[1912], p.131). Le récit de Meillet s'appuie sur la théorie de l'agglutination du XIXe siècle, selon laquelle les inflexions grammaticales sont historiquement dérivées d'anciens éléments indépendants. Dans cette optique, Meillet imagine un continuum de formes dans toutes les langues, allant des mots porteurs de contenu totalement indépendants aux affixes qui ont une signification purement grammaticale. Sa grammaticalisation est le processus toujours actif et inévitable par lequel ces éléments linguistiques sont 'affaiblis' dans leur signification et leur forme, avec pour résultat qu'ils se déplacent le long de ce continuum, des mots entiers aux affixes :L'affaiblissement du sens et l'affaiblissement de la forme des mots accessoires vont de pair; quand l'un et l'autre sont assez avancés, le mot accessoire peut finir par ne plus être qu'un élément privé de sens propre, joint à un mot principal pour en marquer le rôle grammatical. Le changement d'un mot en élément grammatical est accompli.

> L'affaiblissement du sens et l'affaiblissement de la forme des mots accessoires vont de pair; quand l'un et l'autre sont assez avancés, le mot accessoire peut finir par ne plus être qu'un élément privé de sens propre, joint à un mot principal pour en marquer le rôle grammatical. Le changement d'un mot en élément grammatical est accompli. (Meillet 1921 [1912], p.139)

Comme le soulignent Lehmann (2015[1982], pp.3-4), Hopper & Traugott (2003[1993], pp.20-21) et Heine et al (1991, p.9), ces éléments clés du récit de Meillet - l' « affaiblissement », la spirale et les tendances complémentaires qui mènent à la spirale - étaient déjà présents dans la même configuration dans le résumé de Gabelentz de sa propre théorie de l'agglutination. Dans le passage suivant du *magnum opus* de Gabelentz, *Die Sprachwissenschaft* (2016 [1891], cité par Lehmann, op. cit. et en partie par Heine *et al.*, 1991, p.8), une conception en spirale de l'histoire linguistique est invoquée, résultant de l'opposition entre *Bequemlichkeitstrieb* (l'aspiration au confort) et *Deutlichkeitstrieb* (l'aspiration à la distinction) :

> Maintenant, l'histoire des langues se déplace dans la diagonale de deux forces : l'instinct de confort, qui conduit à l'usure des sons, et l'instinct de clarté, qui ne permet pas que cette usure dégénère en destruction du langage. Les affixes abrade, disparaissent sans laisser de trace à la fin ; cependant, leurs fonctions ou une impulsion similaire après l'expression. Ils obtiennent cette expression, selon la méthode des langues isolantes, par ordre des mots ou des mots clarifiants. Ces derniers sont à leur tour soumis aux processus d'agglutination, de broyage et de retrait dans le temps, et pendant ce temps, de nouveaux substituts sont préparés pour le périssable : les expressions périphrastiques sont préférées ; qu'il s'agisse de structures syntactiques ou de véritables composites (anglais : *I shall see*, - latin *videbo = vide-fuo*) ; il en va toujours de même : la ligne de développement se replie du côté de l'isolement, non pas dans l'ancien chemin, mais dans un chemin à peu près

> parallèle. C'est pourquoi je les compare à la spirale.[132] (Gabelentz, 2016 [1891], p.269)

Lehmann (2015[1982], p.4) et, vraisemblablement à sa suite, Hopper & Traugott (2003[1993], p.21) et Heine et al (1991, p.8) semblent attribuer à Gabelentz l'origine de ces notions de forces concurrentes entraînant la grammaticalisation et la spirale du développement. Il existe cependant des antécédents évidents dans les études linguistiques antérieures, et Gabelentz lui-même ne revendique aucune originalité. De la conception en spirale de l'histoire, il dit explicitement, « Zu dieser Theorie sind gewiss schon viele Andere vor mir gelangt, - ich weiss nicht, wer zuerst »[133].

L'opposition spécifique que Gabelentz met en place entre les lecteurs à Bequemlichkeit et Deutlichkeit peut être originale, mais des considérations de ce genre n'étaient pas inconnues dans les travaux précédents. Georg Curtius (1820-1885), par exemple, avait déjà proposé au milieu du siècle dernier *Bequemlichkeit* en articulation comme force motrice du changement sonore. Ralentir la progression de la phonétique *Verwitterung* (altération) provoquée par la tendance à un plus grand confort dans l'articulation était la nécessité de préserver la distinction des éléments porteurs de sens dans les mots. La formulation de Curtius a été largement reçue par ses contemporains et est signalée par Berthold Delbrück (1842-

---

[132] „Nun bewegt sich die Geschichte der Sprachen in der Diagonale zweier Kräfte: des Bequemlichkeitstriebes, der zur Abnutzung der Laute führt, und des Deutlichkeitstriebes, der jene Abnutzung nicht zur Zerstörung der Sprache ausarten läßt. Die Affixe verschleifen sich, verschwinden am Ende spurlos; ihre Funktionen aber oder ähnliche drängen wieder nach Ausdruck. Diesen Ausdruck erhalten sie, nach der Methode der isolierenden Sprachen, durch Wortstellung oder verdeutlichende Wörter. Letztere unterliegen wiederum mit der Zeit dem Agglutinationsprozesse, dem Verschliffe und Schwunde, und derweile bereitet sich für das Verderbende neuer Ersatz vor: periphrastische Ausdrücke werden bevorzugt; mögen sie syntaktische Gefüge oder wahre Komposita sein (englisch: *I shall see*, — lateinisch *videbo* = *vide-fuo*); immer gilt das Gleiche: die Entwicklungslinie krümmt sich zurück nach der Seite der Isolation, nicht in die alte Bahn, sondern in eine annähernd parallele. Darum vergleiche ich sie der Spirale".

[133] « Beaucoup sont certainement venus à cette théorie avant moi - je ne sais pas qui[était] le premier » ; Gabelentz, 2016[1891], p.269 ; cf. Plank, 1992.

1922) comme l'un des points de repère de son histoire de la linguistique historico-comparative indo-européenne (Delbrück, 1919, pp.172-173).

Des notions similaires apparaissent dans le travail de William Dwight Whitney (1827-1894), avec une référence spécifique au développement de nouvelles formes grammaticales par le processus d'agglutination. Whitney's (1875, pp.49-74) « tendance à la facilité ou à l'économie », tout comme *Bequemlichkeit* de Curtius, opère sur un plan phonétique à la fois pour raccourcir les mots individuels et pour rendre le système phonologique global des langues plus facile à prononcer. Mais la tendance à l'économie ne se limite pas à l'usure des mots ; elle sert aussi à créer de nouvelles formes en compactant les collocations et les composés :

> Thus the tendency to economy, in the very midst of its destructive action, is at the same time constructive. It begins with producing those very forms which it is afterward to mutilate and wear out. Without it, compound words and aggregated phrases would remain ever such. Its influence is always cast in favor of subordinating in substance what is subordinate in meaning, of integrating and unifying what would otherwise be of loose structure – in short, of disguising the derivation of linguistic signs, making them signs merely, and signs easy to manage. (Whitney, 1875, p.53)

Ce que Whitney avait à l'esprit ici a autant d'affinité avec la théorie moderne de la grammaticalisation que tout ce que Gabelentz avait à dire. Les illustrations de Whitney de ce processus comprennent des exemples classiques de grammaticalisation actuelle comme le suffixe anglais *-ly* et son pendant roman *-ment*(*e*), et l'avenir romantique représenté par le *donner-ai* français (Whitney, 1875, pp.122-124). D'après les travaux de Curtius et Whitney, nous pouvons donc voir que le récit de l'agglutination offert par Gabelentz ne fait que rassembler un certain nombre d'idées qui circulaient déjà à l'échelle internationale en tant que propriété commune des linguistes au XIXe siècle.

3. La grammaticalisation et l'idéalisme linguistique

La formulation de la grammaticalisation avant la lettre de Gabelentz ne s'est pas seulement inspirée d'un éventail de sources contemporaines plus large que ce qui est reconnu dans l'historiographie existante, mais aussi d'une portée beaucoup plus large et d'un contexte théorique plus riche. Lehmann (2015[1982], p.4), Hopper & Traugott (2003[1993], p.21) et Heine et al (1991, p.8) semblent confiner les pulsions de Gabelentz vers le confort et la distinction au plan phonétique. Hopper & Traugott, en particulier, les décrivent comme opérant uniquement pour effectuer un "renouvellement", c'est-à-dire le développement de nouveaux moyens d'exprimer les catégories grammaticales existantes, dont les formes ont été effacées.

Mais les aspirations de Gabelentz allaient au-delà du renouvellement et pouvaient être considérées comme touchant à ce que l'on appelle aujourd'hui la théorie de la grammaticalisation ‘innovation’, ou la création de catégories grammaticales entièrement nouvelles. Ceci est d'autant plus important que l'innovation est fréquemment citée - par exemple par Meillet (1921[1912], p.133) et Lehmann (2004, pp.184-186) - comme la propriété clé qui distingue la grammaticalisation en tant que processus unique dans le langage humain.

Gabelentz a soutenu que toute la grammaire est simplement un style solidifié (voir McElvenny, 2016a). Dans la langue, il y a une progression le long du continuum *Möglichkeit - Regel - Gesetz* (possibilité - règle - loi) (Gabelentz, 2016[1891], pp.406-408). Ce qui commence comme l'un des nombreux moyens d'expression possibles choisis par un locuteur devient, par un usage répété, la règle ou la forme d'expression standard, puis enfin une loi stipulant la forme requise et seule permise. Cette restriction peut alors être brisée, conduisant à l'innovation dans la grammaire, mais à ce stade, l'expression nouvelle n'est plus un choix libre parmi de nombreuses

La grammaire est un luxe (*Luxus*) que nous nous accordons nous-mêmes ; elle émerge d'une autre pulsion, la pulsion à la mise en forme (*Formungstrieb*). C'est le désir de façonner notre discours comme bon nous semble, selon nos caprices et nos fantaisies, plutôt que de fournir une description plate et objective du monde. Le *Formungstrieb*, affirme Gabelentz, fait simplement partie du *Spieltrieb* (l’aspiration à jouer) plus général, en utilisant le terme de Friedrich Schiller (1759-1805) pour l'élan esthétique général qui motive tous les efforts artistiques (voir Schiller, 1960[1795]) :

> Ce n'est qu'une étape supérieure de l'instinct de jeu, cette jouissance de la formation artistique libre, qui doit impressionner l'empreinte de sa propre individualité et de son humeur dans une ambiance fraîche de chaque création. Même l'excès de travail que j'ai consacré à mon travail au-delà du simple besoin d'utilité a été un morceau d'amour et a donné au matériel mort un indice du personnel pour toujours. Et c'est ce qui s'est passé avec le langage. L'âme exigeait plus que ce style d'affaires qui dit tout ce qui est nécessaire dans une clarté objective et rien d'autre. Elle veut se retrouver dans la matière, comment elle se comporte d'une manière humoristique, fantastique, capricieuse envers son monde, veut - que je répète l'expression - non seulement pour dire quelque chose, mais aussi pour dire elle-même, et donc forcera non seulement l'auditeur à penser mais aussi à sympathiser. Il est si riche ; quelque chose de sa propre addition est attaché même au plus petit, seulement après l'inspiration du moment, apparemment non réglementé et pourtant toujours significatif ; plus il est long, plus il est soumis à la contrainte des normes habituelles.[134] (Gabelentz, 2016 [1891], p.381)

La *Deutlichkeit* ou 'distinction', au sens large, se situe derrière le *Formungstrieb*. À ce niveau, la distinction est une catégorie capricieuse et esthétique. Il ne s'agit pas seulement d'amplifier un signal phonétique délavé ; il s'agit aussi de marquer l'expression linguistique avec le sentiment individuel et subjectif de l'orateur :

> Cependant, le besoin de clarté n'est pas toujours de nature et de but commercial : il peut aussi être agréable et esthétique, et alors on préfère probablement parler d'un langage expressif, vif et obsédant plutôt que plus clair. Et pourtant, c'est toujours la clarté qui compte. La question est : que faut-il sous-entendre, qu'est-ce que cela signifie ? Aussi ces formes et phrases

---

[134] „Es ist doch nur eine höhere Stufe des Spieltriebes, jenes Gefallen an freier, künstlerischer Formung, das in frischer Laune jeder Schöpfung den Stempel der eigenen Individualität und Stimmung aufdrücken muss. Es sei die künstlerische Leistung noch so gering: schon jener Überschuss von Arbeit, die ich meinem Werke über den blossen Nützlichkeitsbedarf hinaus zugewendet habe, ist ein Stück Liebe gewesen und hat dem todten Stoffe für alle Zeiten einen Hauch des Persönlichen gegeben. Und ebenso geschah es mit der Sprache. Die Seele verlangte ein Mehreres als jenen Geschäftsstil, der in objectiver Klarheit alles Nothwendige sagt und weiter nichts. Sie will in der Sache sich selbst wiederfinden, wie sie sich ihrer Welt gegenüber gemüthvoll, phantastisch, launenhaft verhält, will, – dass ich den Ausdruck wiederhole, – nicht nur etwas, sondern auch sich selbst aussprechen, und wird um so sicherer den Hörer nicht nur zum Mitdenken, sondern auch zum Mitfühlen zwingen. Da wirthschaftet sie aus dem Vollen, – sie ist ja so reich; da wird auch dem Kleinsten etwas von eigener Zuthat angeheftet, erst nach der Eingebung des Augenblickes, scheinbar regellos und doch immer bedeutsam; dann je länger je mehr unter dem Zwange gewohnheitsmässiger Normen."

> dans le discours servent la clarté, dans laquelle l'orateur et les phrases, qui donnent au discours l'impression d'un grand confort, d'une réflexion réfléchie ou d'une forte excitation, les expressions de modestie et de politesse, les descriptions de toutes sortes, les euphémismes et leur contraire, qui enlèvent des caractéristiques spéciales de la chose, - on pense aux diverses expressions pour mourir, être ivre, etc. En ce sens, le personnel et tendre n'est rien de moins que l'objectif et le brut.[135] (Gabelentz, 2016 [1891], p.194)

A ce stade, il faut rappeler que Meillet croyait que les orateurs sont poussés à renouveler leurs formes éculées par un désir d'être plus 'expressifs'. Son utilisation de ce terme semble impliquer des considérations capricieuses et esthétiques similaires à celles invoquées par Gabelentz. L'expression était un concept central dans le travail stylistique contemporain de personnages tels que Charles Bally (1865-1947) ; c'est là la force qui motive les locuteurs à éviter les expressions linguistiques anciennes et rebattues et à promouvoir la création de nouvelles formes plus vivantes[136]. Bally (1965[1913], pp.41-43) a également illustré l'une de ses discussions sur l'expressivité avec ces exemples désormais familiers de grammaticalisation dans les langues romanes, le développement cyclique de l'avenir périphérique et l'émergence du suffixe *-ment*(*e*). Bien que Meillet ne soit pas sans critique du travail de Bally en stylistique et d'autres efforts connexes de l'époque[137], il cite, dans une note de bas de page ajoutée plus tard à sa grammaticalisation classique[138], Bally et Leo Spitzer (1887-1960) pour la lumière qu'ils

[135] „Nicht immer jedoch ist das Deutlichkeitsbedürfniss seinem Grunde und Zwecke nach geschäftlich: es kann auch gemüthlich und ästhetisch sein, und dann redet man wohl lieber von ausdrucksvoller, anschaulicher, eindringlicher Sprache, als von deutlicher. Und doch ist es im Grunde immer die Deutlichkeit, auf die es dabei ankommt. Es fragt sich nur: Was soll angedeutet werden, was wird bedeutet? Auch jene Formen und Wendungen in der Rede dienen der Deutlichkeit, in denen der Redende und Phrasen, die der Rede das Gepräge breiter Gemüthlichkeit, bedächtiger Überlegung oder heftiger Erregung verleihen, die Äusserungen der Bescheidenheit und Höflichkeit, Umschreibungen aller Art, Euphemismen und ihr Gegentheil, die der Sache besondere Merkmale abgewinnen, – man denke an die vielerlei Ausdrücke für sterben, betrunken sein u.s.w. Deutlich in diesem Sinne ist das Persönliche und Zarte nicht minder, als das Sachliche und Derbe."

[136] Voir Hellmann, 1988, pp.65-70 ; McElvenny, 2017b.

[137] Voir, par exemple, Meillet, 1910 ; 1913 ; 1926.

[138] Meillet, 1921[1912], p.148.

ont jetée sur le "rôle du sentiment dans la création des formes grammaticales".

Dans la distinction et l'expressivité - diversement conçus par Gabelentz, Meillet et leurs contemporains - nous sommes confrontés à d'autres notions qui ont fait une carrière internationale en linguistique. On peut cependant se demander pourquoi la dimension esthétique de cette notion - qui est très clairement mise en avant par Gabelentz, bien qu'abordée un peu plus prudemment par Meillet - n'est pas mentionnée dans la discussion historiographique. La raison en est sans doute le discrédit dans lequel ce mode d'explication est tombé depuis que les batailles entre "idéalisme" et "positivisme" en linguistique - dans les sens popularisés par Karl Vossler (1872-1949)[139] - ont été remportées de manière décisive par les positivistes. Bally et Spitzer ont été parmi les cibles de certaines des dernières volées tirées depuis le camp positiviste, comme celles lancées par Leonard Bloomfield (1887-1949) et ses disciples Bernard Bloch (1907-1965) et Robert A. Hall Jr. (1911-1997)[140] La victoire positiviste vers le milieu du XXe siècle a été si complète que les linguistes qui regardent en arrière aujourd'hui ne reconnaissent pas la pensée esthétique de leurs ancêtres présumés ou craignent de la révéler.

4. Conclusion

La préhistoire de la grammaticalisation dans les décennies qui ont mené à l'invention du terme par Meillet est beaucoup plus large que ce que le récit standard pourrait suggérer. Le récit de l'agglutination de Gabelentz, qui semble anticiper la grammaticalisation de Meillet dans ses aspects les plus significatifs, n'était pas beaucoup plus qu'une nouvelle formulation d'une série de lieux communs dans le monde de la linguistique de l'époque. Les récits de Gabelentz et Meillet sont aussi beaucoup plus riches que ne le permet l'histoire reçue : le récit de Gabelentz - et dans une certaine mesure aussi celui de Meillet - était un appel à un mode d'explication

---

139 Voir Vossler, 1904 ; 1905.

140 Bloomfield, 1944 ; Bloch, 1941 ; Hall, 1963 ; cf. Catano, 1988, 107-109 ; McElvenny, 2017b, 430-433.

esthétique. La dimension esthétique est cependant invisible dans l'historiographie existante de la grammaticalisation, très probablement parce que les préjugés actuels ont aveuglé les historiens.

Cet article ne doit pas être compris comme une polémique contre l'historiographie actuelle de la grammaticalisation, mais plutôt comme un effort pour la compléter et l'élargir. Jusqu'à présent, il y a eu peu d'études détaillées d'un point de vue herméneutique sophistiqué sur l'histoire des idées qui alimentent la notion moderne de grammaticalisation. Ce qui a été proposé jusqu'à présent, ce sont des histoires en pot dans les introductions aux grandes lignes et aux manuels sur le domaine d'aujourd'hui. Les spécialistes de la grammaticalisation doivent être félicités pour avoir même reconnu que leur domaine a émergé au fil du temps à partir de préoccupations et d'approches passées. Dans des pans importants de la linguistique, il est juste de dire qu'il y a peu de prise de conscience du fait que nous vivons tous dans le flux de l'histoire.

Traduit de l'anglais par Jacques FRANÇOIS

Références bibliographiques

Bally, Charles. 1965 [1913]. *Le langage et la vie*. Genève: Droz.

Bloch, Bernard. 1941. Review of *Efficiency in Linguistic Change* by Otto Jespersen. *Language* 17.4, 350-353.

Bloomfield, Leonard. 1944. Secondary and tertiary responses to language. *Language* 20.2: 45-55.

Catano, James V. 1988. *Language, History, Style: Leo Spitzer and the critical tradition*. Urbana & Chicago: University of Illinois Press.

Delbrück, Berthold. [6]1919. *Einleitung in das Studium der Indogermanischen Sprachen*. Leipzig: Breitkopf & Härtel.

Gabelentz, Georg von der. 2016 [1891]. *Die Sprachwissenschaft: ihre Aufgaben, Methoden und bisherigen Ergebnisse*, Manfred Ringmacher & James McElvenny, eds. Berlin: Language Science Press. http://langsci-press.org/catalog/book/97

Hall, Robert A. 1963. *Idealism in Romance linguistics*. Ithaca: Cornell University Press.

Heine, Bernd, Ulrike Claudi & Frederike Hünnemeyer. 1991. *Grammaticalization: a conceptual framework.* Chicago: University of Chicago Press.

Hellmann, Wilhelm. 1988. *Charles Bally: Frühwerk – Rezeption – Bibliographie.* Bonn: Romanist Verlag.

Hopper, Paul & Elizabeth Traugott. 2003 [1993]. *Grammaticalization.* Cambridge: Cambridge University Press.

Lehmann, Christian. 2004. Theory and method in grammaticalization. *Zeitschrift für germanistische Linguistik* 32.2: 152-187.

Lehmann, Christian. 2015 [1982]. *Thoughts on Grammaticalization.* Berlin: Language Science Press. ▶ http://langsci-press.org/catalog/book/88

McElvenny, James. 2016a. The fate of form in the Humboldtian tradition: the *Formungstrieb* of Georg von der Gabelentz. *Language and Communi-cation* 47: 30-42.
▶ http://dx.doi.org/10.1016/j.langcom .2015.12.004

McElvenny, James. 2016b. The secret history of grammaticalization. *History and Philosophy of the Language Sciences.*
▶ https://hiphilangsci.net/2016/04/28/the-secret-history-of-grammaticalization/

McElvenny, James. 2017a. Georg von der Gabelentz. *Oxford Research Encyclopedia of Linguistics.*
▶ http://dx.doi.org/10.1093/acrefore/9780199384655.013.379

McElvenny, James. 2017b. Linguistic aesthetics from the nineteenth to the twentieth century: the case of Otto Jespersen's "Progress in Language". *History of Humanities* 2.2: 417-442. ▶ http://dx.doi.org/10.1086/693322

Meillet, Antoine. 1910. Compte-rendu : Ch. Bally – *Traité de stylistique française. Bulletin de la Société de linguistique de Paris* 16: cxviii-cxxii.

Meillet, Antoine. 1913. Compte rendu : Ch. Bally –*Le langage et la vie. Bulletin de la Société de linguistique de Paris* 18 : clxxix-clxxxii.

Meillet, Antoine. 1921 [1912]. L'évolution des formes grammaticales. In: Meillet (1921), 130-148. (Original in *Scientia* [*Rivista di Scienza*] 12.26)

Meillet, Antoine. 1921 [1915]. Le renouvellement des conjonctions. In: Meillet (1921), 159-174. (Original in *Annuaire de l'École Pratique des Hautes Études, section historique et philologique* 48.1: 9-28)

Meillet, Antoine, ed. 1921. *Linguistique historique et linguistique générale*. Paris : Champion.

Meillet, Antoine. 1926. Compte rendu : Ch. Bally –*Le langage et la vie*, seconde édition. *Bulletin de la Société de linguistique de Paris* 27.82: 14-16.

Plank, Frans. 1992. Language and Earth as Recycling Machines. In: *Language and Earth: effective affinities between the emerging sciences of linguistics and geology*, Bernd Naumann, Frans Plank, Gottfried Hofbauer, eds., 221-269. Amsterdam: Benjamins.

Schiller, Friedrich. 1960 [1795]. *Briefe über die ästhetische Erziehung des Menschen*, Albert Reble, ed. Bad Heilbrunn: Klinkhardt.

Vossler, Karl. 1904. *Positivismus und Idealismus in der Sprachwissenschaft: eine sprachphilosophische Untersuchung*. Heidelberg: Carl Winter.

Vossler, Karl. 1905. *Sprache als Schöpfung und Entwicklung: eine theoretische Untersuchung mit praktischen Beispielen*. Heidelberg: Carl Winter.

Whitney, William Dwight. 1875. *The Life and Growth of Language*. London: King & Co.

James McElvenny
University of Edinburgh
james.mcelvenny@mailbox.org

TABLE DES MATIÈRES